JONAS VERLAG

Umschlagabbildung: M. Loder (um 1810), Tabak-
Museum der Austria Tabakwerke AG, Wien

Die Deutsche Bibliothek – CIP-Einheitsaufnahme
Dieterich, Claus-Marco:
Dicke Luft um blauen Dunst: Geschichte und
Gegenwart des Raucher/Nichtraucher-Konflikts/
Claus-Marco Dieterich. – Marburg: Jonas Verl.,
1998
  ISBN 3-89445-231-5

© 1998 Jonas Verlag
für Kunst und Literatur GmbH
Weidenhäuser Str. 88
D-35037 Marburg
Gestaltung Gabriele Rudolph
Druck Fuldaer Verlagsanstalt
ISBN 3-89445-231-5

Claus-Marco Dieterich

Dicke Luft um Blauen Dunst

Geschichte und Gegenwart des Raucher/Nichtraucher-Konflikts

Jonas Verlag

Inhalt

I. Einstiege. Rauchen oder Nichtrauchen? 7

II. Entwicklungen und Widerstände.
Eine Kultur- und Konfliktgeschichte des Rauchens 11

Umstrittene Einführung des 'Rauchtrinkens' 11
Frühe Pfeifenkultur und Fortsetzung der Sanktionierungen 16
Zigarren und die Lockerung der Rauchverbote 20
Vehementer Aufstieg der Zigarette und Veralltäglichung des Rauchens ... 25
    Die Zigarette: Ein Produkt der Moderne 25
    Exkurs zum Aspekt Rauchen und Geschlecht 29
    Von der Orient-Zigarette zur American Blend 34
    Filterzigaretten und 'milde Sorten' 37
    Rauchfrei rauchen? Die Zigaretten der Zukunft 43

III. Kompromisse und Konflikte.
Geschichte und Gegenwart von Raucher/Nichtraucher-Verhältnissen 46

Schlaglichter auf historische Raucher/Nichtraucher-Verhältnisse 46
    Belästigungen und Impertinenzen 46
    Frühe Versuche der Formierung von Anti-Tabak-Bewegungen 53
Das aktuelle Rauchklima. Eine Phänomenologie an vier Beispielen 57
    Medienpräsenz 57
    Inserate und Anzeigen 58
    Entwöhnungsangebote 60
    Schwarzer Tod oder: „Ich rauche gern!" 62
Die Verhältnisse im Zeitalter der Nichtraucher-Initiativen 65
    Institutionalisierungen 65
    Der Ärztliche Arbeitskreis Rauchen und Gesundheit (ÄARG) 66
    Die Tabakbranche 68
    Die Basisinitiativen der Nichtraucher 70
    Die formalen Organisationen des Gesundheitswesens 72
    Die Basisinitiativen der Raucher 74
    Entdeckung des Passivrauchens 76
    Argumentationen 80
    Streitkultur? Konfliktrhetorik und -ikonographie 87
    Streitpunkt gesetzlicher Nichtraucherschutz 97

IV. Schlüsse. Die Verflüchtigung des Blauen Dunstes aus kulturtheoretischer Perspektive 102

Genußmittel, Drogen und Zivilisationsprozeß 103
Wahrnehmung, Körperverständnis und Gesundheitsbewußtsein 104
Risiko, Sicherheit und Expertenwissen 107
Individuelle Freiheit vs. kollektive Verantwortung 108

V. Anhang 111

Anmerkungen 111
Literaturverzeichnis 136
Materialien 140
Abbildungsnachweis 142

I. Einstiege. Rauchen oder Nichtrauchen?

Im Jahr 1994 kam der Doppel-Film „Smoking/No Smoking" des französischen Regisseurs Alain Resnais in die Kinos. Dieses filmische 'double feature' kokettierte auf sehr reizvolle Weise mit  der scheinbar beiläufigen Frage „Rauchen oder Nichtrauchen?" In beiden Streifen beginnt die Anfangssequenz zunächst identisch – bis zu jenem Moment, da die Protagonistin vor der Entscheidung steht, sich eine Zigarette anzuzünden beziehungsweise dies zu unterlassen. Im einen Fall entscheidet sie sich für das Rauchen, im anderen widersteht sie der Versuchung. Obwohl die Wahl in keinerlei thematischem Bezug zur Folgehandlung steht, bildet sie den Auftakt für einen je unterschiedlichen Verlauf der erzählten Geschichte.

Was kann an dieser Episode beziehungsweise an der Frage „Rauchen oder Nichtrauchen?" in einem weiteren gesellschaftlichen und kulturellen Horizont interessant und relevant sein? Zunächst schon die Frage nach dem Motiv der individuellen Entscheidung. Mittlerweile existieren über 30.000 Untersuchungen, in denen verschiedene gesundheitsschädigende Auswirkungen des Rauchens festgestellt worden sind. Wenn sich die Frau in besagtem Film trotz besseren Wissens für die Zigarette entscheidet, so muß dies nicht zwangsläufig mit einer physischen Nikotinabhängigkeit erklärt werden; möglicherweise verraten uns die Hintergründe etwas über die Hierarchie gesellschaftlicher Werte: für die rauchwillige Protagonistin scheint der Wert der Gesundheit weniger hoch veranschlagt zu werden als das individuelle Genußbedürfnis. Vielleicht aber übertritt die Raucherin bei der Ausübung der Praxis des Rauchens auch bewußt ein geltendes Rauchverbot in einer der zahlreicher werdenden Nichtraucher-Zonen; dann nähme sie den Wert der freiheitlichen Entfaltung ihrer Persönlichkeit wichtiger als das Bedürfnis ihrer sozialen Umwelt, die sich durch das Rauchen belästigt oder gar bedroht fühlt. Unterläßt sie jedoch das Rauchen, so könnte dies beispielsweise deshalb geschehen sein, weil sie die soziale Mißbilligung ihrer Gewohnheit fürchtet. Dies wiederum würde Hinweise geben auf die derzeitige kulturelle Stimmung, auf das gereizte gesellschaftliche Klima hinsichtlich des Rauchens; ein Klima, in dem es möglich ist, daß durch das Rauchen alltäglich konkrete Auseinandersetzungen und manifeste Konflikte provoziert werden. Und auch diese Konflikte könnten für sich genommen wieder zum Indiz und Symptom der aktuellen gesellschaftlich-kulturellen Verfaßtheit werden...

Ich breche das Assoziieren an dieser Stelle ab und hoffe, die mannigfaltigen Implikationen der zunächst so harmlos scheinenden Frage „Rauchen oder Nichtrauchen?" an einem winzigen Beispiel ansatzweise verdeutlicht zu haben. Ein Durchdeklinieren von weiteren interessanten Facetten, tiefergehenden Hinweisen und spannenden Spuren der Gesamtthematik könnte einen immensen Umfang in Anspruch nehmen – vor allem, wenn die historische Tiefe der Problematik vergegenwärtigt, die Frage nach der sozialen Differenzierung der Praxis des Rauchens gestellt wird und die Kategorie Geschlecht Berücksichtigung findet.[1]

Einer der frühen Tabakforscher, Friedrich Tiedemann, formulierte 1854: „Kein Gegenstand ferner hat die Federn so vieler verschiedenartiger Schriftsteller in Bewegung gesetzt, als eben der Tabak. Mit ihm haben sich Aerzte, Botaniker, Landwirthe, Chemiker, Fabrikanten, Handelsleute, Gesetzgeber, Finanzmänner, Moralisten, Geistliche, Dichter, und selbst ein König, beschäftigt".[2] Aber, so muß hier einschränkend angefügt werden, es gibt kaum Studien zur Einbettung des Genußmittels Tabak in den Alltag der Menschen, nur wenige Untersuchungen, die die Kulturgeschichte des Rauchens auch als eine Konfliktgeschichte wahrnehmen, und erst recht bescheiden sind die Erträge, wenn man etwas über die aktuellen Problematisierungen des Rauchens, über die 'dicke Luft' um den Blauen Dunst erfahren möchte.

Diese Desiderate hat auch Thomas Hengartner benannt und zum Anlaß genommen, in dem jüngst erschienenen Buch „Tabakfragen. Rauchen aus kulturwissenschaftlicher Sicht" eine „Volkskunde der Genussmittel" einzufordern.[3] Neben einer Vielzahl interessanter Anregungen findet sich hier unter Punkt acht einer Aufzählung der beachtenswerten Aspekte des Themenkomplexes Genußmittel am Beispiel des Tabaks folgendes: „Zu einem aus gegenwartsvolkskundlicher Perspektive relevanten Thema kann Tabakkonsum und Rauchen schließlich dadurch werden, daß auf diesem Feld momentan eine 'Denormalisierung', eine 'Ent-Alltäglichung', d. h. ein Herausgenommen-Werden aus den fraglosen Gegebenheiten der Alltagswelt zu beobachten ist."[4] Diese Einschätzung könnte – um die historische Dimension der Thematik erweitert – gleichsam den Ausgangspunkt für das Programm des vorliegenden Buches markieren.[5] Von zentraler Bedeutung sind hier nämlich vor allem zwei Aspekte des gesamten Themenkomplexes Tabak und Rauchen. Primär soll es um den aktuellen Konflikt zwischen Rauchern und Nichtrauchern und seine historischen Vorformen gehen. Daneben – aber von beinahe gleichrangiger Wichtigkeit – soll eine allgemeine Geschichte der Problematisierung des Rauchens seit seiner Einführung in Europa vor ungefähr fünfhundert Jahren rekonstruiert werden.[6] Dabei werden die Einblicke in obrigkeitliche Maßnahmen gegen das Rauchen, deren argumentative Rechtfertigungen und historische Transformationen als Folie verstanden, auf der sich die Kontur der aktuellen Konflikte abhebt. Gerade wenn kulturtheoretische Implikationen der 'Verflüchtigung des Blauen Dunstes' in der Gegenwart thematisiert werden sollen, kann der Kontrast der historischen Hintergründe für die Analyse hilfreich sein. Letztlich will diese Studie sich aus verschiedenen Perspektiven den zentral stehenden Kategorien Konflikt, Gesundheit und Genuß annähern und auch die Bedeutung der Begriffe Toleranz, Sicherheit und Freiheit für unsere Kultur umkreisen. Dabei müssen notwendigerweise auch medizinische und juristische Fachdiskurse, die sich mit der Problematik beschäftigen, gestreift werden. Eine ausführliche Darstellung und Zusammenfassung der entsprechenden Literatur kann und soll hier jedoch nicht geleistet werden. Die gesellschaftlich-kulturelle Komplexität des Themas steht im Vordergrund; gleichwohl können beispielsweise medizinische Erkenntnisse natürlich nicht übergangen werden.

Zum Abschluß dieser ersten Einstiege noch ein Wort zum Standpunkt des Autors bezüglich der behandelten Thematik. „Tabak und Rauchen – gewiß ein Thema, bei dem es schwerfällt, objektiv zu bleiben"[7], schrieb Georg Böse schon 1957. Gerade in Hinblick auf die heutigen Verhältnisse kann dieser Satz immer noch unbedingte Geltung beanspruchen. Möglicherweise gibt es nur sehr wenige Themen des öffentlichen Diskurses, die eine so klare individuelle Meinungnahme provozieren, wie dies beim Rauchen der Fall ist.[8] Trotzdem soll versucht werden, die Positionen der Rauchgegner wie die der -befürworter gleichermaßen distanziert darzustellen und zu kritisieren. Im wesentlichen kann ich mich dabei an der Maxime orientieren, die schon der Tabakhistoriker Caesar Conte Corti 1930 für seine eigene Herangehensweise an die Materie wählte: „Was meine persönliche Einstellung dazu anbelangt, so wird es mir zur größten Freude gereichen, wenn derjenige, der das Buch nach der Lektüre aus der Hand legt, auf Grund derselben die Frage nicht zu beantworten imstande ist, ob der Verfasser ein Raucher ist oder nicht."[9]

II. Entwicklungen und Widerstände. Eine Kultur- und Konfliktgeschichte des Rauchens

Umstrittene Einführung des 'Rauchtrinkens'

„Teils saufen sie den Tabak, andere fressen ihn, und von etlichen wird er geschnupft, also daß mich wundert, warum ich noch keinen gefunden, der ihn in die Ohren steckt."[10]

Die Einführung und Verbreitung des Tabaks in Europa läßt sich gleichermaßen als erfolgreiche Karriere wie auch als Konfliktgeschichte schildern. Beide Aspekte sollen in diesem Kapitel zur Kulturgeschichte des Rauchens Berücksichtigung finden. Auch wenn die Tabakchronisten[11] vor allem die Erfolgsmeldungen notierten, so läßt sich doch auch eine Fülle von Hinweisen finden, die zeigen, wie umstritten das 'Rauchkraut' seit seiner Einführung auf unserem Kontinent vor rund fünfhundert Jahren war. Interessant scheint an dieser Entwicklungsgeschichte vor allem zu sein, wie die Oppositionen gegen das Rauchen vorgingen, welche Argumente sie benutzten, welche Maßnahmen schließlich ergriffen wurden, um dem Rauchen als einer „Seuche aller Volksschichten"[12] zu begegnen, und auch, welche Erfolge beziehungsweise Mißerfolge derartige Bemühungen zeitigten. Bevor zur Schilderung der eigentlichen Anfänge des Rauchtrinkens übergegangen wird, sollte noch Erwähnung finden, daß historische Belege, die – lange vor den Zeiten eines Raucher/Nichtraucher-Konflikts im heutigen Sinne – von problematischen Rauchverhältnissen zeugen, für den weiteren Verlauf dieser Untersuchung wichtig sind, um Brüche, aber auch Parallelen zu den heutigen Kontroversen um das Rauchen identifizieren zu können. Seine Spannung bezieht das Thema zu einem Gutteil aus gerade dieser historischen Tiefenstruktur.

Der Tabak war das erste außereuropäische Genußmittel, das sich in den europäischen Kulturen etablieren konnte; dies geschah noch vor der Verbreitung des Tees, des Kaffees und auch des Zuckers.[13] Alle oben bereits erwähnten einschlägigen Tabakgeschichten verorten den Ursprung europäischer Rauchkultur mit der Landung Christopher Columbus' auf den heutigen Bahamas-Inseln im Jahre 1492, als nämlich spanische Seefahrer die dort lebenden Ureinwohner den Qualm entzündeter Blätter durch Rauchrohre in Mund und Nase einsaugen sahen. Berichte über ähnliche Erlebnisse tauchten fortan in den Bordbüchern der spanischen und portugiesischen

Konquistadoren und Seefahrer, die in Teilen Mittel- und Südamerikas landeten, mit beständiger Häufigkeit auf.[14] Während in der neuen Welt das Rauchen bei den Kolonisten Nachahmer fand und sich unter den Eroberern verbreitete, stellte diese neue kulturelle Praxis[15], wenn sie von Heimkehrern in Spanien oder Portugal ausgeübt wurde, für die soziale Umwelt ein Kuriosum, ja eine Sensation sondergleichen dar. Wenn man den zahlreich kolportierten Anekdoten Glauben schenken darf, dann war es vor allem die Kirche, die in der gänzlich neuartigen Handlung sogleich eine Gefährdung der öffentlichen Ordnung erblickte und dementsprechend hart, nämlich mit strikten Verboten, gegen das Rauchen vorging. Als Begründung für die langjährigen Gefängnisstrafen, die Zuwiderhandelnde zu befürchten hatten, wurde vor allem angeführt, das Rauchen sei nichts anderes, als daß der Satan den Heimkehrern aus unchristlichen Weltgegenden den Höllenrauch aus Mund und Nase blase.[16] Als Indiz für die Gefährlichkeit des Rauchens dient hier also nicht die Aufnahme des Rauches, sondern das sichtbare Ausatmen desselbigen. In der Verbindung zwischen dem ausgeblasenen Rauch und dem Dampf der Hölle liegt ein Motiv, das in der Konfliktgeschichte um das Rauchen vor allem von kirchlichen Vertretern auch in der Folgezeit immer wieder herangezogen wurde und Anlaß gab, gegen das Rauchen vorzugehen.

Bemerkenswert ist die Tatsache, daß zu Beginn des 16. Jahrhunderts zwar die „orale Einnahme von Rauch"[17] nicht geduldet wurde – nicht zuletzt, weil sie keinen Hinweis auf einen sinnvollen Zweck zuließ, den diese Praxis verfolgte –, aber im gleichen Zeitraum die Züchtung von Tabakpflanzen, deren Samen noch Ende des 15. Jahrhunderts auf die iberische Halbinsel gelangten, durchaus forciert wurde. Somit war einerseits dem hedonistischen Gebrauch von Tabak zunächst ein Riegel vorgeschoben, während andererseits eine spezielle Nutzung der Pflanze vorbereitet wurde, die nun zum zentralen Paradigma des Tabakgebrauchs avancieren sollte: die Rede ist von der Anwendung des Tabaks als Heilpflanze. Diese Art der Nutzung war bereits bekannt aus den Schilderungen über den Tabakgebrauch der Indios. Nun versuchte man in Spanien und Portugal durch allerlei verschiedene Aufbereitungen und 'Darreichungsformen' den Tabak als Arzneimittel zu gewinnen.

Für eine räumliche Diffusion des Tabaks nach dem mittleren Europa sorgten die diplomatischen Beziehungen zwischen Portugal und Frankreich. Ein französischer Gesandter am Hofe in Lissabon namens Jean Nicot erwarb um 1560 von einem Händler die Tabakpflanze, machte Zuchtversuche und Experimente mit Tabakextrakten als Arznei gegen Flechten, Krätze und Kopfschmerzen. Er bescheinigte der Pflanze sodann heilende Wirkung und sandte die Botschaft zusammen mit

1 Pestarzt im 18. Jahrhundert. Hier findet der Tabakrauch Anwendung als Desinfektionsmittel.

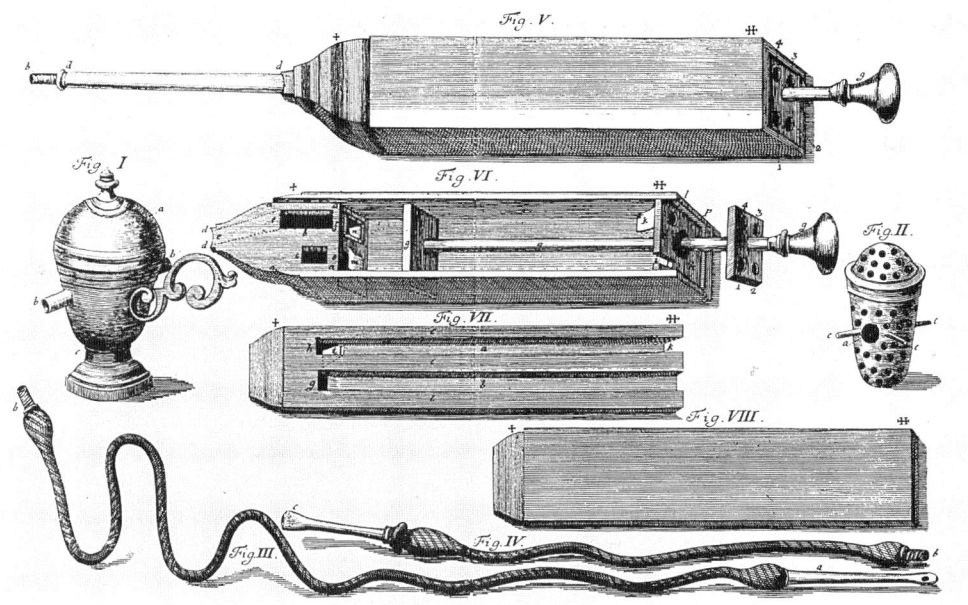

2 Der Tabak wurde als Heilmittel sehr unterschiedlich angewendet. Hier eine Tabakrauch-Klistierspritze zur Bekämpfung von Verdauungsbeschwerden aus der Zeit um 1750.

einigen Samen und pulverisierten Blättern nach Paris, wo die Königin Katharina von Medici dem Heilkraut ihren persönlichen Schutz angedeihen ließ.[18] In der Folgezeit betrieben zahlreiche Mediziner und Botaniker unterschiedliche Experimente mit dem Tabak, um die Art und Weise der richtigen und besten Aufbereitung und Dosierung sowie die möglichen Anwendungsgebiete herauszufinden. Seit den 1560er Jahren entbrannte um diese Fragen ein regelrechter Expertenstreit, in dem man auch begann, die Wirkungen des Heilkrautes genauer zu beschreiben und die positiven Einflüsse seines Gebrauchs den negativen gegenüberzustellen. So zitiert der Tabakhistoriker Tiedemann beispielsweise einen spanischen Gelehrten namens Hernandez, der um 1570 den Nutzen des Tabaks gegen Kopfschmerzen, Ermattungsgefühle, Schlafstörungen und Magenprobleme hervorhob, aber auch zu bedenken gab, daß die Pflanze, im Übermaß angewandt, Leberbeschwerden und „andere unheilbare Krankheiten"[19] verursache. Ungeachtet dieser Warnungen verbreitete sich der Ruf des Tabaks als eines Universalheilmittels in dieser Phase im gesamten Mitteleuropa, so auch in Deutschland[20], wo die Pflanze schon um 1560 von Hugenotten eingeführt worden sein soll.[21] Um die Wende zum 17. Jahrhundert wurde der Tabak bereits in Frankreich und im Elsaß auf großen Feldern gezogen.[22] Der Bedarf an Extrakten, Tinkturen, Salben, Aufgüssen und Pulvern aus der Nicotiana Tabacum[23] wuchs ungemein.

Diese Popularisierung des Tabaks kann gewissermaßen als eine Vorbereitung zum bald darauf einsetzenden Paradigmenwechsel seines Gebrauches gesehen werden: während das Heilmittelparadigma zwar weiterhin wichtig blieb, sogar vereinzelt noch bis in das frühe 20. Jahrhundert Bestand hatte[24], gewann eine andere Nutzung nun – über hundert Jahre nach der Einführung des Tabaks in Europa –

3 Karikatureske Darstellung einer der im England des 18. Jahrhunderts populärer werdenden „smoking parties".

die Bedeutung, die ihr bislang durch das schnelle Reagieren der kirchlichen Autoritäten versagt blieb; von nun an führte man sich Tabak vor allem aus Zwecken des persönlichen Genusses zu.[25]

Wurde Nicot für seine Verdienste um die Verbreitung des *Heilmittels* Tabak gehuldigt, so macht die Legende den Engländer Sir Walter Raleigh als einen Mann aus, der mit Kühnheit versuchte, das Rauchen zum reinen Zwecke des *Genusses* gesellschaftlich zu etablieren.[26] Die englischen Seefahrer, zu denen Raleigh gehörte, knüpften ihre ersten Kontakte mit dem Rauchen durch die Eingeborenen in den unterjochten Kronkolonien auf nordamerikanischem Boden. Schon vor der Wende zum 17. Jahrhundert gelangten so Tabak und Pfeifen nach England. Sir Walter geriet durch die Veranstaltung seiner 'smoking parties', auf denen das Rauchen als gesellschaftliches Zeremoniell praktiziert wurde, in einen zwiespältigen Ruf. Während sich viele seinem Vorbild anschlossen, erfuhr er von anderer Seite massive Mißbilligungen.[27]

Parallel zur Einführung in höfischen Kreisen wurde das Rauchen auch in niederen Gesellschaftsmilieus populär gemacht, nämlich durch aus den Kolonien heimkehrende Siedler.[28] Im England dieser Zeit muß sich das Rauchen binnen kürzester Dauer durch alle sozialen Klassen verbreitet haben. Um der Rauchlust zu frönen, versammelte man sich vor allem in Wein- und Bierhäusern. Bald darauf entstanden auch spezielle Rauchlokale, sogenannte Tabagien. Wie populär das Rauchen damals war, läßt sich an zwei Beispielen illustrieren. Zunächst am Wandel des Sprachgebrauches. Der Begriff 'smoking' für die Beschreibung der neuartigen kulturellen Praxis entsteht gerade um die Mitte des 17. Jahrhunderts.[29] Zuvor versuchte man, Analogien zu einer bereits bekannten Form der Aufnahme von Genußmitteln herzustellen, indem man vom „Rauchtrinken" oder „Tabaktrinken" sprach.[30] Mit der Formulierung 'Rauchen' also hatte sich die neue 'Sitte' als eigenständige Genußform etabliert.

Ein weiteres Beispiel für die Popularisierung des Rauchens um die Mitte des 17. Jahrhunderts liegt in den wahrnehmbaren Bestrebungen höherer sozialer Kreise, sich von der Masse der Konsumenten im Gebrauch des Tabaks abzusetzen. Als derartige Differenzierungsbemühungen können die Suche nach jeweils neuen und exklusiven Tabakmischungen und vielleicht mehr noch das Aufkommen sogenannter „professors of the art of smoking" gedeutet werden.[31] Diese professionellen Rauchlehrer unterwiesen ihre Schüler in der hohen Kunst des Rauchens durch Lektionen wie Rauch in der Form von Ringen auszublasen oder durch die Nase zu rauchen.

Doch so groß der Zuspruch auch gewesen sein mag, Sir Walter Raleigh hätte seinen legendären Ruf nicht erlangt, wenn nicht das Rauchen damals auch gegen erhebliche Widerstände anzukämpfen gehabt hätte. Stellvertretend für eine hohe Zahl von Gelehrten, Moralisten und Geistlichen, die öffentlich gegen die Praxis des Rauchens zu Felde zogen, beispielsweise mit dem Argument der „Verderbnis der Sitten in Alt-England"[32], sei hier der populärste Kritiker angeführt. 1603 veröffentlichte König Jacob I. von England seine Schrift „A Counterblast to Tobacco", also einen Gegenschlag wider den Tabak. 1619 ließ er ein Buch mit dem Titel „Misocapnus", was aus dem Lateinischen übersetzt so viel bedeutet wie 'Rauchhasser', folgen.[33] In harten Worten tadelte er den Tabakkonsum, „der in Schande entsprungen, aus Irrthum aufgenommen, durch Thorheit verbreitet ist, durch den Gottes Zorn gereizt, des Körpers Gesundheit zerstört, das Hauswesen zerrüttet, das Volk im Vaterlande herabgewürdigt und auswärts verächtlich gemacht wird."[34] Interessant an diesem Pamphlet, das man als eine frühe staatliche Anti-Tabak-Kampagne bezeichnen könnte, ist das Spektrum der Argumente, das von religiösen über moralische und soziale bis hin zu gesundheitlichen Aspekten reicht und somit schon einen wesentlichen Teil der historischen Gegenstimmen der folgenden Jahrhunderte vorwegnimmt. Als eine konkrete Maßnahme gegen das Rauchen erließ Jacob I. im Jahre 1604 eine Erhöhung des Einfuhrzolls für Tabak um 4.000 Prozent. Hiermit folgte auf die Worte gegen den Tabak das, was man mit Hess als einen ersten „Versuch der indirekten Prohibition"[35] bezeichnen könnte. Auch hierin deutet sich ein Sachverhalt an, der für die weitere Geschichte des Tabaks in Europa modellhaften Charakter hat, nämlich die – bis heute anhaltende – ambivalente staatliche Haltung gegenüber dem Tabak und dem Rauchen. Auf der einen Seite hat man versucht, den Gebrauch der Pflanze mit verschiedenen Argumenten zu verbieten, auf der anderen Seite, und als Reaktion auf den ausbleibenden Erfolg solcher „zentraldirigistischen Maßnahmen"[36], fand man Regulierungsmechanismen, die es erlaubten, aus dem Tabak buchstäblich Kapital zu schlagen. Die Erhebung von Zöllen stellte und stellt dabei nur *eine* Möglichkeit dar; verbreitet sind seit der Mitte des 17. Jahrhunderts auch die staatliche Monopolisierung des Tabakhandels, in England etwa seit 1625[37], oder die Verpachtung sämtlicher Rechte an große tabakverarbeitende Betriebe, wie dies heute noch in Frankreich und Österreich der Fall ist, oder aber die Besteuerung von Anbauflächen, Rohtabak oder den fertigen Tabakprodukten. Häufig wurden und werden diese Verfahren auch in Kombination angewandt.

Die staatliche Haltung, die hier am Beispiel Englands skizziert wurde, aber mit geringen Unterschieden bezüglich der Phasen des Auftretens und der je konkreten Maßnahmen auch Geltung für andere mitteleuropäische Staaten beanspruchen kann[38], läßt sich wie folgt pointiert zusammenfassen: „Der Prohibition folgte die Steuerpolitik."[39] Die ambivalente Grundhaltung blieb jedoch bestehen, und so verwundert es nicht, daß Gesetzentwürfe, Verbote, Sanktionierungen, Warnungen vor und Pamphlete gegen den Tabak die Geschichte des Rauchens bis zum heutigen Tag begleitet haben, auch wenn natürlich die zentralen Paradigmen der jeweilig herrschenden Diskurse in den verschiedenen historischen Phasen ein unterschiedliches Gesicht zeigten. Festgehalten werden kann hier jedoch, daß das frühe 17. Jahrhundert das Zeitalter der massiven Diffusion des Tabakkonsums zu Genußzwecken war. Dies geschah sowohl in räumlicher wie auch in sozialer Hinsicht in einem Maße, daß die „epidemische Ausbreitung des Tabakkonsums und die Kontrollversuche der Obrigkeiten"[40] als Symptome einer „regelrechten Drogenkrise, die manche Ähnlichkeit mit unserer heutigen hat"[41], gedeutet werden können.

Frühe Pfeifenkultur und Fortsetzung der Sanktionierungen

„Ich wünschte, daß man von diesem Zeuge ganz nichts wüßte, und Teutschland, welches so viele hundert Jahre ohne Tabak gelebet, stark und männlich geworden, würde auch anjetzo sich wohl ohne denselben behelfen können."[42]

Wenn bislang vom Rauchen die Rede war, so ging es – mit Ausnahme der ersten spanischen Raucher auf dem europäischen Festland, die in Schilfrohren oder gewickelten Tabakblättern zerschnittenen Tabak rauchten – immer um die Pfeife als dem Rauchinstrument, mit dem sich der Tabakgenuß in Europa etablierte. Im 17. Jahrhundert dominierte die Pfeife nicht nur die Kreise der *rauchenden* Tabakkonsumenten, sondern war den beiden anderen bekannten Konsumformen des Tabaks, dem Schnupfen und dem Kauen, an Beliebtheit und Verbreitungsgrad bei weitem überlegen.[43]

Heutzutage wird das Pfeiferauchen zwar immer noch praktiziert, ist aber eigentlich seit dem Beginn des 19. Jahrhunderts kontinuierlich im Rückschritt begriffen. Es spielt für den Tabakgesamtumsatz eine mittlerweile völlig untergeordnete Rolle[44]; auch für den gegenwärtigen Raucher/Nichtraucher-Konflikt oder die moderne medizinische Problematisierung des Rauchens scheint es von marginaler Bedeutung zu sein. Weil aber die Pfeife eine lange Phase der Kulturgeschichte des Rauchens repräsentiert und auch als Zielscheibe der Tabakgegner des 16. bis 18. Jahrhunderts fungierte, sollen einige Ausführungen hierzu folgen.

Auffällig an der Pfeife ist zunächst, im Vergleich zu anderen Rauchinstrumenten, ihr tatsächlicher Werkzeugcharakter. Das Genußmittel Tabak und das Rauchinstrument sind hier zwei voneinander getrennte Medien. Der Vorteil dieser Trennung lag in der schon früh genutzten Möglichkeit der individuellen Kombination von Instrumenten und persönlichen Tabakmischungen. Besonders interessant erscheint der Umstand, mit welchen Argumenten spezielle Mischungen gerechtfertigt wurden, weil hier nicht nur das Streben nach feiner differenziertem Genuß sichtbar wird, sondern auch Aspekte einer Art frühen Diätetik des Rauchens durchschimmern. So heißt es etwa in einer im 17. Jahrhundert in Nürnberg erschienenen Flugschrift, daß Raucher ihre Pfeife mit zwei Dritteln Tabak und einem Drittel Zimt auffüllen sollten, um die Stärke und den beißenden Geschmack des Tabaks zu

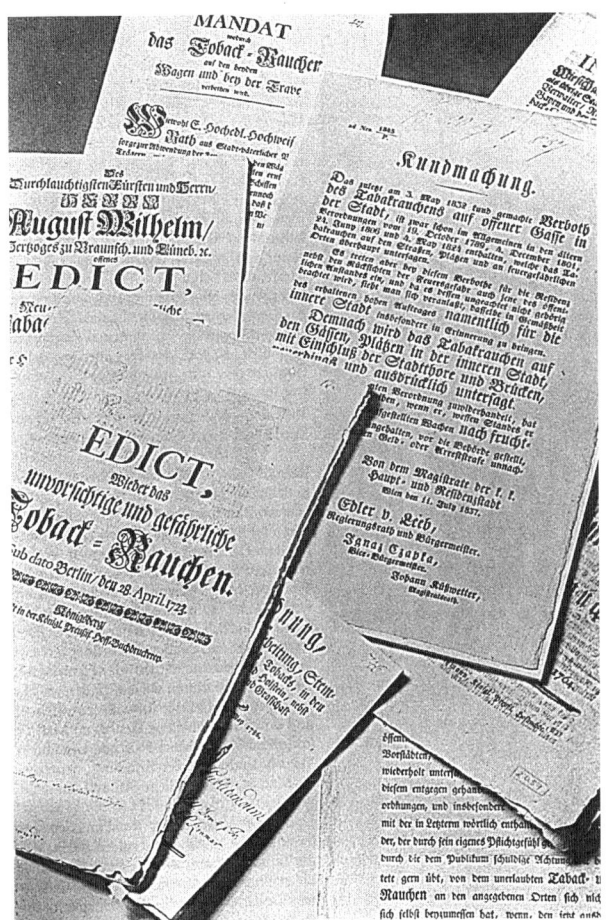

4 In zahlreichen europäischen Ländern waren zwischen dem 17. und 19. Jahrhundert staatlich oder kirchlich angeordnete Rauchverbote wie diese in Kraft.

lindern.[45] Dieser Ratschlag scheint doch zumindest einen kleinen Hinweis zu geben auf Aspekte der als problematisch empfundenen Begleiterscheinungen des Rauchens für den Raucher, wie sie sich in der Beschaffenheit und Zurichtung seines Rauchgerätes selber widerspiegeln. In späteren Phasen der Geschichte des Rauchens werden wir noch mehrfach auf dieses Muster stoßen, wenn es beispielsweise um nikotinarmen Tabak oder die Filterzigarette geht. Im Kontext der Tabakmischungen sei hier noch darauf verwiesen, daß gerade in Zeiten hoher Anschaffungskosten für den Tabak, wie dies beispielsweise nach drastischen Erhöhungen der Einfuhrzölle der Fall war, immer wieder auf Tabaksurrogate zurückgegriffen wurde. Als Beispiele für Ersatzprodukte dieser Art werden Rhabarber-, Kartoffel- und Runkelrübenblätter angeführt.[46] Diese Praxis führte wohl nicht selten auch zu akuten Vergiftungen bei den Rauchern, was im ausgehenden 18. Jahrhundert Ärzte auf den Plan rief, die chemische Untersuchungen des Tabaks vor dessen Zulassung zum Verkauf forderten.[47]

Doch wie bereits angedeutet, förderten die unterschiedlichen privaten oder zum Verkauf angebotenen Mischungen wie auch die aus unterschiedlichen Materialien hergestellten, in Form und Größe variierenden und speziell verzierten Pfeifen[48] in erster Linie eine *Differenzierung* des Rauchens. Sie bewirkten weiterhin auch eine *Popularisierung* des Rauchens, da nun die jeweiligen Produkte in unterschiedlichen Qualitäten und zu unterschiedlichen Preisen erhältlich waren.[49]

Als ein weiteres Moment der grassierenden Verbreitung des Rauchens in Europa wird der Dreißigjährige Krieg genannt, der durch die Ausübung des Rauchens in englischen Offizierskreisen letztlich auch die deutschen Staaten mit dieser kulturellen Praxis vertraut machte.[50] Es muß nicht verwundern, daß mit einer solchen Popularisierung auch mannigfaltiges Vorgehen gegen das Rauchen einherging. Erneut war es die Kirche, die zuerst das Wort ergriff. Schon 1642 sah Papst Urban VIII. sich durch die Zunahme des Rauchens genötigt, eine Bulle zu erlassen, die den Tabakgenuß in den Kirchen verbot und sich allgemein zum Tabakkonsum kritisch äußerte.[51] Die Forderung nach einer rauchfreien Kirche wurde gestützt durch die Definition des Rauchens als einer „profanen und unziemlichen Handlung"[52], die die Heiligkeit der Messe und das Gotteshaus entweihe. Zuwiderhandelnden wurde mit Exkommunikation gedroht.

Aber selbst innerhalb kirchlicher Kreise war die Durchsetzung der Anordnungen heikel, da viele Geistliche selbst zu den Rauchern zählten, so daß auch die Realisierung der Maßnahmen entsprechend locker gehandhabt wurde. Überhaupt hatte sich der kirchliche Diskurs um das Rauchen schwieriger Fragen anzunehmen: beispielsweise, ob der Tabak als Nahrung aufzufassen sei oder nicht, und welche Konsequenzen dies für das Fasten habe.[53] Da dem Tabak von einigen Gelehrten die Wirkung der 'Zügelung der Fleischeslust' zugesprochen wurde, war dessen Konsum nach der Lockerung der päpstlichen Verbote um 1660 zur Hilfe der Einhaltung des Zölibats durchaus legitimiert. Dieser Aspekt ist es auch, der den Genußmittelhistoriker Hartwich zu der Feststellung veranlaßt, daß die evangelischen Kirchen seit jeher ungleich stärker gegen den Tabak vorgegangen seien als die Katholische Kirche, wohingegen man auf Seiten der letztgenannten den Tabak hinsichtlich seiner Vorzüge toleranter handhabe.[54] In der Tat fußten die Argumente religiöser Antibewegungen gegen den Tabak in der Folgezeit, wie bisweilen noch heute, auf genuin protestantischen Wurzeln wie der Forderung nach 'innerer Askese' und der daraus folgenden prinzipiellen Abkehr von Genuß und Genußmitteln.

Für die historische Phase des Rauchens im 17. und 18. Jahrhundert scheint es so zu sein, als ob die Trennungslinie zwischen Tabakgegnern und -befürwortern nicht nur quer zu den staatlichen Interessenvertretern verläuft, sondern daß auch innerhalb der Kirchen keine einheitliche Haltung zu erkennen ist; obgleich die Kirchenspitze und wohl auch die Mehrzahl der eingesetzten Vertreter auf Seiten der Gegner standen.[55]

Die immense Verbreitung des Rauchens führte auch zu einem neuen und gesteigerten Interesse der Ärzte und Naturwissenschaftler am Tabak. Auch hier waren die Positionen keineswegs durch Konsens geprägt, sondern durch Unterschiede und Widersprüche. Zu trennen ist jedoch zunächst einmal grundsätzlich zwischen der Position der Gelehrten bezüglich des Tabaks als Heilmittel und der 'wissenschaftlichen' Haltung gegenüber dem Rauchen zu Genußzwecken. Da die hier behandelte Phase der Tabakgeschichte vor allem durch das Genuß-Paradigma gekennzeichnet war, sollen einige Grundzüge dieser Debatte skizziert werden. Wirft man einen Blick in die einschlägigen Berichte über den ärztlichen Diskurs um das Rauchen im 17. bis 18. Jahrhundert, so fällt auf, daß die Mehrzahl der negativen Einwände der damaligen Ärzte sich auf *körperliche* Schäden bezog, während die Fürsprecher vor allem die positiven *geistig-seelischen* Wirkungen des Rauchens hervorhoben. Die erste Position wurde gestützt durch die schon ab 1650 gezielt durchgeführten Experimente hinsichtlich der Wirkungen des Tabaks auf Tiere, die keinen Zweifel über die Giftigkeit der Tabakinhaltsstoffe ließen.[56] Das vermutete Tabakgift wurde bezüglich seiner Stärke mit der Blausäure, also einem sehr starken Gift, verglichen. Aus diesen Versuchen und der Feststellung der toxischen Wirkungen des Tabaks wurde geschlossen, daß das Rau-

5 Nutzen und Schaden des Tabakrauchens für den menschlichen Körper in einer Flugblattdarstellung aus der Zeit des Dreißigjährigen Krieges (1618-1648).

chen auch negative Auswirkungen auf den menschlichen Organismus haben müsse. Lange bevor man vom Rauchen als einem Gesundheitsrisiko zu sprechen begann, gab es also eine – wenn auch nach Maßstäben moderner Wissenschaft sicherlich unfundierte – medizinische Kritik am Rauchen. Daß diese Kritik jedoch damals keine Wirkung in der rauchenden Bevölkerung nach sich zog, lag zunächst einmal an der Beschränkung der Kontroverse auf Gelehrtenkreise, aber möglicherweise auch an der als plausibel empfundenen Position der Befürworter, die die beruhigende und zugleich anregende Wirkung präzise beschrieben.[57] Gerade zu dieser Zeit gehen Rauchen und geistige Arbeit einen engen Konnex ein. So zitiert etwa Schivelbusch einen holländischen Arzt namens Beintema von Palma, der Anfang des 18. Jahrhunderts folgende Einschätzung verlautbarte: „Einer der studiert, muß notwendig viel Tabak rauchen, damit die Geister nicht verlorengehen, oder da sie anfangen zu langsam umzulaufen, weshalb der Verstand sonderlich schwere Sachen nicht wohl faßt, wieder mögen erweckt werden, worauf alles klar und deutlich dem Geiste überliefert wird, und er wohl überlegen und beurteilen kann."[58]

Auch in Bevölkerungsschichten, die weniger eng mit der geistigen Arbeit verbunden waren, erfreute sich jedenfalls der Tabak, in der Pfeife genossen, großer Beliebtheit. Die vereinzelten ärztlichen Warnungen blieben ungehört und die staatliche Haltung zur Tabakfrage ambivalent[59] mit einer Tendenz zur Lockerung der Sanktionen gegen das Rauchen zugunsten verbesserter Einnahmequellen.

Zigarren und die Lockerung der Rauchverbote

"Einer besonderen Art des Tabakrauchens muß hier noch Erwähnung getan werden, nämlich der Cigarros: es sind dies Blätter, welche man zu fingerdicken, hohlen Zylindern zusammenrollt und die dann, an dem einen Ende angezündet, mit dem anderen in den Mund gesteckt und so geraucht werden."[60]

Die Zigarre stellte erstmals eine Einheit von eigentlichem Rauchgerät und dem Genußmittel selbst her; beide Komponenten lösten sich beim Gebrauch gewissermaßen in Luft auf. Auch wenn die spanischen Eroberer bereits mit den Vorformen der Zigarre vertraut gewesen waren und die Zigarrenmanufaktur in Spanien schon um 1700 einen ersten Höhepunkt erlebte, so dauerte es noch bis in die 80er Jahre des 18. Jahrhunderts, bis die Zigarre auch in Deutschland auftauchte.[61] Zu diesem Zeitpunkt allerdings war das Rauchen in Europa nur wenig en vogue. Dies lag weniger in den – seit dem 18. Jahrhundert ohnehin nur noch sporadischen – Widerständen gegen das Rauchen begründet als vielmehr in dem in weiten Teilen höfischer Kreise praktizierten Schnupfen von Tabak, das in der Folgezeit in allen anderen Gesellschaftsschichten populär wurde – dort wohlgemerkt neben dem Rauchen.[62] So erscheint es auch verständlich, daß die erste deutsche Zigarrenfabrik, die 1788 in Hamburg ihren Betrieb mit der Verarbeitung von importierten Tabaken aufnahm[63], nur sehr spärlichen Erfolg hatte. Da aber auch diese Neuerung bald in kulturell einflußreiche Kreise gelangte, erfolgte mit der Zigarre auch langsam eine Wiederbelebung des Rauchens als sozial anerkannte kulturelle Praxis.[64] Seit der Wende zum 19. Jahrhundert entstanden vor allem in Baden und Westfalen Zigarrenfabriken, die auch einheimische Tabakgewächse verarbeiteten. Bevor sich jedoch die Zigarre vollständig etablieren und von der Pfeife

6 *Möglicherweise die erste Demonstration für die Freiheit des Tabakgenusses: Der Londoner Raucher-Protest vom 9. November 1800.*

emanzipieren konnte, war es offenbar nötig, Elemente der alten kulturellen Praxis in den Komplex der neuen zu verschieben. So waren etwa in der Anfangszeit der Zigarre Haltewerkzeuge üblich, die in Form, Ornamentik und Motivik stark an Pfeifen erinnerten.⁶⁵ Mit den steigenden Stückzahlen sanken dann auch die Preise für die anfangs im Vergleich zum Pfeifentabak teuren Zigarren, bald gab es sogar besonders günstige „Volkszigarren".⁶⁶ Die Popularisierung nahm dermaßen Gestalt an, daß Tiedemann 1854 schreiben konnte: „Das Tabakrauchen namentlich ist in Deutschland, wie in allen Ländern Europas, viel häufiger geworden, seit dem Zigarren allgemein Eingang gefunden haben."⁶⁷ Über die ungemeine Ausbreitung des Rauchens in dieser Zeit geben auch einige Zahlen Aufschluß: 1851 registrierte man in Hessen 51 Tabakfabriken, in Berlin gar über 490; in Bremen, wo ein großer Teil des importierten Rohtabaks ankam und weiterverarbeitet wurde, arbeiteten im Jahre 1851 mehr als 5.300 Menschen in der Tabakbranche, und in der Stadt Frankfurt konnte man an 360 Stellen verschiedenste Tabakprodukte kaufen.⁶⁸ Schließlich kam es 1877 zu einem historischen Datum in der Kulturgeschichte des Rauchens: erstmals wurde die Vorherrschaft des Pfeifentabaks hinsichtlich der Marktanteile in Deutschland von der Zigarre gebrochen.⁶⁹

Diese enorme Dynamik des Tabakhandels, der Tabakverarbeitung und des Tabakgenusses muß auf der Folie der veränderten gesellschaftlichen Stimmung gegenüber dem Rauchen gesehen werden. Während noch bis zum Ende des 18. Jahrhunderts vielfältige Formen der Sanktionen gegenüber dem Rauchen vorherrschten – sei es aus moralischen, religiösen, politischen oder feuerschutztechnischen Motiven heraus –, lockerten sich diese Reglementierungen im Verlauf der ersten Hälfte des 19. Jahrhunderts im Zuge bürgerlicher Liberalisierungsbestrebungen, die alle Bereiche des gesellschaftlichen Lebens umfaßten.

Für Deutschland läßt sich am Beispiel Berlin dieser Vorgang im Umfeld der 1848er Revolution verorten. Nachdem sich die Napoleonischen Truppen 1808 aus Berlin zurückgezogen hatten, traten schon 1809 wieder die alten Verbote gegen das Rauchen in der Öffentlichkeit in Kraft.⁷⁰ Zwischen 1809 und 1848 kam es dann zu unzähligen Anklagen und Bestrafungen, Beschwerden gegen Bestrafungen, Appellen zur Abschaffung der Verbote, wiederholten Erneuerungen der Verbote und einer Reihe von „Tabakunruhen" und „Rauchrummeln".⁷¹ Als Begründung für die Aufrechterhaltung der Rauchverbote wurde von den Behörden angeführt, daß öffentliches Rauchen sowohl unanständig als auch gefährlich – hier im feuertechnischen Sinne gemeint – sei.⁷² Auf seiten der Bürger

7 und 8 Während oben das öffentliche Rauchverbot für Berlin noch in Kraft ist und ein Zuwiderhandelnder von der Polizei aufgegriffen wird ...

war der Anspruch auf das Rauchrecht im Tiergarten beispielsweise in einen ganzen Katalog von verschiedensten Forderungen eingebettet, die schon in den 1830er Jahren auf Protestkundgebungen verlautbart wurden. Die Gesuche um Lockerung der Rauchverbote, die bei den Behörden eingingen, bedienten sich häufig der Vergleiche zu anderen europäischen Großstädten wie Paris, Wien oder London, wo die 'öffentliche Rauchfreiheit' bereits durchgesetzt worden war. Doch zunächst wurde das Rauchen in der Berliner Öffentlichkeit „vielfach als eine demonstrative Auflehnung gegen die herrschende Staatsgewalt betrachtet."[73] Ebenso wie das Tragen von Filzhüten statt der üblichen Zylinder als Anzeichen einer revolutionären Gesinnung des Trägers gedeutet wurde, machte man sich mit der Geste des öffentlichen Rauchens verdächtig, demokratische Ansichten zu vertreten. Nachdem jedoch die Unruhen in Berlin am 19. März 1848 eskalierten und die aufgebrachte Menge auf dem Schloßplatz die Nachricht entgegennahm, daß alle Forderungen bewilligt seien, folgte nur wenige Tage später auch die offizielle Bekanntmachung der Aufhebung des öffentlichen Rauchverbots.

Die Wirkung der Aufhebung der Rauchverbote, die in der ersten Hälfte des 19. Jahrhunderts in weiten Teilen Europas stattfanden, war immens: „Unter den angegebenen Verhältnissen hat der Verbrauch des Tabaks in neuester Zeit auf eine Weise zugenommen, welche Staunen erregt und an das Unglaubliche gränzt", schreibt Tiedemann 1854.[74] Diese Entwicklung darf jedoch nicht darüber hinwegtäuschen, daß zu jener Zeit weiterhin auch kritische Töne – jenseits der staatlichen Gesetzgebung – gegen das Rauchen angeschlagen wurden. Der Tabakhistoriker Goodman lokalisiert sogar eine bedeutende Zäsur im Tabakdiskurs jener Zeit: „The tobacco discourse changed abruptly in the nineteeth century. The change came not from the medical profession but from the enormous growth in chemical investigations and insights."[75] Gemeint ist mit den Einsichten in die chemische Zusammensetzung des Tabaks wohl vor allem die 1828 erstmals gelungene Isolierung des hochgiftigen Hauptinhaltsstoffes des Tabaks. Dieser Inhaltsstoff, den die Göttinger Chemiker Posselt und Reimann 'Nikotin' nannten, sollte fortan den Hauptkristallisationspunkt na-

... nimmt hier die versammelte Bürgerschaft die Bewilligung der geforderten 'Rauchfreiheit' dankbar entgegen.

turwissenschaftlicher Kritik am Rauchen bis in das 20. Jahrhundert hinein darstellen. Auf der Basis der chemischen Erkenntnisse begann man vehement Experimente mit dem Nikotin vor allem an Tieren durchzuführen, um die Wirkungen des Giftes auf den Organismus präziser als bisher bestimmen zu können.[76] Obwohl der Sachverhalt an sich schon lange bekannt und zum Teil auch beschrieben war, zogen nun Begriffe wie akute und chronische Nikotinvergiftung in die Diskussion ein. Die Untersuchung der Symptome beim Menschen, die mit „Eingenommenheit des Kopfes", „ungewohnter Aufregung", „Husten, Beschleunigung der Atmung, Übelkeit, Erbrechen" und „Darm-Ausleerungen" beschrieben wurden[77], fand wiederum ihren – wenn auch nicht überzubewertenden – Niederschlag in Empfehlungen und in den Rauchmitteln selbst. Eine wissenschaftlich fundierte Diätetik des Rauchens erlebte einen Aufschwung – und dies nicht zuletzt dadurch, daß nun auch so etwas wie Langzeitschädigungen vermehrt ins Blickfeld gerieten. Bereits um die Mitte des letzten Jahrhunderts werden dazu chronische Mundschleimhautentzündungen, Mandelentzündungen und auch der Zungenkrebs gezählt.[78] In einer Aufzählung von Vorschriften, die gesundheitsbewußte Raucher zu berücksichtigen hätten, finden sich eine ganze Reihe interessanter Aspekte[79]: beispielsweise die Empfehlung, nur trockenen und gealterten Tabak zu rauchen, da sich hierbei das Nikotin besser verflüchtigen könne. Ferner wird eine Warnung vor dunklen Tabaken ausgesprochen, da diese grundsätzlich stärker und reizender seien.[80] Bemerkenswert ist die im Zeitalter der Zigarre geäußerte Empfehlung Tiedemanns, die Pfeife als Rauchgerät den zeppelinförmigen Tabakrollen vorzuziehen, weil bei erstgenannten ein direkter Kontakt der Lippen mit dem giftigen Tabak vermieden werden könne. Einen nicht unerheblichen Gesichtspunkt der 'modernen' Diätetik des Rauchens stellte auch die Überzeugung dar, daß abgekühlter Rauch offenbar weniger Giftstoffe enthält als warmer; hierin wird ein weiterer Grund der Bevorzugung der

9 *Blutiger Raucherprotest gegen massive Tabaksteuererhöhung. Der sogenannte Mailänder Zigarrenrummel vom 3. Januar 1848.*

Pfeife, und zwar der langstieligen, gesehen. Vor dem Hintergrund dieser Erkenntnisse verwundert es nicht, daß um 1850 auch die ersten Mundstücke für Zigarren auftauchen.[81] Es ist jedoch nicht zweifelsfrei zu klären, welcher primären Funktion diese meist aus dem klassischen Pfeifenmaterial Meerschaum gearbeiteten Verlängerungsröhrchen dienten; ob sie der ansonsten in ihrer Erscheinung recht profanen Zigarre durch ihre mitunter reichhaltigen Ausschmückungen eine kunstvollere und edlere Gestalt verleihen sollten oder aber, ob sie tatsächlich als gesundheitsschonendes Distanzstück und Abkühlröhrchen fungieren sollten.

Neben Aspekten der Problematisierung des Rauchens im 19. Jahrhundert, die ihren Ursprung in den neuen naturwissenschaftlichen Erkenntnissen hatten und ihren Ausdruck in der 'modernen' Diätetik fanden, sei noch ein weiteres Moment genannt, das in den damaligen Tabakdiskurs Einzug hielt. Nach dem Fall der Rauchverbote und dem Allgemeinwerden des Rauchens in allen gesellschaftlichen Milieus und in fast allen alltäglichen Situationen formierte sich eine neue und nun stark bürgerlich geprägte Kritik am Rauchen. Gegenstand dieser Kritik waren Aspekte des Jugendschutzes. Wenn auch bisher schon vereinzelt Klagen über eine verwahrloste Jugend, die dem Rauchen frönt, laut geworden waren, so wurde ab der Mitte des 19. Jahrhunderts das Rauchen unter Kindern und Jugendlichen als spezifisches soziales Problem wahrgenommen. An den herrschenden Verhältnissen nahm auch Tiedemann Anstoß: „Sehr zu tadeln ist, daß junge Leute, und oft schon Knaben, die kaum das zehnte oder zwölfte Jahr erreicht haben, Tabak rauchen."[82] Aus diesem Grund sei es für Eltern, Erzieher und Lehrer „eine ernste Pflicht, junge Leute auf die großen Gefahren des voreiligen Gebrauchs des narkotischen Tabaks aufmerksam zu machen, durch welchen deren körperliches und geistiges Wohl zerstört wird".[83] Auch in der Folgezeit bildete der Jugendschutzgedanke einen wichtigen Pfeiler in den Argumentationen und Maßnahmen der Anti-Tabak-Vereinigungen, die in verschiedenen amerikanischen Staaten und europäischen Ländern in der zweiten Hälfte des 19. Jahrhunderts gegründet wurden.

Zum Abschluß dieses Kapitels soll noch kursorisch auf die weitere Entwicklungsgeschichte der Zigarre verwiesen werden. Aus der Sicht der Zigarrenliebhaber liegt sicherlich ein tragisches Moment der Tabakgeschichte in jenem Umstand, der dazu führte, daß der Zigarre genau zu dem Zeitpunkt, als sie den Zenit ihres Erfolges erreicht hatte und die Pfeife an Beliebtheit und Verbreitung zu übertreffen begann, auch gleichzeitig das Ende ihrer Karriere bevorstand. Denn ab den 1870er Jahren drängte sich die Zigarette mit bisher ungekannter Vehemenz in den Vordergrund des herrschenden Rauchergeschmacks. Seit dieser Zeit ist zumindest in Deutschland der Absatz der Zigarren kontinuierlich rückläufig.[84] Auch nach dem Zweiten Weltkrieg vermochten zusätzliche Steuererleichterungen und Liquiditätsbeihilfen für Zigarrenhersteller diese Entwicklung nicht zu stoppen, so daß Ende der 1950er Jahre binnen kurzer Zeit 63 Prozent aller Betriebe in Deutschland schließen mußten.

Erwähnenswert bleibt aber noch die aktuelle Entwicklung, die eine – wenn auch bescheidene – Renaissance der Zigarre andeutet.[85] Da die Zigarre lange Jahre ein zurückgezogenes Dasein unbehelligt von der zunehmenden gesellschaftlichen Problematisierung des Rauchens fristete, ist es nur scheinbar und vordergründig paradox, daß gerade in den gegenwärtigen Zeiten erheblicher Vorbehalte gegen den Tabakgenuß es einem Rauchgerät gelingen kann, wieder Fuß zu fassen. Die völlige Fokussierung der Kritik am Rauchen der letzten Jahrzehnte auf die Zigarette läßt genau diese Nische entstehen, in der das Interesse an der Zigarre nun wächst. Auch auf die Gefahr hin, daß dem späteren Verlauf des Buches hiermit vorgegriffen wird, sei auf den interessanten Zusammenhang verwiesen, daß gerade im Kontext der neu entstehenden Pro-Raucher-Bewegungen der Zigarre als dem 'schwersten' Rauchgerät die Rolle einer trotzigen Waffe gegen die breite Anti-Nikotin-Front zukommt. Davon legen nicht zuletzt auch die mit großem Publicity-Aufwand demonstrativ veranstalteten „big smokes", Treffen, bei denen Zigarrenliebhaber unter sich und jenseits herrschender öffentlicher Rauchverbote bleiben, Zeugnis ab.[86]

Vehementer Aufstieg der Zigarette und Veralltäglichung des Rauchens

„Die Zigarette ist mit der modernen, technisch-wissenschaftlichen Zivilisation groß geworden; sie verkörpert die Beschleunigung sozialer Vorgänge ebenso wie die Individualisierung von Lebensstilen und die Herrschaft der Mechanisierung."[87]

Die Zigarette: Ein Produkt der Moderne

Der Engländer George L. Apperson schreibt in seiner 1914 erschienenen „Social History of Smoking": „The coming of the cigarette completed what the cigar had begun."[88] Gemeint ist hiermit zunächst der endgültige Triumph des Rauchens über das Tabakschnupfen und -kauen. Aber auch in eine andere Richtung läßt sich der Satz deuten. Mit der Zigarette nämlich gewinnt das Rauchen eine noch größere Verbreitung, als dies schon zu Zeiten der Zigarre der Fall war, und erreicht ebenfalls einen noch höheren Grad an gesellschaftlicher Normalisierung und Veralltäglichung – zumindest vom Standpunkt der weiteren Zurückdrängung staatlicher und kirchlicher Einwände aus betrachtet.

Auch bei diesem neuen Rauchprodukt waren Vorformen bereits einige Jahrzehnte vor dem Einsetzen der eigentlichen Verbreitung bekannt. In Spanien wurden Zigaretten, die sich von der Zigarre und deren Miniaturform, dem Zigarillo, im wesentlichen durch die Papierumwicklung der Tabakeinlage unterschieden, bereits um die Mitte des 18. Jahrhunderts vereinzelt hergestellt.[89] Doch der vehemente Aufstieg, der die Zigarette schließlich zu *dem* Genußmittel des 20. Jahrhunderts werden ließ, begann erst knapp nach 1850.[90] Wie schon mehrfach zuvor in der Tabakgeschichte war auch hier der Motor für die rasche Verbreitung der kulturellen Innovation ein europäischer Krieg. In den Auseinandersetzungen um die Krim gerieten 1854 englische und französische Soldaten, die den Türken im Kampf gegen Rußland zur Unterstützung gesandt worden waren, in Kontakt mit den milden Orienttabaken. Die Mythen, die sich um den Ursprung der modernen Zigarette ranken, machen die schlechte Versorgungslage dafür verantwortlich, daß die Soldaten Tabakkrümel in Zeitungspapier einwickelten und rauchten.[91]

Des weiteren waren in diesen Breiten offenbar auch schon in Manufaktur hergestellte Zigaretten bekannt. Das neue Rauchmittel wurde von heimkehrenden Offizieren auch in die

Clubs von London und Paris eingeführt. Dort jedoch wurde die Zigarette von den traditionellen Zigarren- und auch Pfeifenrauchern eher als „armselige Dunströhre in Papier"[92] belächelt. Die ablehnende Haltung schwand jedoch, als sich die Hersteller um die Verarbeitung feinerer Papiere und qualitativ hochwertigerer Tabake aus dem Orient bemühten. In Deutschland entstand die erste Zigarettenfabrik 1862 in Dresden, welches in der Folgezeit zur Zigarettenmetropole schlechthin avancieren sollte.[93] Bei der Firma Laferme, deren Name Ende des 19. Jahrhunderts gleichsam zum Synonym für die Zigarette in Deutschland wurde, handelte es sich um eine Zweigniederlassung einer russisch-französischen Kooperation mit Sitz in Petersburg.

Mit diesen Anfängen der Zigarette setzte auch eine deutliche Umorientierung in der Einfuhr von Rohtabaken und Tabakprodukten nach Mitteleuropa ein. Während für Zigarren und Pfeifentabake die Neue Welt nach wie vor Hauptlieferant blieb, wurden für die Zigarettenherstellung Staaten Osteuropas und Vorderasiens als Handelspartner gewonnen. Ein praktischer Vorzug dieser Orientierung ist sicherlich in den kürzeren Importwegen zu suchen. Die Hauptursache jedoch besteht in der spezifischen Beschaffenheit der Orienttabake, die ein volles, süßliches Aroma mit geschmacklicher Milde verbunden haben. Somit vollendete auch hier die Zigarette den sich bereits seit längerem entwickelnden Trend weg vom 'kratzenden Kraut'.[94]

Zunächst sorgte die Zigarette vor allem in feineren Kreisen für Furore. Neben der Sensation der eigentlichen Neuerung sind als Gründe für den Zuspruch gerade in diesen Milieus eine Reihe von Imageaspekten zu berücksichtigen. Schon die im Vergleich zur behäbig und schwerfällig anmutenden Zigarre filigrane Erscheinung der Zigarette und ihre 'saubere' feinweiße Umhüllung konnten beinahe nur 'modern' erscheinen. Ebenso anziehend mag das exotische Flair des Orients gewirkt haben, eines Sujets, dessen Wirkung sich praktisch alle damaligen Zigarettenhersteller bei ihrer Verpackungsgestaltung und Namengebung

bedienten: Marken wie „Salem", „Mohamed" und „Sulima" waren unter deutschen Zigarettenprodukten weit verbreitet.[95] Der an sich schmucklos-massenhaften und in Form und Größe recht standardisierten Erscheinung der Zigarette verlieh man durch verschiedene Requisiten wie kostbar gearbeitete Etuis, Haltewerkzeuge oder Zigarettenspitzen eine individuelle Note.

Um den Übergang der Zigarette vom beschränkten Gebrauch in vornehmen Salons und feinen Milieus zu einem Allerwelts- und Alltagsgenußmittel innerhalb weniger Jahrzehnte verstehen zu können, ist auch die Darstellung einiger Veränderungen in Herstellung und Handel der neuen Tabakprodukte notwendig. Bewußt wird hier noch die For-

10 Um 1900 bestanden nicht nur die meisten Zigaretten aus Orienttabaken, sondern die Hersteller machten oft auch Gebrauch vom Orient-Image bei Namengebung, Packungsgestaltung und sogar – wie die Firma Yenidse in Dresden – bei der Architektur der Fabrikationsstätten.

mulierung *Herstellung* verwandt, um darauf hinzuweisen, daß von einer eigentlichen Zigaretten-*Industrie* frühestens ab den 1880er Jahren in Europa die Rede sein kann. Am Beispiel der Vereinigten Staaten, in denen sich dieser Prozeß schon einige Jahre früher und auch massiver vollzogen hatte, lassen sich diese Entwicklungen verdeutlichen.[96] Zunächst war die Erfindung der Marken hierfür von großer Bedeutung. Diese wurden in der Folgezeit für die Imagebildung bei weitem wichtiger als die Herstellerfirmen.[97] Um die äußerlich sehr ähnlichen Rohprodukte besser identifizieren zu können, war es nötig, Signets, Symbole und Figuren zu kreieren, die eine bestimmte Marke repräsentierten und ihr somit ein eigenes Gesicht gaben, ein unverwechselbares Image. Schon damals war der Werbeaufwand in Gestalt von Plakaten, Zeitungsanzeigen und Maßnahmen, die wir heute als Sponsoring bezeichnen würden, enorm groß. Eine beliebte Strategie, die den Verbraucher an eine Marke binden sollte, bestand in der schon in den 1880er Jahren in den USA praktizierten Beigabe von Sammelbildern – beispielsweise von Revuestars – in den Zigarettenpackungen.

Eine mit der Vorbereitung auf den massenhaften Absatz zwangsläufig verbundene Entwicklung betrifft die Produktion selbst. Während die Zigarettenhersteller bei der Anwendung moderner Werbetechniken eine der ersten Wirtschaftsbranchen waren, setzte die Mechanisierung der Produktion im Vergleich etwa zu verschiedenen Zweigen der Lebensmittelherstellung erst verhältnismäßig spät ein.[98] Zwar erregte die erste Zigarettenmaschine, die die Firma Susini auf der Weltausstellung 1867 in Paris präsentierte, Aufsehen unter den Besuchern[99], zu einer teilweisen Mechanisierung kam es aber sowohl in den Vereinigten Staaten als auch in Deutschland erst in den 1880er Jahren. Die damals sehr populär gewordene amerikanische Bonsack-Maschine konnte 1883 täglich zwischen 100.000 und 120.000 Zigaretten produzieren.[100] Um 1900 waren die Maschinen bereits in der Lage, 500 Zigaretten pro Minute zu fertigen.[101] Dieser raschen Mechanisierung ver-

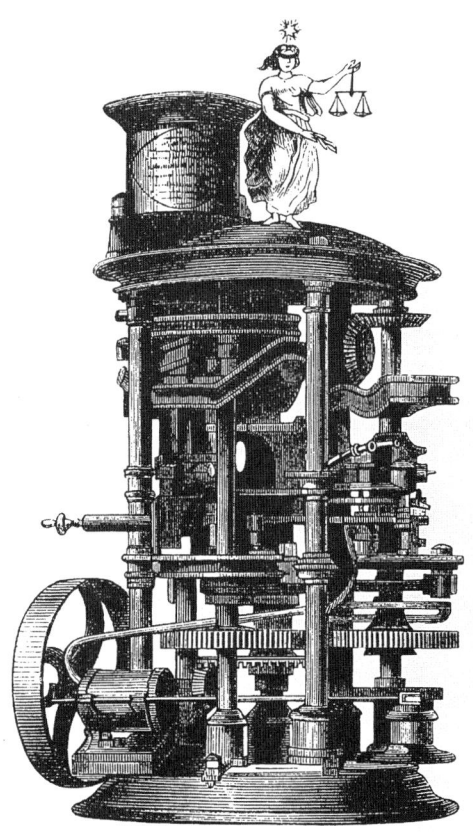

11 Zeichnung der ersten Zigarettenmaschine von 1867. Sie wurde konstruiert von der Firma Susini.

dankt die Zigarette ihre ungeheure Ausbreitung um die letzte Jahrhundertwende, denn dadurch konnten die Verkaufspreise trotz gestiegener Steuersätze erheblich reduziert werden.

Aber es sollten bei der Skizzierung dieser Entwicklungen nicht nur ökonomische Aspekte in Betracht kommen. Auf einem kulturwissenschaftlich interessanten Terrain bewegen sich auch Argumente, die die Motive für die Zigaretten-Begeisterung auch in der entsprechenden kulturellen und gesellschaftlichen Grundstimmung jener Epoche ausmachten. Wenn nochmals das Bild bemüht werden darf, mit dem dieses Kapitel eingeleitet wurde – nämlich, daß die Zigarette das vollendete, was die Zigarre bereits vorbereitet hatte –, so läßt sich diese Aussage auch auf das quasi-rituelle Umfeld des Rauchens und die Rauchdauer übertragen: Waren für das Betreiben der Pfeife noch mehrere Geräte nötig und der Genuß ein ziemlich zeitintensives Vergnügen, so erscheinen diese beiden Komponenten bei der Zigarre bereits deutlich reduziert und erreichen schließlich im „Fünfminutenbrenner"[102] Zigarette ihren Tiefpunkt. Die komplexe Geste des Rauchens wird, zumindest aus dieser Perspektive, zusammengeschmolzen zum bloßen Akt der Nikotinaufnahme.[103] Genau in dieser Konzentration auf den Stoff und seine Wirkungen, ebenso wie in der 'Zigarettenlänge' als neuer Zeiteinheit wird die herausragende Bedeutung des Rauchens in Form der Zigarette gesehen. So schreibt etwa Stephan Dirk in seinem schmalen Büchlein „Die Cigarette. Ein Vademecum für Raucher" 1924 folgendes: „Die Zunahme des Lebenstempos in den letzten Jahrzehnten mußte jedoch die jüngeren Europäer notwendig zur Abwendung von der Cigarre überhaupt führen."[104] Auch das sedative Moment der narkotischen Wirkung des Rauchens wird in den Kontext kultureller Stimmungen jener Zeit integriert, wenn es heißt: „Bei den modernen Menschen existiert meistens eine außerordentliche Überempfindlichkeit der Nerven. Der Tabak vermag nun diese Überempfindlichkeit zu dämpfen."[105] Es sind immer wieder die Adjektive 'modern' und 'nervös', die in unterschiedlichen Schattierungen einerseits mit der im Rauchen widergespiegelten spezifischen Fin-de-siècle-Stimmung und andererseits der Zigarette selbst, als dem adäquaten und zeitgemäßen Rauchgerät, in Verbindung gebracht werden. Besonders pointiert kommt dies in den folgenden Zeilen eines Artikels zum Ausdruck, der 1901 in der Zeitschrift „Die Jugend" erschien: „Die Cigarette paßt in unsere nervöse Zeit. Ein nervöses Vergnügen für Nervöse. Man raucht Zigaretten, weil man nervös ist; man ist nervös, weil man raucht. Der ewige Zirkel. Aber gut!"[106] Schon damals ist ebenfalls viel von den individuellen Bedürfnissen des 'komplizierten Menschen' und seinem Streben nach differenziertem sinnlichen Genuß zu lesen, von Menschen, deren geistiger Stimmungslage die „Empfindungsmannigfaltigkeit"[107] der Zigarette gerecht wird.

Diesem Anspruch auf Differenziertheit entsprach die ungeheuer breite Palette des damaligen Zigarettenangebots: 1910 waren beim Patentamt des Deutschen Reiches 20.000 Marken gemeldet[108], darunter noch bis in die Zwanziger Jahre einige Marken mit einem Hanfanteil von 5 bis 10 Prozent im Tabak.[109] Zwischen 1910 und 1920 läßt sich auch der Zeitpunkt ansetzen, zu dem die Zigarette hinsichtlich ihres Absatzvolumens zur Zigarre beziehungsweise zum Pfeifentabak aufschloß.

12 Zigaretterauchen, trotz aller Popularisierung immer noch ein modernes und mondänes Vergnügen. Diese Karikatur aus der Zeitschrift „Lustige Blätter" von 1926 ist untertitelt mit: „Sehr schön, so ein Souper. Wenn man bloß nicht immer zwischen zwei Cigaretten etwas essen müßte!"

Während in Deutschland um 1917 ein Viertel der Anteile des Tabakwarenverkaufs auf die Zigarette entfielen[110], hatte in Österreich die Zigarette bereits 1910 die Zigarre eingeholt[111]; in England machte der Zigarettenanteil 1920 schon die Hälfte aller Tabakverkäufe aus.[112] Daß der Staat jeweils von diesem Handel erheblich profitierte, belegt die Statistik Hartwichs, der beispielsweise die Einkünfte pro Kopf und Jahr für den staatlichen Fiskus in England auf über fünf damalige Mark beziffert.[113]

Neben den bislang angeführten Motiven zur Beantwortung der Fragen, warum gerade seit dem Ende des letzten Jahrhunderts das Rauchen eine neue Rekordmarke hinsichtlich seiner Popularität erreichen konnte, und warum diese Entwicklung untrennbar mit der Verbreitung der Zigarette als *dem* Rauchmittel schlechthin verbunden ist, muß auch die soziale Ausweitung des Rauchens vor allem hinsichtlich Alter und Geschlecht genannt werden. Während auf die Thematik der rauchenden Jugend bereits knapp eingegangen wurde, fand die Kategorie Geschlecht in der bislang rekonstruierten Kultur- und Konfliktgeschichte des Rauchens – aus guten Gründen – noch keine Beachtung.

Exkurs zum Aspekt Rauchen und Geschlecht

Daß Frauen im Zusammenhang mit dem Rauchen im bisherigen Verlauf des Buches nicht auftauchten beziehungsweise erst an dieser Stelle thematisiert werden, ist weder als Versehen noch als Zufall zu deuten. Denn erst mit der Zigarette entwickelten sich langsam und zunächst mit mehr Einschränkungen als Freiheiten belegte Ansätze zu einer Verbreitung und der damit einhergehenden gesellschaftlichen Akzeptanz rauchender Frauen in Europa.[114] „Der Tabak ist, wie der Kaffee, lange Zeit ein Symbol der patriarchalen Gesellschaft" gewesen, schreibt Schivelbusch zusammenfassend.[115] Folgerichtig stößt man in dem Bemühen, die Vorgeschichte des kulturellen Motivs rauchender Frauen zu erhellen, nicht eben auf zahlreiche Belege und Hinweise – und dies, obwohl von Goodman bezweifelt wird, daß vor dem 19. Jahrhundert irgendwelche grundsätzlichen Rauchverbote speziell für Frauen existierten.[116] In seinem knapp zwanzigseitigen Kapitel zu „smoking by women" berichtet Apperson, daß in England beispielsweise ungefähr mit dem frühen 17. Jahrhundert auch vereinzelt Frauen in den ländlichen Gebieten rauchten, und daß diese Praxis nicht an eine soziale Klasse gebunden war, während es im Verlauf des 18. Jahrhunderts nur in unteren Gesellschaftsmilieus üblich war.[117] Aber auch nach der Renaissance des Rauchens zu Beginn des 19. Jahrhunderts blieb es hierbei, wie die Äußerung Appersons verdeutlicht: „Respectable folk in the middle and upper class would have been horrified at the idea of a pipe or a cigar between feminine lips."[118]

In den deutschen Staaten blieb es im 17. und 18. Jahrhundert ebenfalls bei vereinzelten Ansätzen der gesellschaftlichen Normalisierung des Rauchens unter Frauen, die sich beispielsweise in Veröffentlichungen zu dieser Streitfrage ausdrückten.[119] Falls es aber eine Tradition des Rauchens unter Frauen vor der Mitte des 19. Jahrhunderts gegeben hat, so läßt sich diese anhand der einschlägigen Literatur zur Tabakhistorie nicht oder nur in wenigen Fragmenten nachweisen. So muß es auch nicht verwundern, wenn dort Frauen kategorisch als das „rauchlose Geschlecht"[120] definiert werden und das Rauchen als eines „der wenigen Reservatrechte des heranwachsenden und erwachsenen männlichen Geschlechts"[121] dargestellt wird.

Diese ausgrenzende Haltung verstärkt sich deutlich, als das einsetzende Rauchen der Frauen im Umfeld der frühen Emanzipationsbewegungen um die Mitte des 19. Jahrhunderts als Zeichen der Beanspruchung sämtlicher Rechte, die bislang den Männern vorbehalten waren, gedeutet wurde. Tiedemann schreibt 1854 etwa: „In neuester Zeit ist das Cigarren-Rauchen aber auch bei vielen jungen Frauen in Paris Mode geworden, die dadurch ihre Emancipation Kund geben wol-

13 Noch um die Mitte des letzten Jahrhunderts wurden rauchende Frauen in der Öffentlichkeit nicht geduldet. Auf dieser Abbildung ist sogar die Festnahme durch einen Polizisten dargestellt.

rauchten Emanzipierte in dieser Vorstellung ebenso prinzipiell wie Raucherinnen grundsätzlich emanzipiert waren."[124] Die männlichen Vertreter der Bürgerlichkeit ließen kaum einen Weg ungenutzt, um das Rauchen der Frauen entweder lächerlich, sittenwidrig oder sogar gefährlich erscheinen zu lassen, und versperrten dieser Praxis somit die gesellschaftliche Normalisierung. Zwar waren rauchende Frauen um 1850 mehrheitlich noch „auf die Halbwelt, auf Künstlermilieus und auf radikal feministische Kreise beschränkt", aber „mit der Zigarette begann eine neue Phase des Frauenrauchens, vergeblich bekämpft von der Kirche, vom Nationalsozialismus, von Teilen der bürgerlichen und sozialistischen Lebensreform."[125]

Der gesellschaftliche Akzeptanzprozeß verlief sehr langsam. Noch weit bis in das 20.

len. Zur Ehre der deutschen Frauen sei gesagt, daß diese Mode bei ihnen noch keinen Eingang gefunden hat und hoffentlich auch niemals finden wird."[122] Die Amerikanerin Lola Montez (1818-1861) und die französische Schriftstellerin George Sand (1804-1876), die beide zu Vertreterinnen der Forderung nach Gleichberechtigung von Frauen in der Öffentlichkeit wurden, können als Protagonistinnen der 'neuen' rauchenden Frau bezeichnet werden. Doch neben dieser tatsächlichen Ausübung des Rauchens von Frauen in der Öffentlichkeit entwickelte sich ein der realen Situation unverhältnismäßiger, stereotyper (männlicher) Blick auf die rauchende Frau. Dieser findet besonders in den zeitgenössischen Karikaturen und Grotesken, die sich dem Aspekt widmeten, seinen Ausdruck.[123] Das Rauchen wird hierbei in das Ensemble der für 'unweiblich' erklärten Elemente eines typisch männlich konnotierten Habitus, dem auch das Tragen von Hosen, Zylindern und Waffen angehörte, integriert. Aufschlußreich ist der Hinweis Brändlis, daß die bürgerlichen Männer die Zigarre oder später auch die Zigarette sogar in den Mund von eigentlichen Nichtraucherinnen projizierten: „Deshalb

14 Karikatur auf Emanzipationsbestrebungen der Frauen Ende des letzten Jahrhunderts. Als Elemente der Überspitzung realer Verhältnisse dienen neben der 'männlichen' Haltung der Dame vor allem die Pfeife in ihrer Hand und das auf studentische Corps hinweisende Interieur.

Jahrhundert hinein wurde der akzeptierte und normalisierte Rauchgenuß von Frauen weiterhin von verschiedenen Images überlagert; sei es in Form des hartnäckigen Fortexistierens des 'Emanzenmotivs' oder durch die seit Ende des 19. Jahrhunderts an Bedeutung gewinnende Symbolik der sexuellen Freizügigkeit der sogenannten 'femmes fatales', zu deren Konstruktionselementen unweigerlich die Zigarette gehörte.[126] Für die Klärung des Aspekts rauchender Frauen würde es für das Ende des 19. Jahrhunderts jedenfalls zu kurz greifen, von der beinahen Omnipräsenz weiblicher Gesichter und Körper auf den Werbeabbildungen und Packungsmotiven der damaligen Zigarettenindustrie auf eine ebenso breite soziale Akzeptanz der rauchenden Frauen zu schließen.[127] Ferner darf hier die Erkenntnis der kulturellen Stimmung gegenüber den rauchenden Frauen nicht bloß auf der Basis der steigenden Absatzzahlen und den Produktentwicklungen gewonnen werden, zumal sich hinsichtlich der Definition von gesellschaftlich geduldeten oder verpönten Praktiken eine deutliche Kluft zwischen dem Rauchen in der Privatsphäre und dem in der Öffentlichkeit auftut.

Festzuhalten bleibt aber, daß wirkungsvolle Ansätze zu einer sozialen Akzeptanz rauchender Frauen erst mit dem Aufkommen der Zigarette sichtbar werden – was nicht zuletzt auch im Produkt selber, in seiner Gestalt und Beschaffenheit und dem ihm zugeschriebenen Image liegen könnte.[128] Ferner hat sicher der

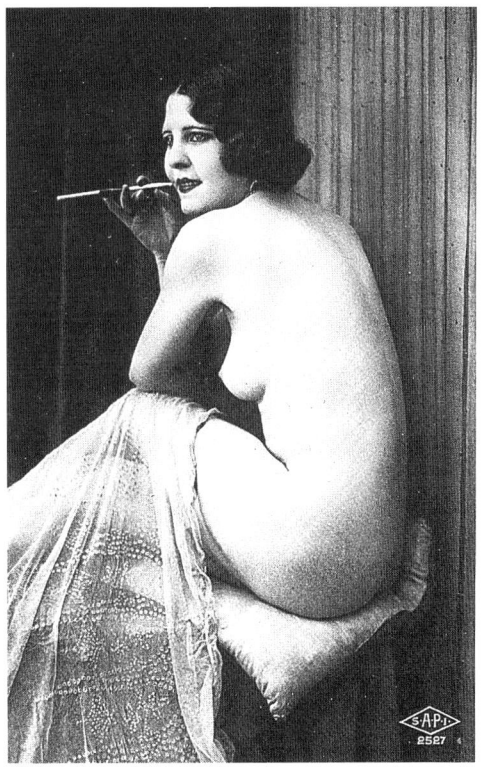

15 und 16 Links Werbeanzeige, die bereits Frauen direkt als potentielle Konsumentinnen anspricht (um 1912). Rechts ein weiblicher Akt mit Zigarette (um 1920).

enorme Werbeaufwand für Zigaretten, der in Amerika bereits in den 1920er Jahren in Form von Kinospots mit weiblichen Filmstars betrieben wurde, ein übriges getan, um die kulturelle Stimmung zu beeinflussen und um die Frauen endgültig als Konsumentinnen zu gewinnen. Um 1930, als Frauen am Gesamtkonsum von Zigaretten in den USA einen Anteil von ungefähr 13 Prozent hatten[129], gingen Werbefachleute der Marke Marlboro sogar noch einen Schritt weiter in diese Richtung, als sie ihr Produkt mit dem sogenannten „Beauty-Tip" ausstatteten; dies war ein kurzes filterähnliches Mundstück, das rot eingefärbt war, um etwaige Lippenstiftspuren zu verbergen.[130] Offensichtlich blieb aber diese Kampagne für eine genuine Frauenzigarette, wie auch noch verschiedene andere, bis zum Ende der 1960er Jahre recht erfolglos. Spezielle „gendered brands" konnten sich auf dem Markt zunächst nicht etablieren.[131] Mehr Erfolg hatten Marken, deren Imagebildung sich bemühte, beiden Geschlechtern gerecht zu werden.[132]

Der „Weg zum Unisex-Habitus"[133] des Rauchens, der langsam aber sicher seit den 1920er Jahren Fuß gefaßt hatte, wurde in Deutschland durch die NS-Herrschaft unterbrochen. Zwar konnten Frauen einerseits über die Raucherkarte ab 1939 zumindest die halbe Ration Zigaretten beziehen, die den männlichen Rauchern zustand[134], aber gleichzeitig wurde die Parole 'Die deutsche Frau raucht nicht!' ausgegeben und mit scharfer Gesundheitspropaganda, rassenbiologischen Argumenten oder kulturkritischen Untergangsszenarien ideologisch untermauert.[135]

Nach dem Zweiten Weltkrieg jedoch schloß die Entwicklung an die Traditionen der frühen Dreißiger Jahre an, und nun „vollzog sich schrittweise eine Angleichung des geschlechtsspezifischen Rauchverhaltens".[136] Einer Umfrage der deutschen Tabakfirma Reemtsma zu Folge rauchten 37 Prozent der Frauen 1949 „ständig", bei den unter 30-jährigen lag dieser Anteil angeblich bei über 50 Prozent.[137] Doch was die gesellschaftliche Akzeptanz rauchender Frauen in den Jahren

17 und 18 Bildbeispiele aus einem Anstandsratgeber der 1950er Jahre, die zeigen sollen, wie man sich als Frau nicht zu verhalten hat. Immer noch ist das Rauchen der Frauen in der Öffentlichkeit ein moralischer Stein des Anstoßes.

So stellt man sich wartend nicht hin; diese Art kann mißdeutet werden

19 Werbeanzeige für „Virginia Slims"-Zigaretten von 1983. Im oberen Teil der Werbung wird durch die Darstellung der Entlarvung und Bestrafung einer rauchenden Frau an die starren patriarchal geprägten gesellschaftlichen Konventionen Ende des letzten Jahrhunderts erinnert.

des Wiederaufbaus und in der sogenannten Wirtschaftswunderzeit anbelangt, so zeigt sich ein gespaltenes Bild. Während man einerseits offensichtlich 1957 noch bereit war, „an einer rauchenden Frau auf der Straße Anstoß zu nehmen"[138], so taucht fast gleichzeitig auch das von der Werbung kreierte Bild der „rauchenden, sauberen Hausfrau"[139] auf, „die im modernen Neubauviertel wohnt, ihrem Mann die Aktentasche zum Auto nachträgt und fürsorglich fragt, was er zum Nachtessen zu speisen wünsche".[140]

Zusammenfassend läßt sich für die Entwicklungen seit den 1950er Jahren vor allem eine Diversifizierung des Images der rauchenden Frau attestieren. „Nicht mehr die Frage, ob die Frauen rauchen, sondern was und wie sie rauchen, wurde zum distinguierenden Element."[141] Neben dieser Diversifizierung ist seit den 1960er Jahren endgültig auch ein Anstieg des Anteils der Frauen unter den Rauchenden zu beobachten. Zwischen 1960 und 1979 stieg dieser Anteil in der Bundesrepublik um knapp 65 Prozent, wofür Hess als Gründe vor allem die wachsende Akzeptanz der Gesellschaft gegenüber dem Rauchen der Frauen, aber auch die zunehmende eigene Berufstätigkeit und das damit verbundene eigene Einkommen anführt.[142] Zwar lag der Anteil der rauchenden Frauen 1992 in Deutschland noch immer deutlich unter dem der rauchenden Männer – 21 Prozent im Vergleich zu 37 Prozent[143] –, doch kann zumindest für die jüngere Generation der Frauen heute von einer relativen Gleichstellung bezüglich des Rechts auf Rauchen ausgegangen werde. Außer in besonders konservativen Milieus der älteren, vornehmlich männlichen Generationen scheint auch eine breite gesellschaftliche Akzeptanz von rauchenden Frauen zu dominieren. Aus dieser Gleichberechtigung heraus läßt sich auch die Tatsache erklären, daß der moderne Raucher/Nichtraucher-Konflikt ohne die Berücksichtigung der Kategorie Geschlecht auskommt. Trotz der meist verwendeten männlichen Sprachform handelt es sich hierbei genauso um einen Raucherinnen-Nichtraucherinnen-Konflikt. Beide Geschlechter sind, von wenigen Ausnahmen abgesehen[144], gleichermaßen involviert und betroffen, die Konfliktlinien verlaufen auch zu diesem klassischen Differenzierungsmerkmal quer.

Von der Orient-Zigarette zur American Blend

Zwar wurde durch den Exkurs zum Thema Rauchen und Geschlecht der chronologische Bogen der Tabakhistorie bereits bis zur Gegenwart gespannt, an dieser Stelle muß jedoch nochmals ein Rückgriff auf die ersten Jahrzehnte des 20. Jahrhunderts vorgenommen werden, um einen Aspekt zu behandeln, dessen Konsequenzen bis an die Gegenwart der Debatten um das Rauchen heranreichen. Wiederum soll es vordergründig um Entwicklungen im Rauchprodukt selbst gehen. Aber sowohl deren Vorgeschichte als auch deren Hintergründe lassen Rückschlüsse zu auf eine neue Phase der Problematisierung des Rauchens.

Interessant am gesundheitlichen Diskurs um das Zigarettenrauchen in der Zeit zwischen 1900 und 1930 ist das gleichzeitige Auftreten von gegensätzlichen Thesen bezüglich der Schädlichkeit von Zigaretten für die Raucherinnen und Raucher. Während Lüthge 1914 schreibt, „der Cigarettenraucher greift nicht nach den stärkeren Sorten wie der Cigarrenpaffer, der methodisch seine Zunge gerbt"[145], und auch aus Dirks Bemerkung hervorgeht, daß „scharfer äußerlicher Reiz" nicht im Geist der Zeit liege, und somit die Zigarette das ideale Rauchobjekt sei[146], scheint andererseits die Meinung, gerade die Zigarette sei für die Gesundheit sehr nachteilig, häufig vertreten worden zu sein.[147] Die Argumente der Kritik an der Zigarette heben besonders die Verarbeitung von Tabaken und Tabakresten minderer Qualität hervor und entzünden sich ferner an der Verbrennung der Papierhülse beim Rauchen, deren Qualm ja ebenfalls eingesogen würde. Sicherlich muß hier berücksichtigt werden, daß solche Zwischenrufe wohl vor allem aus dem konservativen Lager traditioneller Cigarren- und Pfeifenraucher kamen, die im Aufkommen der Zigarette den Untergang einer eigentlichen Rauchkultur befürchteten. Doch das Schädlichkeitsargument läßt sich – zunächst wiederum vor allem für die Vereinigten Staaten – nur auf der Folie einer technologischen Neuerung der Beschaffenheit der Zigarette erklären. 1913 brachte der Tabakkonzern Reynolds die „Camel" auf den Markt[148], eine in Namengebung und Werbestrategie typische Orientzigarette. Doch mit dieser neuen Marke beginnt auch die Karriere des American Blend, eines speziellen Mischungsverhältnisses verschiedener Tabake. Waren bisher für die Herstellung von Zigaretten für den amerikanischen Markt erhebliche und kostspielige Tabakimporte aus dem Orient erforderlich, da einheimische Gewächse nur bedingt Akzeptanz unter den Verbrauchern fanden, so änderte sich das mit der „Camel". Sie enthielt nur noch einen geringen Anteil der traditionellen Zigarettentabake und bestand zur Hauptsache aus dem sogenannten Virginia-Tabak. Das Neue und in letzter Konsequenz die Rauchtechniken massiv Verändernde daran lag begründet in dem neu entwickelten und mit großem technischem Aufwand betriebenen Trocknungsverfahren der Tabakblätter, das praktisch nur bei dieser Tabaksorte Anwendung fand und heute auch noch findet.[149] Durch dieses Verfahren wird als Nebeneffekt gewissermaßen aber auch eine Veränderung in der chemischen Zusammensetzung des Tabaks vorgenommen. Die Folge davon ist, daß der Rauch des abgebrannten Tabaks nicht mehr, wie bei den 'alten' Zigarettentabaken und prinzipiell allen Zigarren- und Pfeifentabaken alkalisch, sondern nunmehr sauer reagiert.[150] Die Konsequenz dieser komplexen Vorgänge für die Rauchgewohnheiten ist folgende: das Nikotin des sauren Rauchs der neuen Zigarettentabake kann nicht mehr, wie das bisher der Fall war, primär über die Mundschleimhaut aufgenommen werden, sondern muß über die Lungen resorbiert werden. Um also in den 'Genuß' der narkotischen Wirkungen des Rauchens zu gelangen, wird es nötig, den Qualm zu inhalieren.[151] Der vordergründige Geschmack der American Blend-Zigaretten ist dabei infolge der starken Aromatisierungen nicht unbedingt schärfer, aber zumindest reichhaltiger als der der leichter und milder wirkenden Orientzigaretten.[152] Die „Camel" jedenfalls war ein riesiger Erfolg, sechs Jahre nach ihrer Einführung hielt sie einen Anteil von 40 Prozent aller Zigarettenverkäufe in den USA.[153] Die Konkurrenz versuchte ihrerseits am neuen Trend teilzuhaben und lancierte als Reaktion beispielsweise die ebenfalls sehr erfolgreichen Blend-Marken „Lucky Strike" und „Chesterfield".

Zu einem der Hauptbegriffe in den Werbestrategien der Firmen in den 1920er und 1930er Jahren wurde die „Mildness".[154] Da offenbar die Konsumenten aber nicht nur von der Milde des Geschmacks, sondern auch von der Unbedenklichkeit der spürbaren körperlichen Widerstand provozierenden Rauchtechnik des Inhalierens überzeugt werden mußten, brachte „Lucky Strike" den Slogan „It's toasted". Hiermit sollte ein Verfahren beschrieben werden, infolgedessen der Tabak angeblich seiner Aggressivität gegenüber den Atemwegen beraubt wurde.[155]

Der Siegeszug der American Blends im „Kampf der Geschmacksrichtungen"[156] in den Vereinigten Staaten hatte auch Auswirkungen auf das Angebot in Deutschland. 1936 kamen hier die ersten Blend-Zigarettenmarken „Gold Dollar" und „North State" auf.[157] Wenn man allerdings den Absatzzahlen Glauben schenkt, dann führten diese Fabrikate zunächst noch ein ausgesprochenes Außenseiterdasein.[158] Doch schon gut zehn Jahre später erwies sich die von Dirk 1924 getroffene kategorische Aussage „Eine Zigarette mit schwarzem Tabak erscheint dem deutschen Raucher nicht als eine richtige Zigarette"[159] als Fehleinschätzung. Durch die amerikanische Besatzung hatte sich seit Kriegsende ein grundlegender Wandel vollzogen; nur noch ganze 3 Prozent Marktanteil konnte die klassische Orientzigarette Ende der 1950er Jahre behaupten.[160] In dieser Entwicklung kann sowohl „ein aufschlußreiches Symptom für tieferliegende Vorgänge und Wandlungen gesehen werden", wie Böse vage formuliert[161], als auch ein Ausdruck sehr konkreter Vorgänge, die im Nachkriegsdeutschland stattfanden. Ab Herbst 1944 schon wurden sämtliche Importe von Orienttabaken durch das NS-Regime gestoppt. In den letzten Kriegsmonaten und vor allem in den ersten Nachkriegsjahren fand faktisch keine Zigarettenherstellung im üblichen Maße statt. Das offizielle Angebot wurde von Erzeugnissen aus einheimischen Tabaken schlechter Qualität dominiert, die zusätzlich mit allerlei Tabakersatzstoffen angereichert waren. Da das Angebot auch hinsichtlich der Menge die Verbraucher nicht befriedigte, florierte der meist illegal praktizierte Eigenanbau und die Weiterverarbeitung solchen Rohtabaks.[162] Nach dem Krieg waren die einzigen 'echten' Zigaretten in Deutschland die der Besatzungstruppen, allen voran die amerikanischen. Die sogenannte Amizigarette genoß den symbolischen Ruf des Siegers und vor allem des Luxus jenseits der Realität der Mangelwirtschaft.[163] Die prinzipielle Bedeutung des Tabaks im Nachkriegsdeutschland faßt Merki folgendermaßen zusammen: er war ein „Mittel zur Unterdrückung des Hungergefühls, als Ausgleich zu einer immer eintöniger werdenden Kost oder für die Bewältigung der außergewöhnlichen emotionalen Spannungen jener Zeit".[164] Neben seiner Rolle als Psychopharmakon, ersehntem Genußmittel und auch Suchtmittel im modernen Sinn[165] hatte der Tabak aber auch die in seiner Geschichte einmalige Rolle als Ersatzgeld in Form der sogenannten Zigarettenwährung übernommen. Plötzlich waren Zigaretten auch für Nichtraucher bisweilen lebenswichtig geworden. Die geldtypischen Eigenschaften des Tauschmittels Zigarette lagen vor allem in der handlichen Größe und leichten Transportierbarkeit, der relativ guten Haltbarkeit, den international mittlerweile genormten Maßen an Gewicht und Größe, seiner vergleichsweise hohen Fälschungssicherheit und der inflationsresistenten Selbstregulierung des Angebots durch den letztendlichen Verbrauch.[166] Bis zur Währungsreform 1948 blieb die 'Amizigarette' die „uneingeschränkte Leitwährung der Schattenökonomie"[167], danach wurde sie zum mit Abstand bevorzugtesten Rauchmittel. Die Kopien erfolgreicher amerikanischer Blend-Zigaretten, die nun auch von den deutschen Herstellern produziert wurden, vor allem „Fox" und „Collie"[168], wurden in den 1950er Jahren sogar vorübergehend beliebter als die amerikanischen Originale. Als dann in den 1960er Jahren eine regelrechte Offensive amerikanischer Zigarettenhersteller auf den deutschen Markt stattfand[169], hatte sich der Ge-

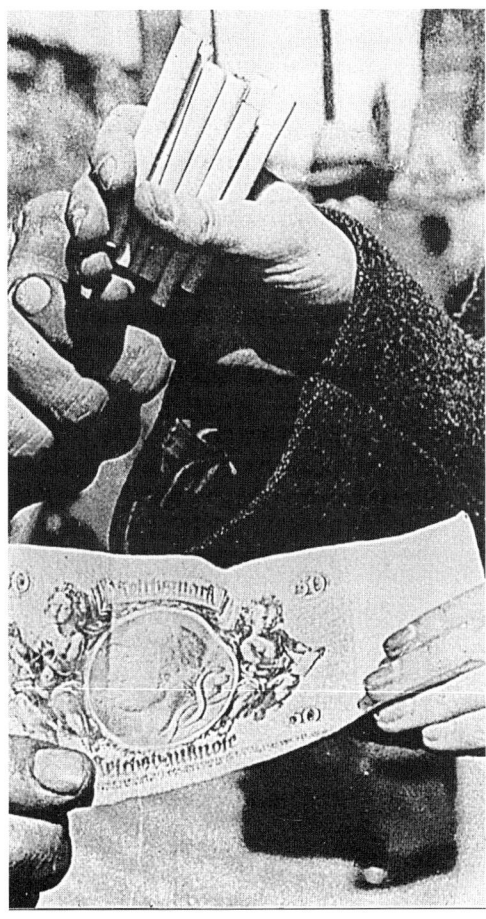

20 Zigaretten wurden in der Nachkriegszeit in Deutschland zu begehrten Schwarzmarkt- und Tauschobjekten.

schmackswandel also schon längst vollzogen.

Heute sind es vor allem amerikanische Marken, die in aller Munde der Raucherinnen und Raucher sind, und zwar nicht nur in Deutschland, sondern auch im restlichen Europa, wenn nicht gar auf der ganzen Welt.[170]

Filterzigaretten und 'milde Sorten'

Für die Weiterentwicklung der Zigarette sind seit den 1950er Jahren vor allem zwei Aspekte von Bedeutung, deren Ursachen sehr eng mit der zunehmend wissenschaftlich fundierten medizinischen Kritik am Rauchen verbunden sind: die Erfindung und Verbreitung der Filterzigarette und die Einführung und Etablierung schadstoffarmer Zigaretten; häufig wurden und werden diese beiden Entwicklungen auch miteinander kombiniert.

Auch für diese Produktinnovationen auf dem Gebiet der Tabakwaren läßt sich feststellen, daß sie keineswegs Neuerungen der 1950er Jahre darstellen, sondern daß Vorformen bereits früher auftraten. Schon um die Jahrhundertwende wurden vereinzelt Leichtzigaretten geraucht und Filterpatronen benutzt. Doch erst seit den 1930er Jahren wurden beide Formen in den Forschungslabors einiger Zigarettenhersteller systematisch weiterentwickelt. Zunächst jedoch dürften sie immer noch ein Randphänomen in der Palette des Zigarettenangebots dargestellt haben. Die Frage aber, ob Filter- und auch Leichtzigaretten zu diesem Zeitpunkt bereits als eine Reaktion auf eine zunehmende gesundheitliche Problematisierung des Rauchens in der Tradition der frühen Diätetik des Rauchens zu deuten sind, ist komplex und läßt eine eindeutige Antwort wohl nicht zu. Hess jedenfalls gelangt nicht zu dieser Überzeugung, sondern erklärt sich den Entstehungszusammenhang auf eine andere Weise: „Beide Formen waren nicht aus gesundheitlichen Gründen entwickelt worden, sondern im Hinblick auf den Frauenmarkt: der Filter sollte die lästigen Tabakkrümel von der Lippe fernhalten und die milde Zigarette den Einstieg erleichtern."[171] Gegen diese Argumentation aus einer rein geschlechtsspezifischen Marketing-Perspektive sprechen jedoch vereinzelte frühe Hinweise, die eine eindeutige Verbindung zwischen der medizinischen Problematisierung und den Produktentwicklungen ziehen. Im Zentrum dieser Argumentationen steht die Vorbeugung gegen Nikotinvergiftungen; die Wirk-

Vorsichtig.
Wie Anastasius Stöpsel, Professor der Chemie, raucht, damit ihm das Nikotin nicht schadet!

21 Frühe Bemühungen um 'gesündere' Rauchprodukte wurden von den zeitgenössischen Karikaturisten

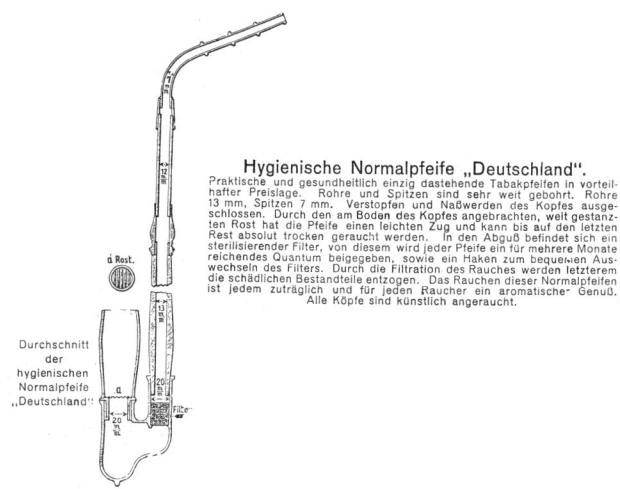

Hygienische Normalpfeife „Deutschland".

Praktische und gesundheitlich einzig dastehende Tabakpfeifen in vorteilhafter Preislage. Rohre und Spitzen sind sehr weit gebohrt. Rohre 13 mm, Spitzen 7 mm. Verstopfen und Naßwerden des Kopfes ausgeschlossen. Durch den am Boden des Kopfes angebrachten, weit gestanzten Rost hat die Pfeife einen leichten Zug und kann bis auf den letzten Rest absolut trocken geraucht werden. In dem Abguß befindet sich ein sterilisierender Filter, von diesem wird jeder Pfeife ein für mehrere Monate reichendes Quantum beigegeben, sowie ein Haken zum bequemen Auswechseln des Filters. Durch die Filtration des Rauches werden letzterem die schädlichen Bestandteile entzogen. Das Rauchen dieser Normalpfeifen ist jedem zuträglich und für jeden Raucher ein aromatischer Genuß. Alle Köpfe sind künstlich angeraucht.

Durchschnitt der hygienischen Normalpfeife „Deutschland".

22 und 23 Links bereits eine Reaktion auf die frühe medizinische Problematisierung des Rauchens: die „hygienische Normalpfeife Deutschland", ein diätetisches Rauchgerät mit eingebautem Filterelement. Die Abbildung stammt aus einem Versandhauskatalog von 1912. Unten eine heutzutage grotesk anmutende Werbeanzeige aus dem Jahr 1885 für spezielle Zigarren gegen (!) Asthma, Husten und Kurzatmigkeit.

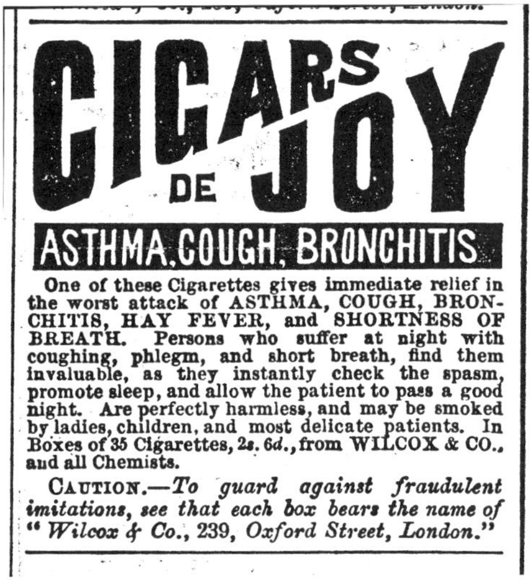

CIGARS DE JOY
ASTHMA, COUGH, BRONCHITIS.

One of these Cigarettes gives immediate relief in the worst attack of ASTHMA, COUGH, BRONCHITIS, HAY FEVER, and SHORTNESS OF BREATH. Persons who suffer at night with coughing, phlegm, and short breath, find them invaluable, as they instantly check the spasm, promote sleep, and allow the patient to pass a good night. Are perfectly harmless, and may be smoked by ladies, children, and most delicate patients. In Boxes of 35 Cigarettes, 2s. 6d., from WILCOX & CO., and all Chemists.

CAUTION.—*To guard against fraudulent imitations, see that each box bears the name of* "Wilcox & Co., 239, Oxford Street, London."

Aechter Gesundheits Taback

Der „Gesundheits Taback" mit Wohlgeruch aus ächt Amerikanischen Blättern empfiehlt sich von selbst durch seine Eigenschaften, und jeder Raucher wird, nachdem er ihn geprüft, eingestehen, daß er seinen Namen verdient.

Gebr. Bestelmeyer

23 und 25 Oben die Packung eines milden Gesundheitstabaks und rechts der Entwurf eines Werbeplakats (1890) für ein entnikotinisiertes Rauchprodukt, das sogar für Kinder und Heranwachsende unbedenklich sein soll.

WAS? PAPA HAT'S ERLAUBT
JACOBI ANTINICOTIN

samkeit der Maßnahmen war aber offensichtlich umstritten. Nachdem die „Gefährlichkeit des Rauchens dank der Untersuchungen einiger Ärzte und Spezialisten" erkannt worden war, so formuliert Döbbelin 1908, kamen Scharlatane auf die Idee, „nikotin-'arme' und gar nikotin-'freie' Zigarren" auf den Markt zu bringen.[172] Nach der Überzeugung des Autors seien diese zwar teuer gewesen, aber letztlich nur ein „schlecht schmeckendes Kraut" von gleich schädlicher Wirkung wie die herkömmlichen Rauchwaren. Auch Hartwich, der 1911 bedauert, daß ähnliche Anstrengungen bisher noch nicht zu den gewünschten Ergebnissen geführt hätten, stellt einen klaren Zusammenhang her: „Man hat vielfach versucht diesen Übelständen [gemeint sind die giftigen Wirkungen des Tabaks, cmd] auf zwei Wegen entgegen zu arbeiten, einmal indem man dem Tabak vor dem Gebrauch das Nikotin entzog und zweitens, indem man die Pfeife oder Zigarrenspitze mit einer Vorrichtung versah, welche dem Tabakrauch das Nikotin entziehen sollte."[173] Das bisherige Scheitern der Bemühungen um ein 'gesünderes' Rauchgerät lag nach Ansicht Hartwichs darin begründet, daß bei der speziellen Tabakbehandlung neben dem Nikotin auch Geschmacksbestandteile verlorengingen und der Tabak dennoch nicht giftfrei werden würde.[174] Das Problem der Filterungsversuche bestehe darin, daß die Zeit, die der Rauch in einer Baumwollpatrone, die mit einem nikotinabsorbierenden Stoff getränkt ist, verbringt, zu kurz sei, um den erhofften Effekt zu erzielen.[175]

Auch wenn also die Resultate der Bemühungen um diätetische Produktinnovationen nicht sonderlich erfolgreich gewesen sein mögen, so fanden sie doch statt. Insofern dienten auch die damals verbreiteten Zigarettenspitzen, so sie mit einer Filterpatrone ausgestattet waren, nicht nur zur optischen Verlängerung der Zigarette und somit zur Vervollständigung der schmalen Linie zeitgenössischer Mode, wie dies Brändli betont.[176]

Überdies spricht die Tatsache des enormen Anstiegs an wissenschaftlichen Studien über

26 Ende der 1920er Jahre unternahmen die Tabakkonzerne vielfältige Anstrengungen, um Filter- und nikotinarme Zigaretten herzustellen. In dieser Werbeanzeige aus dem Jahr 1928 werden die „schädlichen Nebenwirkungen" des Rauchens bereits thematisiert. Bemerkenswert ist hier vor allem auch die ausdrückliche Bezugnahme auf wissenschaftliche Experten und der selbstbewußt formulierte Satz „Rauchen ist gesund". Heute – 70 Jahre später – muß sich in jeder Zigarettenwerbung jedoch der Satz „Rauchen gefährdet ihre Gesundheit" befinden!

die Toxikologie des Tabaks, der zwischen 1900 und 1920 zu registrieren ist[177], dafür, daß Filter- und Leichttabakexperimente auch in ihrer Frühphase diätetische Absichten verfolgten. Unter den angesprochenen Untersuchungen befinden sich neben Arbeiten zum Phänomen der Nikotinabhängigkeit – der sogenannten Tobaccomania, oder des Tobaccoism – ab dem Ende der 1920er Jahre auch Untersuchungen über Zusammenhänge zwischen Tabakkonsum und besonderen Krankheitsbildern. Parallel zu den speziell auf Tabak ausgerichteten Studien erlebte die allgemeine Krebsforschung durch verbesserte Möglichkeiten der Diagnostik in dieser Phase einen deutlichen Aufschwung: Krebs wurde als regelrechte Zivilisationskrankheit ausgemacht. Noch arbeiteten beide Forschungsrichtungen unabhängig voneinander, bewegten sich aber aufeinander zu. 1924 gelang japanischen Wissenschaftlern ein erster Nachweis über die krebserregende Wirkung von Teer[178] – also eines Bestandteils, von dem man schon seit längerem wußte, daß er auch im Tabak vorhanden ist. In den 1930er Jahren fanden dann erste großangelegte statistische Untersuchungen statt, die detailliert über Sterbeursachen informierten. Bereits aus diesen Studien, in denen auch nach dem Merkmal Raucher oder Nichtraucher differenziert wurde, erhärtete sich der Verdacht eines Zusammenhangs zwischen der Gewohnheit des Rauchens und dem Auftreten von Krebserkrankungen als Todesursache.[179] Diese potentiellen Zusammenhänge beschäftigten zu dieser Zeit praktisch ausschließlich medizinische Expertenkreise, so daß sich ein Einfluß auf die Konsumgewohnheiten nicht nachweisen läßt. Indes kann ein Aufmerksamwerden der Tabakindustrie, die ja in dieser Zeit bereits einen großen Stab von Wissenschaftlern beschäftigte, auf die erwähnten neuesten Forschungen nicht ausgeschlossen werden. Nachweisen läßt sich jedenfalls, daß um 1930 Zigaretten auf den Markt kamen, die die bislang ausgelagerte Filterpatrone erstmals in das Rauchmittel selbst integrierten, und daß auch schon wirksamere Methoden der Nikotingehaltreduzierung des Tabaks Anwendung fanden.[180]

Aber erst zwanzig Jahre später begann die Entwicklung, von der Filter- und Leichtzigaretten so sehr profitierten: In den 1950er Jahren setzte eine Phase ein, in der wir uns heute in verstärktem Maße befinden und die man Hengartners Formulierung gebrauchend als „Denormalisierung des Tabakkonsums"[181] bezeichnen könnte. Gerade als die wirklich letzten und vereinzelten offiziellen Gegenreaktionen seitens des Staates oder der Kirche verstummten, als die Zigarettenindustrie Rekordabsätze verbuchen konnte, als ein bisher noch nicht gekanntes Maß an Popularität und gesellschaftlicher Akzeptanz des Rauchens unter Frauen registriert werden konnte – kurz: als eine breite „Veralltäglichung des Zigarettenkonsums"[182] konstatiert werden konnte, da veränderten sich die Diskurse um das Rauchen grundlegend. Moralische Argumente waren haltlos geworden, um so mehr wurde eine epidemiologisch fundierte medizinische Kritik laut. Sicherlich waren es zunächst nur die *Diskurse*, die sich, einem Paradigmenwechsel gleich, veränderten, und nicht das Rauch*verhalten*: „Rückblickend stellen sich die 50er und 60er Jahre als die heroischen Jahrzehnte der wissenschaftlichen Identifizierung des Risikos dar. Eine weitgehend überraschte Bevölkerung wurde von Experten über potentielle Gesundheitsschäden aufgeklärt, unmittelbare Verhaltensänderungen aber setzten *nicht* ein."[183] Doch von nun an standen nicht mehr die Gefahren einer akuten oder chronischen Nikotinvergiftung oder primär die Auswirkungen des *übermäßigen* Tabakkonsums, wie dies in der frühen Diätetik des Rauchens um die Jahrhundertwende der Fall war, im Vordergrund. Auch ging es nicht mehr um die sinnlich wahrnehmbaren direkten Einwirkungen des Tabaks auf Körper und Geist, die das Zentrum der vagen medizinischen Kritik vom 16. bis zum 19. Jahrhundert bildeten. Von nun an ging es um die Auswirkungen des ganz normalen Tabakkonsums und um die daraus erwachsenden Langzeitschäden. Und schon wenige Jahre später zeigten sich erste Veränderungen im Verhalten der Raucherinnen und Raucher.

Vor allem im Topos des Krankheitsbildes Lungenkrebs verdichtete sich der Paradigmenwechsel. Weltweites Aufsehen erregte damals die Veröffentlichung einer Studie der American Cancer Society, die 1954 auf der Basis neuester medizinischer Erkenntnisse den Zusammenhang zwischen Rauchen und Lungenkrebs als zweifelsfrei feststellte.[184] Zum ersten Mal folgte auf eine medizinische Kritik eine sofortige Veränderung der Rauchgewohnheiten, die ihren Ausdruck in plötzlich sinkenden Absatzzahlen fand. Die amerikanische Zigarettenindustrie hatte Einbußen von annähernd 10 Prozent zu verbuchen.[185] Interessanter noch stellt sich die Binnenstruktur der Absatzentwicklung dar, denn der Verkaufsanteil von Filterzigaretten wie „Kent" oder „Viceroy" nahmen deutlich zu. Während diese um 1950 noch nicht einmal 1 Prozent des Gesamtumsatzes ausmachten, stieg ihr Anteil zwischen 1951 und 1955 auf rund 7 Prozent und zwischen 1956 und 1960 dann enorm auf über 42 Prozent![186] Daraufhin erneuerten alle großen Tabakkonzerne bis zum Ende der 1950er Jahre ihr Angebot und führten fortan mindestens eine Filter- und Leichtmarke in ihrem Sortiment.

Die Konsumgewohnheiten der damaligen Zeit betreffend läßt sich weiterhin feststellen, daß erstmals im 20. Jahrhundert ein Rückgang der Gesamtquote von Rauchern zu verzeichnen war. Vor allem die vormals kleine Minderheit nicht-rauchender Männer erhielt Zuwachs, während der Frauenanteil nur kurzzeitig einknickte, um sich dann rasch zu erholen.[187] Daß in den vergangenen Jahren der Umsatz an Zigaretten trotz Rückgang der totalen Raucherquote immer weiter angestiegen ist, liegt eindeutig am wachsenden Pro-Kopf-Verbrauch und am – vor allem seit den späten 1960er Jahren – stark florierenden sogenannten 'Frauen-Markt'.

Die Zigarettenindustrie wußte aus der modernen medizinischen Kritik des Rauchens in den 1950er Jahren Kapital zu schlagen. Mit ausgeklügelten Strategien schaffte sie es,

27 Reaktion auf die medizinische Kritik am Rauchen: Werbestrategie der Nachkriegszeit unter dem Motto 'Was selbst Ärzte rauchen, das kann für mich sicher nicht schädlich sein'.

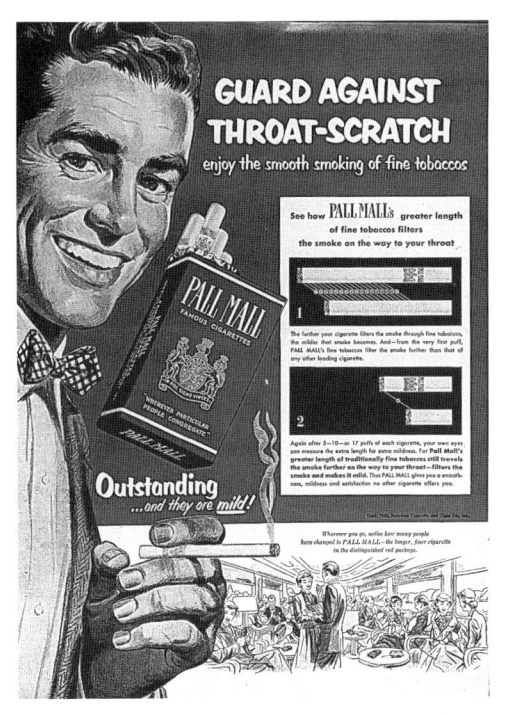

28 Die Zigarettenindustrie bemühte sich in den 1950er Jahren um ein 'wissenschaftliches Image'. Die Wirkungsweise einer Filterpatrone wird in schematischer Darstellung als „Schutzvorrichtung vor Halskratzen" beschrieben.

durch die Betonung ihrer wissenschaftlichen Forschungen und der lautstarken Präsentation immer neuer Verfahren der Schadstofffilterung und -reduzierung ihren hohen Technologiestandard glaubhaft zu machen. Somit bekamen die neuen Produkte das regelrechte Image von „Gesundheitszigaretten"[188], die sogar scheinbar von Ärzten empfohlen werden konnten.[189] Die Industrie bemühte sich, derartige Strategien als Sorge um die Gesundheit der Raucherinnen und Raucher zu inszenieren und konnte somit an der Veränderung des gesellschaftlichen Klimas gegenüber dem Rauchen profitieren. Aufgrund der schnellen und konsequenten Reaktion der Tabakbranche führte die neueste medizinische Kritik also weniger zu einer Krise des Rauchens, als daß sie in gewisser Weise den Absatz an Tabakwaren stabilisierte, wenn nicht gar förderte.[190]

Ab Mitte der 1960er Jahre waren die Techniken der Schadstoffreduzierung soweit perfektioniert, daß vor allem auch der Teergehalt – der in den vorausgegangenen Jahren wegen seiner karzinogenen Wirkungen das Nikotin als Zielscheibe medizinischer Kritik abgelöst hatte – wirkungsvoll gedrosselt werden konnte. Auch dieser Zeitpunkt sollte nicht als zufällig abgetan werden, war doch 1964 ein ausführlicher Bericht des amerikanischen Generalbundesarztes erschienen, der alle bisher durchgeführten und verstreut liegenden Untersuchungen zum Thema Lungenkrebs durch Rauchen zusammenfaßte. Erstmals nach jahrzehntelanger Absenz staatlicher Instanzen vom Tabakdiskurs wurde nun von oberster gesundheitspolitischer Stelle auf die Gefährlichkeit des Rauchens hingewiesen. Aber auch die in diesem Bericht vorgebrachten Einwände und Kritiken machte sich die Tabakbranche zu eigen; sie zeigte sich einsichtig und verwies auf ihre enormen technologischen Anstrengungen, um letztlich dadurch den Absatz der modernen Leichtzigarette anzukurbeln.[191] Auch die Produktinnovation der Lights mit speziell vermindertem Teergehalt erwies sich innerhalb weniger Jahre als Erfolgsmodell.[192]

Die Halbierung des Teergehalts bezüglich des Gesamtzigarettenangebots zwischen der Mitte der 1960er und dem Ende der 1970er Jahre hatte eine weitere Konsequenz für das Innenleben der Zigarette. Da der Teer bisher wesentlich auch den Geschmack der Zigarette bestimmt hatte, mußten dem Tabak nun vermehrt Aromastoffe beigefügt werden. Die Zigarette war immer weniger ein aus Tabak gefertigtes natürliches Genußmittel, sondern bewegte sich auf der Basis umwälzender Produktentwicklungen und Diskurswandel in Richtung einer hochtechnologischen 'Designer-Droge'.

Die Nikotinreduzierung der Leichtzigaretten zog indes noch eine weitere Konsequenz nach sich. Da für den Gewohnheitsraucher und die Gewohnheitsraucherin der Hauptgrund des Rauchens in der Nikotinaufnahme zu bestehen scheint[193], nun aber auch dieser Tabakbestandteil durchschnittlich um rund 50 Prozent gesenkt werden konnte, mußte quasi zwangsläufig der Pro-Kopf-Verbrauch ansteigen[194]; für die Konsumenten ließ sich dies problemlos mit dem Argument der Tabakbranche, nun eine gesündere Zigarette zu rauchen, rechtfertigen.

Doch neuerdings lassen sich empfindliche Flecken auf dem reinen Image der Filter- und Leichtzigaretten entdecken. Seit wenigen Jahren wird die Kritik an den standardisierten und somit wenig aussagekräftigen Meßverfahren zur Ermittlung des Schadstoffgehalts von Zigaretten lauter: Hinweise auf eine deutliche Diskrepanz zwischen den durch Rauchmaschinen ermittelten Werten und den real inhalierten Schadstoffkonzentrationen mehren sich. Entscheidend seien für die aufgenommenen Schadstoffkonzentrationen nicht die technischen Daten der Zigaretten, sondern vielmehr die individuelle Rauchtechnik: das Tempo, die Anzahl der Züge, die Tiefe der Inhalation und die Länge des nicht mehr gerauchten Stummels.[195] Als ein weiterer problematischer Inhaltsstoff des Tabakrauchs wurde ferner das Kohlenmonoxyd[196] entdeckt – und dessen Gehalt liegt bei Filterzigaretten und 'milden Sorten' zum Teil sogar höher als bei herkömmlichen Produkten.[197]

Wenn sich außerdem die Ergebnisse, die neuerdings von amerikanischen Krebsmedizinern erbracht worden sind[198], bewahrheiten sollten, dann könnte der Filterzigarette sogar schon bald ein Platz im Kabinett der technischen Grotesken[199] des 20. Jahrhunderts sicher sein: Die jüngsten Untersuchungen eines New Yorker Ärzteteams legen nämlich den Verdacht nahe, daß beim Rauchen von Filterzigaretten winzige Bestandteile aus den Faserstoffen der Filter herausbrechen und mit in die Lunge eingesogen werden. Die Mediziner weisen auf den möglichen Zusammenhang dieses Vorgangs mit der deutlichen Zunahme spezieller Lungenkrebsarten seit der Verbreitung der Filterzigaretten in den 1950er Jahren hin.[200] Somit würde ein Medium, das als Schutz vor dem Krebs weiterentwickelt und propagiert wurde, nachträglich als dessen Verursacher entlarvt!

Rauchfrei rauchen? Die Zigaretten der Zukunft

Die gesundheitliche Gefährdung der Raucher und Raucherinnen durch Schadstoffe hat den Diskurs der Problematisierung des Rauchens seit den 1950er Jahren beherrscht. Die Tabakindustrie hat darauf reagiert in Form der Weiterentwicklung und Propagierung der Filter- und Leichtzigaretten. Seit Ende der 1970er Jahre – und verstärkt seit Ende der 1980er Jahre – hat sich nun ein weiterer Aspekt der Problematisierung in den Vordergrund geschoben. Da diese Thematik ausführlich an anderer Stelle behandelt werden wird, reicht es hier aus, das neue Paradigma kurz zu benennen. Es handelt sich um eine Ausweitung des Risikopotentials des Rauchens auf unfreiwillige Mitraucher; für diesen Sachverhalt wird gemeinhin der Ausdruck Passivrauchen verwandt. Stärker noch als die Gefahren für die Raucherinnen und Raucher selbst, die mittlerweile zum Teil sogar von der Industrie akzeptiert zu werden scheinen, werden heutzutage die Gesundheitsrisiken für Nichtraucher durch das Rauchen problematisiert.

Genau zu diesem Zeitpunkt bringt nun die Zigarettenindustrie eine Produktentwicklung auf den Markt: Die neue 'rauchfreie Zigarette' kann als erstes manifestes Resultat gelten, in dem die veränderten Diskurse um das Rauchen im Rauchprodukt selbst ihren Niederschlag finden. Erstmals in der Tabakgeschichte sind es dabei die *Nichtraucher* und deren Interessen, die den Anstoß zu einer Produktinnovation auf dem Sektor der Rauchmittel gegeben haben.

Seit Mitte der 1980er Jahre wurden in den Labors einiger großer Tabakkonzerne Experimente mit Rauchmitteln gemacht, die die negativen Begleiterscheinungen des Rauchens für Nichtraucher reduzieren sollten.[201] Als eines der ersten Ergebnisse dieser Bemühungen präsentierte sich dann Ende der 1980er Jahre die „Superslims"; auf den ersten Blick eine Ultra-Leichtzigarette mit dem fast schon traditionell weiblich konnotierten Image der Marke „Virginia Slims". Darüber hinaus aber wurde sie mit der Betonung auf die neu verwandte Herstellungstechnologie mit dem Slogan „Weniger Rauch, mehr Eleganz, mehr Stil" beworben. Angeblich sollte das glühende Ende der neuen Zigarette bis zu 70 Prozent weniger Qualm gegenüber herkömmlichen Zigaretten produzieren. Daß das momentane Rauchvolumen tatsächlich reduziert werden konnte, lag wohl weniger an einer neuen Technologie als vielmehr an der Tatsache, daß die Glühfläche der extradünnen „Superslims" gegenüber der herkömmlicher Produkte erheblich verringert war und somit weniger Rauch produzieren mußte.

Parallel dazu arbeitete der Reynolds-Konzern an einer völlig neuen Entwicklung, die in einigen Punkten von der Definition dessen, was man bisher unter einer Zigarette verstand, abwich. Ziel war es nämlich, eine Zigarette zu erfinden, bei deren Konsum der Tabak nicht mehr abgebrannt wird, sondern lediglich erhitzt wird, was zum Lösen der Aromastoffe und des Nikotins ausreichen würde, eine eigentliche Rauchentwicklung aber verhinderte. Das „Premier" genannte Produkt kam dann allerdings nicht ganz ausgereift und überhastet auf den Markt: zwar konnte der Rauchausstoß reduziert werden, aber der Glimmstengel gab nun einen „durchdringenden Geruch nach Insektenspray" ab[202], worin wohl auch die Ursache für den kolossalen Mißerfolg des Produkts liegen dürfte.[203] Durch diesen Rückschlag ließ der Konzern sich allerdings nicht entmutigen und arbeitete weiter an der Produktentwicklung, die das Rauchen revolutionieren und das Raucher/Nichtraucher-Verhältnis entschärfen sollte. Im Sommer 1996 kam dann das Nachfolgeprodukt auf den deutschen Testmarkt der Stadt Augsburg.[204] Dort wurde eine intensive Werbekampagne gestartet, um die Absatzchancen für ein derartiges Produkt zu untersuchen. Der Name der neuen Marke „Hi Q"

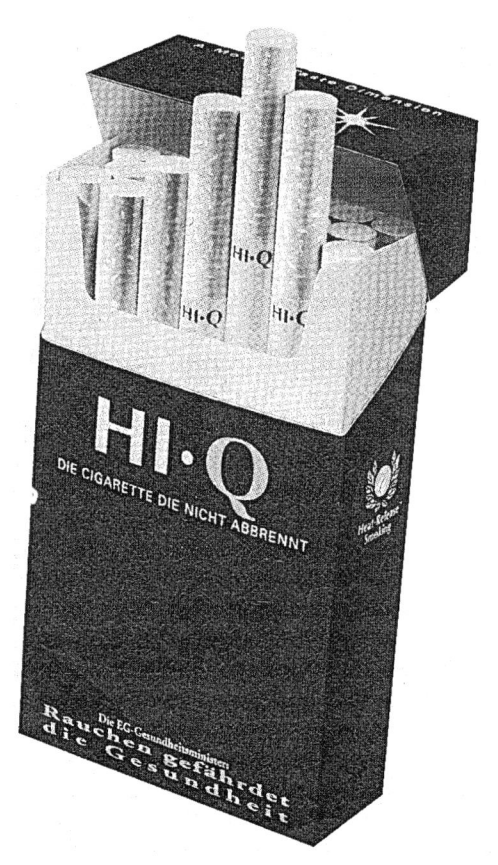

29 Auf den ersten Blick nicht von einer herkömmlichen Zigarette zu unterscheiden: die neue, angeblich rauchfreie „Hi Q".

weckt Assoziationen an ein hohes Maß von Intelligenz und Qualität.[205] Das Innenleben der 'Zigarette' ist eine Weiterentwicklung der „Premier": An der Spitze steckt ein kleines Stück Kohlenstoff, daß durch Anzünden und Ziehen zum Glimmen gebracht wird; die beim Einsaugen erhitzte Luft passiert den Tabakstrang im Inneren der Zigarettenhülse und löst dort Nikotin und Geschmacksstoffe. Die Zigarette an sich verflüchtigt sich beim Rauchen nicht mehr, sondern eine 'Zigarettenlänge' ist dann beendet, wenn alle löslichen Tabakbestandteile eingesogen worden sind.

Um 90 Prozent werde durch diese neue Technologie das Gesamtvolumen des Qualms reduziert, der verbleibende Dunst, der von der Spitze aufsteigt, bestehe zu 80 Prozent aus Wasserdampf, so die Laborprotokolle.[206] Ein Journalist, der über den Selbstversuch mit dem Produkt berichtet, schreibt, daß der aufsteigende Dunst tatsächlich nicht in den Augen beiße, und daß nach dem Konsum weder Nebelschwaden unter der Zimmerdecke hingen, noch die Kleidung nach kaltem Rauch rieche.[207] Ebenfalls seien andere sinnlich wahrnehmbare negative Begleiterscheinungen wie gelbe Finger oder vergilbte Gardinen nun nicht mehr zu erwarten.[208] Ob der von den Reynolds-Managern als „rücksichtsvolle Zigarette" bezeichneten Entwicklung tatsächlich die Rauchzukunft gehört, bleibt abzuwarten. Die Nichtraucher-Initiative Deutschland (NID) hat, nachdem sie die Einführung zunächst begrüßte und davon ausging, daß durch die rauchfreie Zigarette eine Vielzahl von Konflikten vermieden werden könne[209], in einem Testbericht dann doch eine ablehnende Haltung eingenommen.[210] Neben dem ressourcenverschlingenden technologischen Aufwand und der neuen Abfallproblematik wurde vor allem kritisiert, daß die Nikotin- und Kohlenmonoxydkonzentrationen im Rauch der „Hi Q" kaum niedriger lägen als bei herkömmlichen Produkten. Zusammenfassend wird die Entwicklung als strategischer Versuch gewertet, die gegenwärtigen Bemühungen um einen gesetzlichen Nichtraucherschutz zu unterlaufen.

Ein ähnliches Schicksal wird wohl auch dem neuesten Produkt des Reynolds-Konkurrenten Philip Morris beschieden sein. 200 Mio Dollar hat die Firma angeblich in Forschungen für die Zukunft des Rauchens investiert und 1997 das Ergebnis vorgestellt.[211] Anders als die „Hi Q", die tatsächlich nur noch wenig mit einer herkömmlichen Zigarette gemein hat, handelt es sich bei der Innovation der Konkurrenz eigentlich nur um ein Zusatzgerät. In eine kleine, 120 Gramm leichte Box, die mit einer Batterie betrieben werden soll, wird eine ganz normale Zigarette bis zum Filterrand eingeführt. Bei jedem Zug des Rauchers wird die Zigarettenspitze im Inneren der Box neu entzündet. Das Gerät kann als „Rauchfang im Handformat"[212] bezeichnet werden, denn zumindest von der glimmenden Spitze dringt kein Qualm aus der Box heraus. Doch es ist zu erwarten, daß auch bei dieser Neuentwicklung Protest von Seiten der Rauchgegner nicht ausbleibt, denn der ausgeatmete Rauch bleibt wohl genauso angereichert mit Schadstoffen wie zuvor. Die Passivrauch-Problematik jedoch wäre dadurch nur teilweise entschärft. Somit dürfte auch von der Hoffnung des Tabakkonzerns bezüglich der Rauchzukunft, wie sie im Namen der neuen Box so zuversichtlich zum Ausdruck kommt, kaum etwas übrigbleiben. Das Produkt soll nämlich, nachdem es die Testphase durchlaufen hat, unter der Bezeichnung „Accord", also Einigkeit, auf den Markt kommen.

Ob die 'rauchfreien Zigaretten' nun funktionieren oder nicht, kann von einem kulturwissenschaftlichen Standpunkt aus gesehen als wenig relevante Frage bezeichnet werden. Als evidentes Symptom veränderter Diskurse um das Rauchen, die sich in der „Hi Q" oder der „Accord"-Box als neuen kulturellen Objektivationen abgelagert haben, sind sie allemal wertvoll – sie verkörpern buchstäblich das Verschwinden des Rauche(n)s.

III. Kompromisse und Konflikte. Geschichte und Gegenwart von Raucher/Nichtraucher-Verhältnissen

Schlaglichter auf historische Raucher/Nichtraucher-Verhältnisse

„Der blaue Dunst, von seinen Jüngern als Lebenselexier gepriesen, von den Gegnern als schauderhafte Belästigung verdammt, trennt erst den Menschen vom Menschen."[213]

Belästigungen und Impertinenzen

Die historischen Aspekte der Problematisierung des Rauchens, die im Rahmen der Kultur- und Konfliktgeschichte im zweiten Teil des Buches erörtert wurden, bezogen sich vor allem auf obrigkeitliche Maßnahmen gegen den Tabakkonsum. Vereinzelt wurden zwar auch die kirchliche Haltung und einige Kritiken von Gelehrten am Rauchen thematisiert; daraus konnte aber sicherlich noch kein Einblick in das alltägliche historische Verhältnis zwischen Rauchern und Nichtrauchern gewonnen werden. Aus diesem Grund sollen hier nun Ausführungen folgen, die die historischen Raucher/Nichtraucher-Verhältnisse erhellen. Den gedanklichen Hintergrund bildet dabei die Annahme, daß es sich bei den historischen Problemen zwischen Rauchern und Nichtrauchern gewissermaßen um Vorläufer des aktuellen Konflikts handeln könnte.

Die Annäherung an historische Raucher/Nichtraucher-Verhältnisse gestaltet sich schwierig. Vor allem für die Zeit vor der Mitte des 19. Jahrhunderts stehen nur wenige Quellen zur Verfügung, deren Aussagekraft überdies beschränkt ist.[214] Im wesentlichen sind dies Spottgedichte, Polemiken, Abhandlungen und Traktate, die aus der Feder von Gelehrten stammen.[215] Für spätere historische Phasen kann dann auch auf Briefwechsel zurückgegriffen werden, in denen das Thema gestreift wurde, ab dem 19. Jahrhundert stehen auch Anstandsbücher und Verhaltensbreviere zur Verfügung, die auf historische Raucher/Nichtraucher-Verhältnisse hin befragt werden können.[216] Schließlich muß jedoch häufig auf ältere Sekundärliteratur zur Tabakhistorie zurückgegriffen werden, um aus den Einzelbelegen allgemeinere Schlüsse ziehen zu können.[217] Das Hauptinteresse dieser Erkundungen gilt primär der Frage, inwiefern von sozialen Begleiterscheinungen des Rauchens die Rede ist und wie diese von den Nichtrauchern und Rauchgegnern bewertet wurden. Ferner soll darauf geachtet werden, inwiefern es zu Auseinandersetzungen zwischen Rauchern und Nichtrauchern kam, beziehungsweise mit welchen Kompromissen oder Strategien diesen vorgebeugt wurde.

Überblickt man die verstreut liegenden Einzelbelege, in denen die als negativ wahrgenommenen Begleiterscheinungen des Rauchens thematisiert werden, so zieht sich durch die gesamte europäische Tabakgeschichte vor allem ein Aspekt: die Schilderung der Geruchsbelästigung, die die Nichtraucher durch die Ausübung des Rauchens in ihrer Gegenwart verspürten, ist das zentrale Thema, welches die historischen Probleme zwischen Rauchern und Nichtrauchern beherrscht. Es existieren schon Belege aus der Zeit um 1600, in denen dieser Effekt der Belästigung angesprochen wird und oftmals vom „stinking tobacco" die Rede ist.[218] In der Folgezeit wird dieser Kritikpunkt in den zahlreichen Schmähschriften gegen den Tabak und das Rauchen immer wieder erneuert und als Argument gegen das Rauchen verwandt.[219] Sicherlich ist es nicht ohne weiteres möglich, von diesen Einzelbelegen auf die tatsächlichen alltäglichen Verhältnisse zwischen den 'Rauchtrinkern' und den Tabakgegnern zu schließen. Der harsche Ton der kritischen Abhandlungen läßt jedoch vermuten, daß es sich bisweilen um problematische Beziehungen gehandelt haben muß.[220]

Interessant ist die Tatsache, daß die negativen Zuschreibungen an den Tabak als überriechendes, stinkendes Kraut praktisch nur das genußorientierte Rauchen betrafen. Sobald der Qualm als Heilmittel oder beispielsweise als desinfizierende Cholera-Prophylaxe Anwendung fand, wurde er positiv beschrieben. Im letztgenannten Fall ist es gerade der Qualm, der die 'üble Luft', die als krankheitserregend angenommen wurde, vertreibt und diese eben nicht verursacht.[221]

Da jedoch – von wenigen Ausnahmen abgesehen – die heilende Wirkung des Tabaks und des Tabakrauches im Laufe seiner genußorientierten Verbreitung an Bedeutung verlor, standen zunehmend seine belästigenden Effekte auf die soziale Mitwelt im Vordergrund. Vor allem während des 18. Jahrhunderts, als das Rauchen in höheren gesellschaftlichen

30 und 31 Das 'passive Rauchen' als Belästigung in Darstellungen des 19. Jahrhunderts. Aus den zahlreichen historischen Beschreibungen geht hervor, daß wahrlich nicht nur Frauen unter dem Qualm zu leiden hatten.

Milieus selten praktiziert wurde, haftete dem Rauch das Stigma des 'Gestanks der Armen'[222] an. „Alles weist darauf hin, daß die Toleranz gegenüber Tabakdünsten um Ende des 18. Jahrhunderts sehr gering war, wahrscheinlich geringer als die Duldsamkeit der herrschenden Klassen gegenüber Fürzen und Latrinengestank."[223] Stellvertretend für die nun in größerer Zahl auffindbaren Kritiken an den negativen Begleiterscheinungen des Rauchens sei hier die Einschätzung des Problems vom erklärten Rauchgegner Johann Wolfgang von Goethe angeführt. In der nun folgenden Passage wird das Problem der Belästigung genauestens erfaßt; alle Aspekte der frühen Problematik des 'Passivrauchens' werden benannt: „Aber es liegt auch im Rauchen eine arge Unhöflichkeit, eine impertinente Ungeselligkeit. Die Raucher verpesten die Luft weit und breit und ersticken jeden honetten Menschen, der nicht zu seiner Verteidigung zu Rauchen vermag. Wer ist denn imstande in das Zimmer eines Rauchers zu treten, ohne Übelkeit zu empfinden? Wer kann darin verweilen, ohne umzukommen?"[224]

Da das Rauchen seit Beginn des 19. Jahrhunderts in allen gesellschaftlichen Kreisen und zu fast allen Gelegenheiten ausgeübt wurde, kann man sich auf der Grundlage der zitierten Zeugnisse vorstellen, wie problematisch die damalige Situation für Nichtraucher gewesen sein muß.

Parallel zur Entwicklung hin zu einer Veralltäglichung des Rauchens folgten – wohl vor allem in den neuen bürgerlichen Kreisen – Reaktionen auf die situationsspezifische Mißbilligung des Rauchens. Nachdem die staatlichen Rauchverbote verschwanden, erfolgte die informelle Regelung des gesellschaftlich akzeptierten Rauchverhaltens über bürgerliche Anstandskonventionen. In den Benimmbüchern und Ratgebern für den Verkehr in Gesellschaften lassen sich spätestens ab der Mitte des 19. Jahrhunderts immer wieder auch Hinweise zum Rauchen finden.[225] Im „Sitten- und Höflichkeitsspiegel" von 1840 heißt es etwa: „Weder im geschäftlichen noch im geselligen Verkehr mit Höheren, Vorgesetzten oder überhaupt mit sogenannten Respectspersonen, ist es gestattet, Tabak zu rauchen, am wenigsten in Gesellschaft von Damen".[226] Während der Gesichtspunkt des Respekts vor Personen höheren sozialen Status' an Bedeutung verliert, gewinnt in der Folgezeit der Aspekt des schicklichen Verhaltens in Gegenwart von Damen zusehends an Bedeutung. In dem Gesellschaftshandbuch „Der gute Ton in allen Lebenslagen" von 1884 wird die Frage nach der Erwünschtheit des Rauchens in Gesellschaft einzig am Kriterium der Anwesenheit oder Abwesenheit von Damen entschieden.[227] Daß diese Anweisung nicht imstande war, die Probleme der Rauchfrage in der gesellschaftlichen Praxis zu beseitigen, verrät allein schon die Tatsache, daß das Rauchen immer wieder zum Gegenstand von speziellen Verhaltensregeln gemacht wurde. In vielen dieser Benimmbücher schwingt zumindest unterschwellig eine resignative Haltung mit, die eine Diskrepanz zwischen Theorie (der Ratge-

So ist's nicht richtig!

32 Benimmregel aus den 1930er Jahren: Rauche niemals in Gegenwart von Respektspersonen.

ber) und Praxis (des Verhaltens) vermuten läßt.

Das Verhältnis zwischen Rauchern und Nichtrauchern bedurfte vor allem aus der Perspektive des rücksichtsvollen Anstands in alltäglichen Situationen verschiedener Regelungen. Wenn in Anstandsbüchern ein tolerantes Verhalten der Raucher gefordert wurde, so läßt sich daraus schließen, daß Nichtraucher an der Praxis ihrer rauchenden Mitmenschen alltäglich Anstoß nehmen konnten. In einem Verhaltensbrevier von 1918 heißt es ganz allgemein und ohne klare Zuordnung des Geschlechts oder einer spezifischen Situation: „Da du unmöglich verlangen kannst, daß deinem Nachbar der Duft deines Rauchkrautes sympathisch ist, darfst du ihm auch nicht den Rauch in das Gesicht blasen. Du mußt deine Zigarre stets so halten, daß deine Umgebung durch dieselbe nicht belästigt wird."[228]

Als belästigend wurde am Rauchen nicht nur das passive Mitrauchen aufgefaßt, sondern auch die indirekte Konfrontation mit den Begleiterscheinungen des Rauchens. So finden sich zahlreiche Anweisungen, darauf zu achten, daß in Zimmern, in denen Besuch empfangen werden soll, vorher nicht geraucht werden darf, und daß vor Verabredungen auf eine tabakgeruch-freie Bekleidung zu achten ist.[229] Bei Franken heißt es sogar: „Als starker Raucher spüle dir vor einem solchen Besuch den Mund mit einem wohlriechenden Wasser aus."[230] Des weiteren sollten Briefe, die man zu verschicken beabsichtigt, nicht nach Tabakrauch riechen.[231]

Alle negativen Begleiterscheinungen des Rauchens und negativen Eigenschaften der Raucher faßt Döbbelin 1908 folgendermaßen zusammen: „Der unmäßige Raucher ist überhaupt in jeder Beziehung unangenehm. Auge und Nase seiner Nächsten leiden gleichermaßen unter ihm. Schlechter Teint, gelbe Finger und graugelbe Zähne verraten seine böse Leidenschaft. Übler Geruch aus dem Munde sowie der auf die Nerven fallende Geruch seiner Kleider machen seine Nähe anderen oft zur Qual. Meistens hat er außerdem die Gewohnheit, die Asche achtlos umherzustreuen und

Hand in der Hosentasche, Zigarre im Mund? Es sieht wirklich nicht gut aus

33 Ein Anstandsratgeber aus den 1950er Jahren zeigt, daß nachlässiges Rauchen – vor allem in Gesellschaft von Frauen – als Element eines flegelhaften Verhaltens angesehen wurde.

Zigarrenstummel und Zigarettenmundstücke rücksichtslos herumzuwerfen."[232]

Auch jenseits von Anstandsempfehlungen und moralischen Appellen lassen sich Reaktionen auf das spürbare Konfliktpotential, welches den Begleiterscheinungen des Rauches innewohnt, beobachten. Es sind sehr konkrete Manifestationen, an denen man die Strategien zur Regelung des Verhältnisses ablesen kann. Einen zentralen Aspekt bildet hierbei die räumliche Segmentierung von Rauchern und Nichtrauchern.

Die vielleicht früheste Strategie der räumlichen Trennung läßt sich in Form der bürgerlichen Rauchzimmer finden. In den Häusern und Wohnungen gehobener sozialer Kreise wurden diese Räumlichkeiten in England vor allem seit der Renaissance des Rauchens Anfang des 19. Jahrhunderts üblich.[233]

34 Fester Bestandteil bürgerlicher Wohnkultur des 19. Jahrhunderts in England: der „smoking room".

Wie bereits erwähnt, war das Rauchen zu jener Zeit eine ausgesprochen männliche Genußweise; die Rauchzimmer waren gleichzeitig Herrenzimmer.[234] Zumindest nach außen wurde die Notwendigkeit von Rauchzimmern aber nicht mit dem Argument eines männlichen Rückzugsraumes begründet, sondern mit der Vorbeugung gegen die Belästigungen der Nichtraucher – und wohl vor allem Nichtraucherinnen – durch das Rauchen.[235] Nachdem das Abendessen beendet war, zogen sich die rauchenden Männer in ihren speziellen Raum, der aus Feuerschutzgründen häufig gekachelt war, zurück, um Pfeifen oder Zigarren zu genießen. Nach der Rauchpause kehrte man zum Kaffee wieder in das Eßzimmer oder den Salon zurück. Um dabei die restlichen Anwesenden nicht mit dem in den Kleidern sitzenden 'kalten Rauch' zu belästigen, war es üblich, für die Dauer des Rauchens spezielle Rauchjacken zu tragen.[236]

Um die Wende zum 20. Jahrhundert, als eine räumliche Expansion das Rauchen in der Wohnung auch außerhalb der Rauchzimmer möglich machte, kam eine weitere Technik zur Anwendung, mit der man versuchte, den negativen Begleiterscheinungen des Tabakrauchs zu begegnen. Die sogenannten 'Rauchverzehrer' waren eine Art Luftfilter, die häufig in Form von Porzellanfiguren gestaltet waren. Durch die in den Behältern befindliche Säuremischung sollte der Qualm auf chemischem Wege der Zimmerluft entzogen werden. Es gab auch Modelle, bei denen die Raumluftfilterung einfach mittels einer offenen Flamme erzielt werden sollte; später wurden auch elektrische Rauchverzehrer angeboten. Sogar noch Ende der 1950er Jahre wurden die Rauchverzehrer in einem An-

35 Herrenrunde mit schwerem Rauchgerät in einer Darstellung um 1810. Das feuergebende Dienstmädchen im Hintergrund fühlt sich sichtlich beeinträchtigt durch die dicken Rauchschwaden.

36 Äußerlich kaum von diversem 'Nippes auf dem Vertiko' zu unterscheiden sind diese beiden Exemplare von Rauchverzehrern.

Für den halböffentlichen und öffentlichen Raum war es bereits gegen Ende des letzten Jahrhunderts, als im wesentlichen keine öffentlichen Rauchverbote mehr in Europa existierten, nötig, informelle Regelungen und Einschränkungen zu finden. Vor allem an der Entwicklung von Raucher- und Nichtraucherabteilen in Eisenbahnen läßt sich dies verdeutlichen. Leidenschaftliche Raucher hatten bei den teilweise sehr langen Reisen ohne Aufenthalte vor der Einführung von Raucherabteilen schwere Zeiten zu überstehen. Lediglich wenn es gelang, ein Abteil für sich alleine zu bekommen, oder wenn man sich mit den Mitreisenden einigen konnte, gab es auf informellem Wege Möglichkeiten, die Verbote zu umgehen.[239] In den 1860er Jahren war das Rauchverbot in Eisenbahnen noch Gegenstand zahlreicher Karikaturen, beispielsweise in der Zeitschrift Punch.[240] Das Rauchen war nun so allgemein geworden, daß es sich die Beförderungsgesellschaften nicht länger leisten konnten, sich den Bedürfnissen der Raucher zu widersetzen. Ungefähr in den 1870er Jahren wurden dann zunächst nur vereinzelt und sehr zögerlich in England Raucherabteile in den Eisenbahnzügen eingerichtet.[241] Für Deutschland schildert Böse die Si-

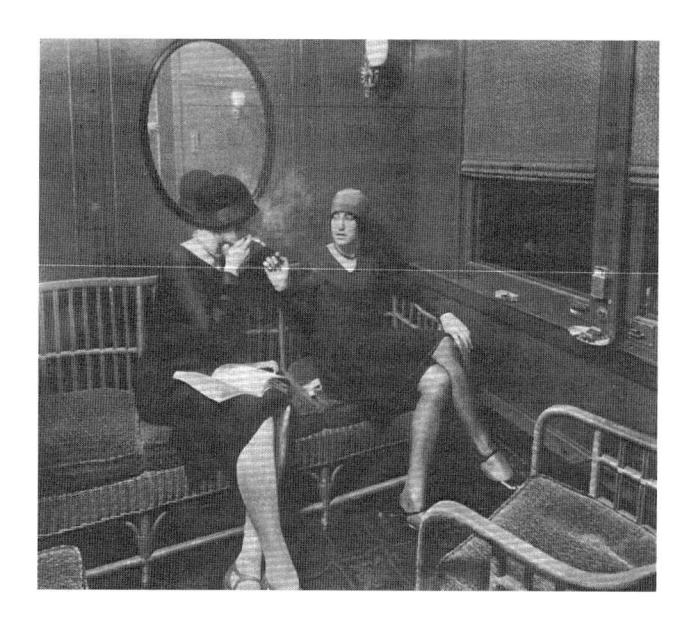

standsbuch empfohlen, um dichten Tabakqualm aus dem Wohnzimmer zu vertreiben, ohne dabei lüften zu müssen.[237] Die Tradition dieser „Strategien der Desodorierung"[238] findet heute im privaten Bereich ihre Fortsetzung in speziellen Duftlampenölen und Wandanstrichen, die angeblich den Tabakgeruch neutralisieren.

37 In Eisenbahnwaggons wurden bereits Ende des 19. Jahrhunderts Raucherkabinen eingeführt. In den Vereinigten Staaten gab es Anfang dieses Jahrhunderts sogar kurzzeitig spezielle Rauchabteile für Frauen (links).

38 Humoristische Darstellung der Raucher/Nichtraucher-Problematik in Eisenbahnzügen.

tuation folgendermaßen: „Der Ansturm der Raucher war nicht abzuweisen. Bereits 1890 hatten sie [die Raucher, cmd] von der Eisenbahndirektion 'Verstärkungswagen' gefordert, weil die Raucherabteile oft überfüllt waren."[242] Was die einen als Errungenschaft feiern konnten, mußten die anderen bedauern: „Seiner üblen Eigenschaften wegen wird der Raucher auf der Eisenbahn mit seinen Genossen in bestimmte Abteilungen gesteckt, damit er die übrigen Reisenden nicht belästigt."[243]

Trotz der Bemühungen um eine räumliche Segmentierung von Rauchern und Nichtrauchern, den Strategien der Desodorierung und den Forderungen der Anstandsbücher nach Rücksichtnahme der Raucher kann man davon ausgehen, daß nach dem Rückzug staatlicher Regelungen und der massenhaften Verbreitung des Rauchens für die Nichtraucher 'trübe Zeiten' anbrachen. Sie sahen sich wohl bisweilen mit einer Allgegenwart des Blauen Dunstes konfrontiert und hatten wenig Möglichkeiten, ihre Interessen nach einem Schutz vor den Belästigungen der Raucher durchzusetzen. Auch wenn sich hierzu nur wenige Belege finden lassen, so muß es doch in alltäglichen Situationen zu Zwischenfällen und Streitigkeiten zwischen Rauchern und Nichtrauchern gekommen sein.[244]

Frühe Versuche der Formierung von Anti-Tabak-Bewegungen

„Nichtraucher! Sollen wir uns diese Vergewaltigung der kulturfeindlichen Sitte noch länger gefallen lassen? – Ich meine, es ist höchste Zeit, daß wir gegen diese Rauchsklaverei in berechtigtem Selbstinteresse und im Interesse des Volkswohles und der Volksgesundheit, also im Interesse der wahren Kultur energisch auftreten."[245]

Eine systematische Aufarbeitung der frühen Versuche einer Institutionalisierung von Anti-Tabak-Bewegungen jenseits staatlicher Maßnahmen existiert nicht.[246] Gerade im Hinblick auf die Akteure des heutigen Raucher/Nichtraucher-Konflikts könnte eine solche Studie aber interessante Hintergründe vermitteln. An dieser Stelle muß versucht werden, aus den wenigen Hinweisen zumindest einen schematischen Überblick über solche historischen Anti-Raucher-Initiativen zu gewinnen.

Fast zwangsläufig – so möchte man zumindest annehmen – haben zwei Entwicklungen um die Mitte des 19. Jahrhunderts dazu geführt, daß sich erstmals in der Tabakgeschichte die Rauchgegner institutionalisierten. Zum einen liegt dies sicherlich im Rückzug staatlicher Eingriffe gegen den Tabakkonsum begründet, zum anderen aber auch in den neu gewonnenen politischen Freiheiten, die die Existenz bürgerlicher Protestgruppen erst möglich machten.

Die massenhafte Popularisierung des Rauchens, die die Grenzen von Geschlecht, Alter und sozialem Milieu zu übertreten begann, wurde von den Anti-Tabak-Bewegungen als soziales Problem wahrgenommen: die 'Tabakfrage' war eine soziale und politische Frage. Die organisierten Rauchgegner wollten einerseits durch ihr Auftreten den Staat zu erneutem einschreitenden Handeln gegen die grassierende 'Tabakseuche' veranlassen[247], andererseits standen aber auch schon vereinzelt Gedanken eines Nichtraucherschutzes hinter den Institutionalisierungen.

Vor allem in den Vereinigten Staaten, in Frankreich und England entstand zwischen 1850 und 1880 eine Reihe von überregional organisierten Anti-Tabak-Gesellschaften, die es sich zum Ziel gesetzt hatten, durch Aufklärungsarbeit auf das gesellschaftliche und politische Bewußtsein gegenüber dem Rauchen einzuwirken.[248] In ihren Argumentationen griffen die Bewegungen weitgehend auf moralische Aspekte zurück, medizinische Argumente fanden in diesem Stadium der Institutionalisierung nur selten Anwendung.[249]

Ab 1857 konnten die moralischen Appelle und Aufklärungsschriften der amerikanischen Rauchgegner im neu gegründeten Anti-Tobacco-Journal erscheinen. Neben dieser Möglichkeit zur Verbreitung ihrer Ideen war es für die Arbeit der Bewegung wichtig, einflußreiche Personen für ihre Zwecke zu gewinnen, um mit deren Hilfe öffentlichkeitswirksame Kampagnen durchführen zu können.[250] Die eigentlichen Träger und die Keimzelle der Bewegung waren wohl vor allem protestantische Fundamentalisten aus den ländlichen und kleinstädtischen Gegenden des mittleren Westens und des Südens der USA.[251] Diese gesellschaftlichen Kreise sahen während der Industrialisierungsphase ihre politischen Einflußmöglichkeiten zugunsten des mächtiger werdenden Großkapitals in den neuen urbanen Zentren schwinden und versuchten, sich über die lautstarke Reklamation traditioneller Werte in das Bewußtsein der Öffentlichkeit zurückzurufen.[252]

In ihrer Aufklärungsarbeit bildete der Jugendschutz einen besonderen Schwerpunkt. Die Anti-Tabak-Aktivisten fürchteten, daß das Rauchen die Heranwachsenden in die Kriminalität treiben könnte: „Zu leicht wird der Mann, der so geschickt Zigaretten zu rollen und paffen gelernt hat, auch eine Autorität auf dem Gebiete der Einbrecherwerkzeuge, Nachschlüssel und der Fälschertinte", heißt es in einem Pamphlet Ende des 19. Jahrhunderts.[253]

Einen Höhepunkt erreichte die Anti-Tabak-Bewegung in den USA um 1900. Diese Konjunktur ist sicherlich vor dem Hintergrund der Etablierung der Zigarette als dem ubiquitären Rauchmittel zu deuten, welches jetzt tatsächlich auch Frauen und Heranwachsende als Tabakkonsumenten erschloß. Auf Druck der organisierten Rauchgegner kamen seit 1895 in einigen Bundesstaaten der USA Gesetze zustande, die das Rauchen in der Öffentlichkeit und den Verkauf von Zigaretten an Jugendliche verboten.[254] Jedoch verschwanden die Gesetze bis auf Ausnahme weniger Jugendschutzbestimmungen schon kurze Zeit nach ihrem Inkrafttreten und noch vor der Beendigung der Alkoholprohibition um die Mitte der 1930er Jahre. Zu den Hintergründen dieser Entwicklung erklärt Hess: „Die Opposition der Raucher und die Lobby-Arbeit der Tobacco Merchants Association brachten die Gesetze wieder zu Fall."[255]

Auch in Europa hatte das Engagement der Anti-Tabak-Bewegungen konkrete Konsequenzen. So enthielt etwa das Gesetz, das 1910 in England erlassen wurde und den Verkauf von Tabakprodukten an Jugendliche sowie das Rauchen von Jugendlichen in der Öffentlichkeit verbot, einige Argumente und Zielsetzungen der dortigen Vereinigungen.[256] Interessanterweise lösten sich sowohl in England als auch in Frankreich, wo die Associa-

39 Der Arbeiter-Abstinenten-Bund ging gegen Alkohol und Tabak vor. Hier mit einer Ausstellung in Berlin 1929.

tion Francaise contre l' Abus du Tabac noch um die Jahrhundertwende sehr aktiv gewesen war, die Vereinigungen um 1910 ziemlich rasch auf.[257]

Für Deutschland lassen sich die Traditionen der organisierten Tabakgegner nur unzureichend systematisch erschließen. Es scheint allerdings, daß hierzulande die Tabakfrage erst gegen Ende des letzten Jahrhunderts, vor allem aus sozialreformerischen Kreisen, in die Öffentlichkeit gebracht wurde.[258] Aspekte des Antitabakismus waren zunächst vor allem in unterschiedlich starker Betonung in den Programmen von Vereinigungen der Jugend- und Lebensreformbewegung[259], aber auch des 1903 gegründeten Arbeiter-Abstinenten-Bundes enthalten.[260] Zur Formierung von speziellen Anti-Tabak-Bewegungen kam es in Deutschland aber erst 1910.[261] 1912 folgte dann die Gründung eines Alkohol- und Tabakgegnervereins in Hannover. 1914 schließlich fand in Deutschland eine erste tabakgegnerische Ausstellung statt.[262] In einem Vortrag, den der Vorsitzende des Bundes Deutscher Tabakgegner e.V. Martin Hartmann anläßlich des Achten Bundestages der Deutschen Tabakgegner 1925 in Dresden hielt, erklärte der Referent die bisher gering gebliebene Resonanz auf die Arbeit der Bewegung folgendermaßen: „Um den jetzigen Stand der Dinge bei uns richtig zu verstehen, darf man nicht vergessen, daß die tabakgegnerische Bewegung viel jünger ist als die alkoholgegnerische. Sie setzte erst wenige Jahre vor dem Kriege ein und der Krieg selbst hat ihr Wachstum bedeutend erschwert."[263] Seit 1912 jedenfalls stand der Bewegung auch ein vierteljährlich erscheinendes Organ mit dem Titel „Der Tabakgegner" zur Verfügung.[264]

1918 kam die Zeitschrift „Reine Luft" als regelmäßiges Forum der Rauchgegner hinzu.[265] Des weiteren gab der Bund Deutscher Tabakgegner seit Beginn der 1920er Jahre eine Schriftenreihe unter dem Titel „Tabakgegner-Bücherei" heraus, in der als vierter Band der bereits erwähnte Vortrag von Martin Hartmann unter dem Titel „Der Kampf gegen die Tabakgefahr. Ein Mahnwort an Geistlichkeit und Ärztestand" erschien. Wie der Untertitel bereits andeutet, ergingen hierin vor allem Appelle an Mediziner und Vertreter der Kirchen, sich mehr als bisher gegen das Rauchen zu engagieren. Zwar stellte der Bund Deutscher Tabakgegner, wie aus dem Umschlagtext des zitierten Bändchens hervorgeht, Aufklärungsmaterial in Gestalt von Flugblättern und Lichtbildern zur Verfügung, aber generell wurde die mangelnde Wirkung dieser Maßnahmen vom Vorsitzenden des Vereins selbst kritisiert.[266] Zu wenig sei in der Öffentlichkeit über die Tätigkeit der Rauchgegner und ihre Institutionen bekannt, nicht zuletzt deshalb, weil gerade die Ärzte ihre gesellschaftliche Vorbildfunktion nicht vergegenwärtigten und die Tabakfrage viel zu nachlässig handhabten.[267] Obwohl doch nun schon einige Studien zur gesundheitsgefährdenden Wirkung des Rauchens vorlägen, würden die praktizierenden Mediziner nicht die nötigen Schritte ergreifen.

Nach der Darstellung von Hartmann umfaßten die Ziele der Tabakgegner-Vereinigung vor allem zwei Aspekte. Zunächst müsse es darum gehen, „die nichtrauchenden Teile unseres Volkes vor Schädigung und Vergewaltigung zu schützen".[268] Darüber hinaus wolle man „durch beharrliche Aufklärung die Zeit vorbereiten helfen, wo es einmal gelingen wird, durch völlige Beseitigung des Rauchlasters eine Voraussetzung für die Erringung einer reineren, edleren und höheren Kultur zu schaffen."[269]

Die Frage, ob sich in der zitierten Passage bereits Entwicklungen anbahnen, die die organisierten Rauchgegner wenige Jahre später betreffen sollten, kann nicht eindeutig beantwortet werden. Gewiß ist hingegen, daß die Anti-Nikotin-Bewegung in Deutschland in der Folgezeit dann jedoch „eher ins Fahrwasser der Rassenlehre und des Deutschnationalismus als der Sozialreform"[270] geriet. Sehr deutlich kommt dieser Hintergrund in dem Aufsatz „Rauchsklaverei und Kultur" von Johannes Ude zum Ausdruck.[271] Zunächst führt Ude sehr sachlich eine Reihe von wissenschaftlichen Untersuchungen zum Rauchen an und zählt die darin als Raucherkrankheiten definierten Leiden – der Krebs wird auch hier noch nicht erwähnt – auf.[272] Im Anschluß daran gibt Ude mit der Beschreibung des Tagesablaufs eines allerorts durch Tabakqualm belästigten Nichtrauchers auch Einblicke in das Raucher/Nichtraucher-Verhältnis jener Zeit.[273] Sobald jedoch das Rauchen als Symptom einer kranken Kultur beziehungsweise als Merkmal kulturfeindlicher Menschen, die die Volksgesundheit gefährden, gedeutet wird, bewegen sich die Argumentationen in der Nähe nationalsozialistischer Rassenhygiene und Euthanasiegedanken.[274] Es kann daher kaum überraschen, wenn der Text nach der Aufzählung von acht Forderungen der institutionalisierten Nichtraucher[275] mit dem Satz „Wir rauchen aus reiner Vaterlandsliebe nicht" schließt.

Die offensichtliche Nähe der gleichgeschalteten Anti-Raucher-Bewegung der 1930er und 1940er Jahre zur Gesundheits- und Rassenpropaganda des NS-Regimes hatte sicherlich auch Konsequenzen für die Formierung von Nichtraucher-Bewegungen in der Nachkriegszeit. Daß es in Deutschland erst knapp dreißig Jahre nach dem Ende der faschistischen Gewaltherrschaft zu einer erneuten Institutionalisierung von Rauchgegnern kam, dürfte nicht nur mit der Tendenz zu einer Veralltäglichung des Rauchens seit den frühen 1950er Jahren – als gerade in bezug auf Genußmittel ein erheblicher Nachholbedarf bestand – zu tun gehabt haben. Die Erfahrungen mit der autoritären NS-Gesundheitserziehung mußten Forderungen nach Eingriffen in persönliche Genußverhalten noch Jahrzehnte nach dem Zusammenbruch der Diktatur völlig unangebracht erscheinen lassen.

Heutzutage jedenfalls beruft sich keine der zahlreichen Nichtraucher-Initiativen auf die Vorformen der institutionalisierten Rauchgegner der ersten Hälfte des 20. Jahrhunderts. Gegenwärtige Nichtraucher-Initiativen nehmen höchstens ganz pauschal Bezug auf die fünfhundert Jahre alte Tradition der Konflikte um das Rauchen und auf die Tatsache, daß das Rauchen nie wirklich unumstritten war.

Das aktuelle Rauchklima. Eine Phänomenologie an vier Beispielen

„In den Industrienationen scheint heute die Ära des Tabaks, fünfhundert Jahre nach seiner Ankunft in Europa, ihren Höhepunkt überschritten zu haben und sich allmählich ihrem Ende zuzuneigen."[276]

Ein selektiver Blick auf Zeichen und Phänomene der gegenwärtigen alltagsweltlichen Oberfläche soll einen Eindruck davon vermitteln, welche kulturelle Stimmung[277] derzeit gegenüber dem Rauchen herrscht. Mit den Ausführungen zur 'rauchfreien Zigarette' wurde bereits ein aufschlußreiches Indiz hierfür behandelt. Die phänomenologisch orientierte Darstellung von einigen weiteren Beispielen soll das komplexe und bisweilen ambivalente gesellschaftliche Verhältnis zum Rauchen näher charakterisieren. Gefragt wird dabei nach Evidentem, nach konkreten Manifestationen laufender Diskurse in Form von kultureller Objektivation, Wort und Bild. Keinesfalls soll eine systematische Bestandsaufnahme vorgenommen werden, vielmehr sollen einige Facetten des breiten Spektrums näher beleuchtet werden.[278]

Medienpräsenz

Die Berichterstattung über unterschiedlichste Aspekte des Themas Rauchen in Fernsehen, Hörfunk und Print-Medien hat in den letzten Jahren ein enormes Ausmaß angenommen. Rauchen ist zu einem Titelthema der Magazine und Zeitschriften avanciert[279], hat Einzug gehalten in das Themenspektrum der TV-Talk- und Magazinsendungen[280] und ist zum Gegenstand zahlloser kleiner Meldungen in der Tagespresse geworden. Die millionenschweren außergerichtlichen Vergleiche, die die US-Tabakkonzerne 1997 mit den Bundesstaaten abschlossen, haben es sogar im Jahresrückblick auf einen exponierten Platz zwischen Klon-Schaf Dolly, Marslandung, Dianas Tod und anderen Highlights gebracht.[281] Wäre der Grad seiner Medienpräsenz ein eindeutiger Indikator für die momentane gesellschaftliche Relevanz eines Themas, so müßte das Rauchen zweifellos in der Spitzengruppe der dringlichen Themen rangieren.

Schon die Titel und Überschriften der Beiträge verraten, auf welche Aspekte die Berichterstattung fokussiert. Selten einmal geht es dabei um eine neutrale Schilderung von

40 Titelthema Rauchen. Ein Beispiel stellvertretend für viele andere. Offensichtlich eignet sich der Konflikt als verkaufsfördernder Aufmacher.

Sachverhalten, um ein tatsächliches Berichten. Im Zentrum steht eindeutig die Problematisierung des Rauchens. Dies wird auf zwei Wegen erreicht. Zunächst in Form von Meldungen über neueste wissenschaftliche Erkenntnisse, die entweder das Rauchen erstmalig als ursächlichen Faktor für spezielle Krankheiten identifizieren, oder differenziertere Aufschlüsse über bereits bekannte Zusammenhänge zwischen Rauchen und Krankheit vermelden.[282] Des weiteren erfolgt die Problematisierung des Rauchens in der Mediendarstellung über Beiträge, die sich mit dem eigentlichen Konflikt zwischen Rauchern und Nichtrauchern beschäftigen. Besonders hierbei wird die Brisanz des Themas spürbar. Es geht weniger um einen Diskurs im Sinne eines sachlichen Dialogs, der zwischen den Interessengruppen stattfinden könnte, als um eine Art heftige Kontroverse, um einen regelrechten Streit.[283] Auffällig sind dabei die Tendenzen einer scharfen Polarisierung: Nahezu immer ist generalisierend von 'den Rauchern' die Rede, die zunehmend den Druck 'der Nichtraucher' verspüren. In der Gegenüberstellung der jeweilig vertretenen Positionen kristallisieren sich nur diese beiden Lager heraus, die fortan als zwei Parteien erscheinen, zwischen denen – im militärischen Jargon gesprochen – die Fronten im 'Glaubenskrieg' verhärtet sind. Dementsprechend deutet alles auf eine Eskalation hin – über kompromißorientierte Lösungen erfährt man indes wenig. Wie empfindlich das Thema den Nerv des gesellschaftlichen Interesses trifft, zeigen dann meist die Leserbriefe, die als Reaktion auf bestimmte Artikel oder Meldungen einige Tage später abgedruckt werden. Die veröffentlichten Pro- und Contra-Stimmen werden dann meist gleichberechtigt gegenübergestellt – auch im grafischen Sinne. Inwieweit die drastischen Bilder der medialen Wirklichkeitskonstruktion ihre Entsprechung in den realen kulturellen Verhältnissen finden, läßt sich wohl nicht einwandfrei klären. Einblicke in die Tiefenstruktur des konfliktuösen Diskurses, die im nächsten Kapitel vorgenommen werden, mögen dies erhellen. Als oberflächliches Symptom gelesen läßt sich an Ausmaß und Inhalt der Medienpräsenz des offensichtlichen Problemthemas Rauchen jedenfalls erkennen, daß erstens ein breites gesellschaftliches Interesse daran existiert und zweitens, daß das Thema mit enormer Brisanz aufgeladen ist.

Inserate und Anzeigen

Zwar läßt sich an diesem Exempel nicht primär die Spannung des herrschenden kulturellen Klimas gegenüber dem Rauchen ablesen, aber umso mehr das breite gesellschaftliche Interesse daran. Dieses Interesse drückt sich in der Betonung des jeweiligen Raucher- beziehungsweise Nichtraucherstatus aus. Wer im Kleinanzeigenteil von Tagespresse, Stadtmagazinen oder ähnlichen Publikationen die Kontaktanzeigenseiten überfliegt, der kann

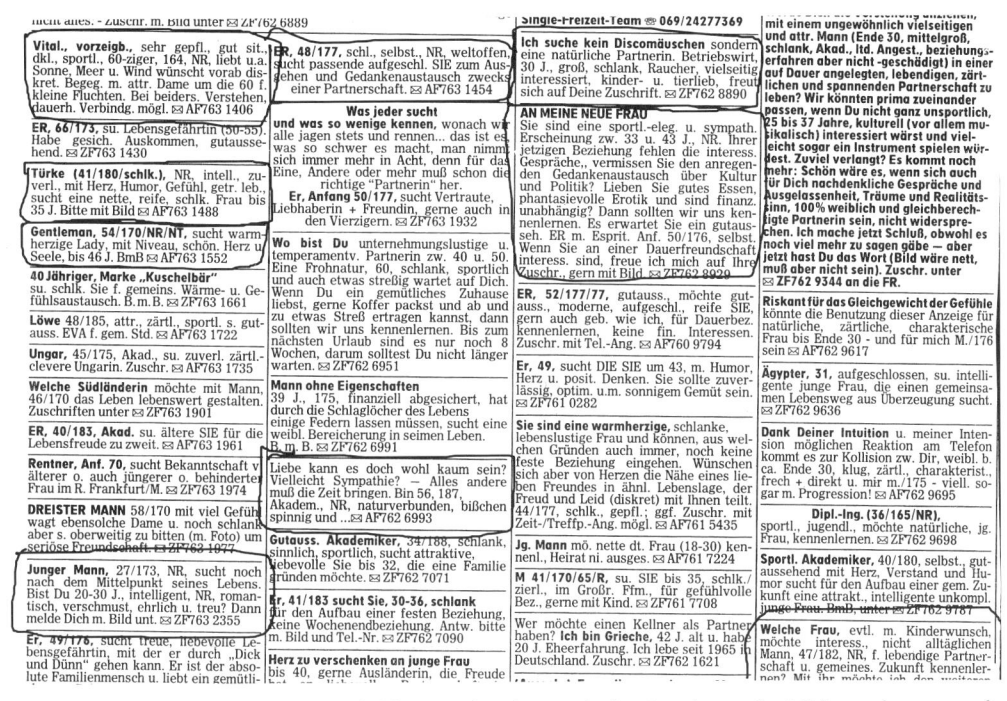

41 Bei der Beschreibung von Persönlichkeitsmerkmalen spielt der Raucher- oder Nichtraucherstatus oft eine Rolle. In diesem Ausriß aus einer Tageszeitung wurden alle Kontaktanzeigen gekennzeichnet, in denen das Rauchen thematisiert wird.

sehr schnell registrieren, daß das Merkmal „Raucher" oder „NR", wie es meist heißt[284], sowohl in den Selbstdarstellungen als auch in den Wunschvorstellungen von künftigen Partnerinnen und Partnern häufig Erwähnung findet. Das angesprochene Merkmal scheint eine nicht unwesentliche Rolle in den jeweiligen Persönlichkeitsprofilen zu spielen. Dort nimmt es neben Geschlecht, Alter, Beruf und körperlicher Konstitution meist noch vor der Beschreibung von Interessen und Hobbys seinen Platz ein. Interessant ist daran auch, daß die Thematisierung des Raucher- oder Nichtraucherstatus wichtiger zu sein scheint als andere ebenso klar bestimmbare Merkmale wie beispielsweise die Konfession, die nur äußerst selten erwähnt wird.[285] Der Raucher- oder Nichtraucherstatus kann nicht nur als äußerliches Lebensstilmerkmal gedeutet wer-

den, sondern gehört ganz offensichtlich auch in das Ensemble der Charaktereigenschaften, wenn es zum Beispiel heißt „dkl. Augen, Pfeifenraucher, treu" oder „sportlich, NR, humorvoll".[286]

Auffällig ist weiterhin, daß mehrheitlich der Nichtraucherstatus genannt wird, während die ausdrückliche Betonung des Raucherstatus eindeutig in der Minderzahl ist. Wenn man diesen quantitativen Befund durch qualitative Angaben wie beispielsweise die Formulierung in einer Anzeige „immer noch Raucherin"[287] bereichert, so lassen sich auch für das Phänomen der Thematisierung des Raucher- oder Nichtraucherstatus in Kontaktanzeigen Spuren einer zunehmenden Problematisierung des Rauchens erkennen.[288] Für die Gruppe der Raucherinnen und Raucher kann man davon ausgehen, daß mittlerweile

42 Das Merkmal Raucher beziehungsweise Nichtraucher spielt in verschiedensten Bereichen des alltäglichen Lebens zunehmend eine Rolle. Hier wird dieser Trend in einer Karikatur überspitzt dargestellt.

die persönliche Gewohnheit aus Furcht vor der Erfolglosigkeit der Anzeige, die ja schließlich auf eine Zweidrittel-Nichtrauchergesellschaft trifft, meist nicht mehr genannt wird. Wird der Raucherstatus jedoch erwähnt, so geschieht dies meist mit der stolzen Attitüde eines 'Ich-rauche-gern!' oder 'Jetzt-erst-recht!'

Der jeweilige Raucher- oder Nichtraucherstatus scheint aber nicht nur die Auswahl der möglichen Lebens- und Liebespartner und -partnerinnen zu reduzieren, sondern bestimmt auch andere Bereiche sozialer Kontakte, beispielsweise die Wohnform. Auch in den Anzeigen von Vermietungen oder Mietgesuchen findet die ausdrückliche Betonung des Nichtrauchens – nur in seltenen Fällen die des Rauchens – Berücksichtigung. Auch hier wird somit der Kreis der Interessenten und Interessentinnen reduziert. Vor allem seitens der Vermieter werden die Begleiterscheinungen des gewohnheitsmäßigen Rauchens in Form vergilbter Tapeten und ähnlichem befürchtet. In Wohngemeinschaften steht bei der Auswahl eher das Ziel eines möglichst reibungsfreien sozialen Miteinander im Vordergrund, welches durch die störende Rauchgewohnheit Einzelner gefährdet werden könnte.

Seit einigen Jahren spielt das Merkmal Raucher oder Nichtraucher auch für Arbeitsverhältnisse eine gewisse Rolle. In den Anforderungsprofilen der Stellenangebote werden, falls das Rauchen erwähnt wird, allerdings nur ausdrücklich Nichtraucherinnen und Nichtraucher gesucht. Teils ist dies durch produktionstechnische Gesichtspunkte erklärbar[289], teils aber durch wirtschaftliche Erwägungen, wenn nämlich die Lohnnebenkosten gesenkt werden sollen. Eine solche Argumentation stützt sich auf statistische Befunde, wonach Raucherinnen und Raucher wesentlich häufiger von krankheitsbedingten Arbeitsausfällen betroffen sind als Nichtraucher und Nichtraucherinnen.[290]

Aus welchen Motiven heraus auch immer auf die Betonung des Raucher- beziehungsweise Nichtraucherstatus in Kontakt-, Wohnungs- oder Stelleninseraten Wert gelegt wird, gemeinsam ist diesen Beispielen die Tendenz zu einer sozialen Differenzierung und Separierung von Rauchern und Nichtrauchern im privaten und halböffentlichen Bereich.[291] Daß diese Trennung entlang des Merkmals Raucher oder Nichtraucher in absehbarer Zukunft jedoch eine neue Art der 'Zwei-Klassengesellschaft' provozieren könnte, ist zu bezweifeln.

Entwöhnungsangebote

Als ein weiteres Indiz für die gegenwärtige kulturelle Stimmung dem Rauchen gegenüber sollen hier die Entwöhnungsangebote genannt werden. In den letzten Jahren ist eine regelrechte Flut verschiedenster Angebote dieser Art zu registrieren: neben speziellen Kuren, die Krankenkassen, Nichtraucher-Initiativen und Verbände des Gesundheitswesens anbieten, findet sich eine Reihe von medikamentösen Verfahren zur Nikotinentwöhnung, weiterhin sogenannte Alternativmethoden wie Hypnose und Akupunktur.[292] Doch das Hauptangebot liegt wohl in Form von Ratgeberliteratur und Selbsthilfemanualen vor. Im Buchhandel befinden sich derzeit über 40 solcher Ratgeber[293], hinzugezählt werden muß noch ein beträchtlicher Anteil an 'grauer Literatur', also Broschüren, Faltblätter und ähnliches, die man von Gesundheitsorganisationen und Nichtraucher-Initiativen beziehen kann.

Das immense Programm an Entwöhnungsmitteln kann als oberflächlicher Ausdruck eines tiefergreifenden Imagewandels gedeutet werden. Rauchen wird zunehmend weniger mit Genuß assoziiert als mit lästiger Gewohnheit oder – und dieser Topos beherrscht seit Jahren den Entwöhnungsdiskurs – mit Sucht.[294] Die Zigarette als das vorherrschende Rauchprodukt erscheint folglich nicht mehr als Genußmittel, sondern als Droge.[295] Aus dieser Perspektive sind Raucher nicht nur eine Gruppe von Menschen, die ein riskantes Verhalten praktizieren, oder eine Gemeinschaft

NICHT-RAUCHER werden und bleiben — Garantie-Schrift frei! Rupas, Konstanz II/68

45 Entwöhnungsangebote sind durchaus kein neues Phänomen. Hier eine Zeitungsanzeige aus dem Jahr 1951.

von Luftverpestern, sondern auch Hilfsbedürftige und Kranke.[296]

Von den rund 25 Millionen deutschen Raucherinnen und Rauchern will sich angeblich jeder zweite das Rauchen abgewöhnen.[297] Interessant ist ein Blick auf das Spektrum der Motive der Entwöhnungswilligen: hier werden am häufigsten gesundheitliche Aspekte genannt, gefolgt von Kostengründen; aber be-

43 und 44 Zwei ausgewählte Exemplare aus der Flut der derzeit erhältlichen Entwöhnungsratgeber.

46 Auch spezielle Entwöhnungskurse in Gruppen haben derzeit einen großen Zuspruch.

reits an dritter Stelle rangiert die 'gesellschaftliche Mißbilligung des Rauchens im sozialen Nahraum'.[298] Hierin zeigt sich erneut, daß das Rauchen nicht mehr nur Privatvergnügen oder individuelles Laster ist, sondern daß die Ausübung dieser kulturellen Praxis bestimmte Einflüsse auf soziale Verhältnisse ausübt. Diese Einflüsse werden heute offensichtlich primär negativ wahrgenommen. Für die derzeitige kulturelle Stimmung dem Rauchen gegenüber ist am Aspekt der Entwöhnungsprodukte weniger die Frage wichtig, mit welchen Methoden, wie wirksam ein dauerhafter Nikotinentzug erreicht werden kann[299], als vielmehr die bloße Tatsache, *daß* offensichtlich entwöhnt werden will oder soll.

Schwarzer Tod oder: „Ich rauche gern!"

Parallel zu den zahlreichen Kritiken und Anfechtungen des Rauchens läßt sich aber auch eine Reihe von Bestrebungen anführen, die den Imageverlust des Rauchens zu kompensieren suchen. Es sind vor allem Versuche der Zigarettenindustrie, die Märkte der Branche zu verteidigen. „Ich rauche gern!" heißt es knapp und bestimmt auf den Plakaten, die der Reemtsma-Konzern seit den 1980er Jahren

47 Ein weiteres Indiz für die breite gesellschaftliche Problematisierung des Rauchens. Es existieren sogar schon Kinderbücher und Comics, die sich mit dem Thema auseinandersetzen.

auf den städtischen Großwerbeflächen anbringen läßt. Diese und ähnliche Kampagnen sind bereits als Reaktion auf eine veränderte kulturelle Stimmung dem Rauchen gegenüber zu interpretieren. „*Ich* rauche gern!", das macht nur dann Sinn, wenn alle anderen nicht oder nicht mehr gerne rauchen, wenn der Anteil an Nichtraucherinnen und Nichtrauchern stetig zunimmt. Der Slogan impliziert ferner die Haltung eines potentiellen Tabakkonsumenten, der sich denkt: 'Ich rauche gern! Auch wenn die Wissenschaft noch so viele Beweise zur Gesundheitsschädlichkeit des Rauchens zusammenträgt – Genuß bleibt Genuß.' Man kann den Slogan somit auch als eine prinzipielle Akzeptierung der Risiken des Rauchens seitens der Industrie werten, als Verteidigungsstrategie, letztlich sogar als Rückzugsgefecht aus einer Kontroverse, in der ihr die stichhaltigen Gegenargumente ausgegangen sind.

48 „Ich rauche gern"! Die Werbekampagne scheint eine trotzige Reaktion auf die gewandelte Stimmung gegenüber dem Rauchen zu sein.

Die gleiche Struktur eines oberflächlichen Gegenangriffs, der doch im Grunde nur ein Rückzugsgefecht darstellt, offenbart die Idee des britischen Konzerns Enlightened Tobacco Company – auf deutsch: das Aufgeklärte Tabak-Unternehmen. Diese Firma brachte vor wenigen Jahren eine neue Zigarettenmarke heraus, die „Black Death". Was bei flüchtigem Betrachten noch wie ein makaberer Scherzartikel wirkt, entpuppt sich bei näherem Hinsehen als radikales Bekenntnis zur Gefährlichkeit des Rauchens. Die Packungsgestaltung der „Kultkippe für Zyniker"[300] zeigt dies schon deutlich an: als Signet der Marke fungiert ein Totenkopf. Mit drastischen Sprüchen wie „Diese Zigaretten schmecken wie alle anderen, und wie alle anderen werden sie dich töten"[301] wird in der Werbung das Motiv einer Röntgenaufnahme von einem Lungentumor kommentiert. Der status quo des medizinischen Wissens wird somit auf sarkastische Weise explizit anerkannt; seine Warnfunktion aber gleichzeitig ad absurdum geführt. Unterstützt wird diese ambivalente Haltung von der Firmenpolitik, einen vertraglich festgelegten Anteil von 10 Prozent der Bruttoeinnahmen in die Krebsforschung und ähnliche Projekte zu investieren.[302] Dieses 'aufgeklärte'

49 Letztes Aufbäumen der Tabakbranche oder blanke Geschmacklosigkeit? Packungsmotiv der neuen „Kultkippe für Zyniker" (Der Spiegel).

50 Die Abhängigkeit des Kettenrauchers, in dieser Darstellung von 1882 durch eine Schlange symbolisiert.

Bekenntnis stellt auch eine deutliche Abweichung von den Taktiken der gesamten restlichen Tabakkonzerne dar, die die Gesundheitsgefahren weitgehend leugnen oder relativieren.[303] Mit derartigen Zugeständnissen folgt die Industrie der Forderung der Konsumenten, endlich einmal die wahren Fakten auf den Tisch zu legen. Durch die Veröffentlichung geheimer firmeninterner Papiere eines amerikanischen Konzerns aus den 1960er Jahren wurde bereits 1996 die Vermutung darüber erhärtet, daß die Hersteller schon zu einem relativ frühen Zeitpunkt über mögliche Risiken bezüglich Suchtpotential und Krebsgefahr des Rauchens Bescheid wußten.[304]

Nichtsdestotrotz befindet sich im Inneren der „Black Death"-Packungen ein Kärtchen, auf dem in programmatischen Aussagen das individuelle Recht auf Genuß verteidigt wird. Der Wert der Genußfreiheit rangiert hier über dem der Gesundheit. „Black Death"-Zigaretten verstehen sich als „direct protest from smokers against the strongly increasing intolerant anti-smoke movement."[305] Es handelt sich hierbei gewissermaßen um einen Aufruf zur Organisierung der Raucher mit dem Ziel, auf das gesellschaftliche Klima Einfluß zu nehmen.

Auch die „Black Death" ist also eine Re-Aktion der Raucherlobby auf die bereits verschobene kulturelle Stimmung: das Rauchen ist schon längst kein Hinweis mehr auf Lebensfreude, Abenteuer und den 'Duft der weiten Welt', sondern vielmehr ein medizinisches und soziales Stigma. Die Wahl der freilich stark überhöhten Mittel der 'Aufrichtigkeits-Politik' der „Black Death" läßt erkennen, daß es sich um ein verzweifeltes und möglicherweise letztes Aufbäumen der Tabakbranche handeln könnte.

Die Verhältnisse im Zeitalter der Nichtraucher-Initiativen

„Der inzwischen erfolgte gesellschaftliche Stimmungsumschwung gegen das Rauchen und für die Schutzinteressen der Nichtraucher (...) ist institutionell durch die verschiedensten Organisationen und Gruppen repräsentiert."[306]

Institutionalisierungen

Wurden im vorangegangenen Kapitel einige verstreut liegenden Belege zur gegenwärtigen kulturellen Stimmung dem Rauchen gegenüber dargelegt, so soll hier eine systematisch orientiertere Annäherung an den aktuellen Raucher/Nichtraucher-Konflikt stattfinden. Um die Hintergründe eines Diskurses verstehen zu können, ist zunächst Wissen um Konstitution und Zielsetzung der daran beteiligten Akteure unverzichtbar. Da der empirische Zugriff auf die tatsächlich an alltäglichen Konfliktsituationen beteiligten Akteure ein methodologisches und methodisches Problem darstellt, stehen hier vor allem die institutionalisierten Akteure im Vordergrund. Grundsätzlich wird aber von einem engen Wechselverhältnis zwischen Alltagsakteuren und institutionalisierten Akteuren ausgegangen: einerseits dienen die alltäglichen Konfliktsituationen und die daran Beteiligten den Institutionen als Anlaß ihrer jeweils unterschiedlichen Bemühungen, sie liefern ihnen Beispielfälle und Indizien. Andererseits schöpfen die Alltagsakteure aus dem Fundus der über Medien vermittelten Positionen, Argumente und Strategien der Institutionen. Man könnte mit Evers/Nowotny formulieren: „Institutionen und Regulative stellen geronnene (...) Diskurse dar, weil sie Lösungen anbieten für Fragen, die in ihrer ursprünglichen Form nicht mehr gestellt werden müssen."[307]

Institutionalisierungsprozesse können als Belege für gesellschaftliche und kulturelle Entwicklungen gedeutet werden. In ihnen manifestieren sich unterschiedliche Interessengruppen, hier werden Argumente und Thesen laufender Diskurse gebündelt und differenziert. Erst wenn das Profil der beteiligten Institutionen Konturen gewinnt, werden auch Konflikt- und Konsenslinien innerhalb eines Diskurses sichtbar, lassen sich Positionen lokalisieren. Besonders sind bei der Erfassung der herrschenden Konfliktverhältnisse die Bildung neuer und die Ausdifferenzierung alter Institutionen zu beachten.

In diesem Teilkapitel sollen die unterschiedlichen Interessengruppen und deren Entstehungsgeschichte und Bezug zum Konfliktthema vorgestellt werden. Des weiteren bleibt zu klären, ob die Konfliktparteien tatsächlich so eindeutig polarisiert werden können, wie dies in der Medienberichterstattung über das Thema den Anschein macht, und ob es sich jeweils um eine homogene Pro- beziehungsweise Antibewegung handelt.

Die Denormalisierung des Tabakkonsums, die wir in den westlichen Industrienationen seit den 1950er Jahren verspüren können, äußert sich nicht nur in den bereits erwähnten Produktmodifikationen und -innovationen und der Medienberichterstattung über das Thema Rauchen, sondern auch sehr konkret in einer Reihe von Institutionalisierungen. Mit diesen Institutionalisierungen sind vor allem Koalitionsbildungen entlang individueller Positionen zum Themenkomplex gemeint, die ihren Ausdruck in der Konstituierung von Gruppen, Initiativen, Vereinen und Organisationen finden. Auch wenn derartige Bewegungen vor allem seitens der Rauchgegner auf eine Vorgeschichte bis in das 19. Jahrhundert zurückblicken können, und auch wenn aus dem bisher Ausgeführten deutlich geworden ist, daß ein fundamentaler Paradigmenwechsel im Diskurs in den 1950er Jahren einsetzte, so müssen letztlich aber die 1970er Jahre als Geburtsstunde des modernen Raucher/Nichtraucher-Konflikts gesehen werden.[308] Hier liegen, vor allem was den Aspekt der Institutionalisierungen betrifft, die Fundamente, auf denen auch der heutige Konflikt zum größten Teil noch steht. Erst zu diesem Zeitpunkt waren nämlich, wie Thomas Hengartner betont, die Bemühungen um eine geschlossene Anti-Tabak-Bewegung endgültig erfolgreich.[309] Damit folgten die ersten institutionellen Reaktionen auf die schon seit längerem von Wissenschaftlern aufgeworfenen Problemlagen.

Die Institutionenbildung im Raucher/Nichtraucher-Konflikt der letzten 25 Jahre fand auf unterschiedlichen Ebenen statt. Grundsätzlich kann sowohl für die Pro- als auch für die Antibewegungen unterschieden werden zwischen der Ebene der formalen Organisationen und der Ebene der Basisinitiativen. Probleme bereitet dabei die Zuordnung der wissenschaftlichen Experten. Ihr Standort läßt sich nicht pauschal lokalisieren. Zum Teil arbeiten diese beispielsweise als Ärzte, Naturwissenschaftler und Juristen in staatlichen Gesundheitsorganisationen oder Einrichtungen der Tabakindustrie. Teilweise aber sind sie auch Mitglieder oder sogar Protagonisten von Basisinitiativen – manchmal haben sie auch eigene Institutionen gegründet.

Der Ärztliche Arbeitskreis Rauchen und Gesundheit (ÄARG)

Eine dieser zuletzt genannten Institutionen stellt der Ärztliche Arbeitskreis Rauchen und Gesundheit (ÄARG) dar. Da der Arbeitskreis hinsichtlich der Reihenfolge des Eintretens in den modernen Raucher/Nichtraucher-Konflikt als erster bedeutender institutionalisierter Akteur bezeichnet werden kann, soll die Vorstellung der Institutionen mit ihm begonnen werden.

Noch heute gelten der „Ärztliche Arbeitskreis Rauchen und Gesundheit und insbesondere Ferdinand Schmidt [der Gründer und langjährige Vorsitzende des ÄARG, cmd] (...) in den Augen aller am Konflikt Beteiligten als maßgebliche Initiatoren der Nichtraucher-Bewegung."[310] Der ÄARG wurde 1971 als Berufsvereinigung von Medizinern, die sich gegen das Rauchen engagieren wollten, gegründet. Er stellte zunächst eine Institution der Bündelung von verschiedenen medizinischen Kritiken am Rauchen dar und kann – zumindest in diesem frühen Stadium – weder den formalen Gesundheitsorganisationen noch den Basisinitiativen zugerechnet werden. Mit dem Arbeitskreis wurde aber erstmals nach vielen Jahrzehnten in Deutschland eine Institution ins Leben gerufen, die es sich zum Ziel gesetzt hatte, auf Konfrontationskurs gegen die Tabakbranche zu gehen. Von Beginn an war es sein erklärtes Ziel, neben der

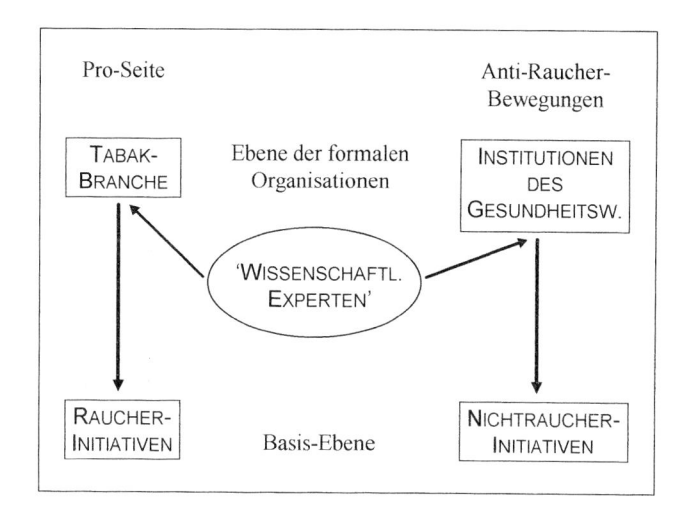

```
┌─────────────────────────────────────────────────┐
│ Pro-Seite           Anti-Raucher-               │
│                     Bewegungen                  │
│                                                 │
│ ┌─────────┐  Ebene der formalen  ┌───────────┐ │
│ │ TABAK-  │  Organisationen      │INSTITUTIONEN│
│ │ BRANCHE │                      │    DES    │ │
│ └─────────┘                      │GESUNDHEITSW.│
│      ↑      ╱‾‾‾‾‾‾‾‾‾‾‾╲        └───────────┘ │
│      └─────(WISSENSCHAFTL.)─────────→           │
│             ╲ EXPERTEN ╱                        │
│              ╲_____╱        │                │
│      ↓                         ↓                │
│ ┌─────────┐                      ┌───────────┐ │
│ │ RAUCHER-│                      │NICHTRAUCHER│
│ │INITIATIVEN│   Basis-Ebene      │INITIATIVEN│ │
│ └─────────┘                      └───────────┘ │
└─────────────────────────────────────────────────┘
```

51 Schematische Übersicht über die am Rauchkonflikt beteiligten Akteure. Grob unterschieden werden kann zwischen Pro- und Contra-Seite und der Ebene der formalen Organisationen und den Basis-Initiativen. Die Pfeile symbolisieren gewissermaßen die Informations- und Wissenskanäle.

Betreibung von Aufklärungsarbeit über die Risiken des Tabakkonsums auch auf gesundheitspolitische Maßnahmen hinzuwirken. Die Initiatoren der Vereinigung wollten die zurückhaltende und tolerante Position des Staates gegenüber dem Rauchen nicht länger akzeptieren.

Bereits nach kurzer Zeit seiner Tätigkeit wurde die Mitgliedschaft im Arbeitskreis auch für Nicht-Mediziner möglich.[311] Somit wurde, zumindest strukturell, die Voraussetzung zu einer breiten gesellschaftlichen Opposition gegen das Rauchen, an der nun auch die Basis der Nichtraucher teilhaben konnte, geschaffen. Nach einigen Jahren der Arbeit – es wurden kontinuierlich Vorlagen und Forderungskataloge bei den staatlichen Instanzen eingereicht – mußte der Arbeitskreis dann Anfang der 1980er Jahre eine Niederlage hinnehmen. Die Tabakindustrie erwirkte auf gerichtlichem Wege eine Spaltung der bisherigen Vereinigung in den eigentlichen ärztlichen Arbeitskreis und einen Förderverein, dem fortan alle Nicht-Mediziner angehören mußten.[312] Auch wenn der ÄARG des öfteren betont, daß seine Arbeit auf der Ebene der politischen Instanzen bisher nur sehr geringe Resonanz erfahren habe, so zeigt doch die Anstrengung dieses Prozesses von Seiten der Industrie, daß der Arbeitskreis durchaus als ein ernsthafter und möglicherweise gefährlicher Gegner wahrgenommen worden ist. Die konkrete Arbeit hat das Urteil aber offensichtlich nicht empfindlich zu treffen vermocht.

Die Ziele des ÄARG, die in ihrem derzeitigen Grundsatzpapier zusammengefaßt sind, werden wie folgt formuliert: prinzipiell geht es der Vereinigung um „Vorbeugung und Bekämpfung der Gesundheitsschäden durch das Rauchen und Passivrauchen".[313] Diese Ziele werden in fünf Unterpunkten noch einmal ausdifferenziert: zunächst die bereits erwähnte „Einflußnahme auf die politische und öffentliche Meinungsbildung über die Gesundheitsschädlichkeit des Rauchens und Passivrauchens", dann die „Durchsetzung des Nichtraucherschutzes am Arbeitsplatz und in öffentlichen Bereichen", ferner Präventionsarbeit in der Zielgruppe der Jugendlichen, Forderung von Verboten für Tabakwarenwerbung und Zigarettenautomaten und schließlich Angebote für entwöhnungswillige Raucher.[314] Zu den Aktivitäten des ÄARG wäre noch zu ergänzen, daß dieser monatlich ein Mitteilungsblatt im Umfang von ungefähr 12 Seiten herausgibt und, daß er bisweilen mit der Nichtraucher-Initiative

Deutschland (NID) und diversen Krankenkassen kooperiert.³¹⁵

Sein hoher Grad an Präsenz auf den Austragungsbühnen des Konflikts und seine zentrale Position im mittlerweile komplexen Netzwerk der Anti-Raucher-Bewegungen machen den Ärztlichen Arbeitskreis Rauchen und Gesundheit zum „erklärten Gegner der Tabakindustrie auf institutioneller Ebene".³¹⁶

Die Tabakbranche

Die Tabakindustrie selber kam vor allem durch die frühe Arbeit des ÄARG in einen gewissen Zugzwang und sah sich gefordert, auf die Anfechtungen institutionell reagieren zu müssen. Schon einmal, nämlich Mitte der 1960er Jahre, nachdem in den Vereinigten Staaten der sogenannte Terry-Report erschienen war, der die gesundheitlichen Risiken des Rauchens feststellte, gründete die Branche ein industrieeigenes Forschungsinstitut. Dieses mußte aber schon bald darauf wieder geschlossen werden, weil es – wie Stiehr mutmaßt³¹⁷ – keine glaubhafte Alternativerklärung für die in dem Bericht angeführten Lungenkrebsfälle isolieren konnte als das Rauchen.

In Deutschland wurde 1975 der Forschungsrat Gesundheit und Rauchen eingerichtet. Die Institution wurde von der Branche mit einem Etat von 50 Millionen Mark ausgestattet, der für die Vergabe von Forschungsaufträgen bereitgestellt wurde. Trotz der offensichtlichen Bemühungen, unabhängige Wissenschaftlerinnen und Wissenschaftler bei ihren Untersuchungen finanziell zu fördern, blieb die Institution verständlicherweise mit dem Makel der Parteilichkeit behaftet. Auffällig an der Namengebung des Forschungsrats ist die erkennbare Nähe zum Ärztlichen Arbeitskreis. Dies untermauert die Vermutung, daß es sich bei dieser industrieabhängigen Einrichtung um eine direkte Antwort auf die in den 1970er Jahren an Resonanz und Zuspruch gewinnende Anti-Raucher-Bewegung handelt. Während die Tabakgegner allerdings sehr offensiv an die Öffentlichkeit und an einflußreiche Personen herantraten,

Kanzleramtsminister Friedrich Bohl bei Reemtsma

Ankunft in der Parkstraße und Begrüßung durch Vorstandssprecher Ludger W. Staby.

52 Zwischen Tabakindustrie und Politik existieren zahlreiche Verbindungen ...

beschränkte sich die brancheneigene Institution vor allem auf Presseerklärungen, die den tabakkritischen Tönen widersprachen und Forschungsbefunde dementierten. Als sich gegen Ende der 1970er und zu Anfang der 1980er Jahre das gesellschaftliche Klima gegenüber dem Rauchen verschärfte, versuchte nun auch die Tabakbranche aus ihrer bis dato passiven Rolle herauszukommen. Fortan profilierte sie sich zunehmend als *Akteur* im Raucher/Nichtraucher-Konflikt durch die Arbeit ihrer verschiedenen Institutionen. Deren wichtigste, der Forschungsrat „Rauchen und Gesundheit", existiert seit 1992 nicht mehr. 1993 richtete die Industrie allerdings die „Verum Stiftung für Verhalten und Umwelt" ein, deren erklärtes Ziel es ist, Forschungen im Bereich gesundheitlicher Beeinflussung durch Umweltfaktoren und Verhalten zu unterstützen. Obwohl die Worte Tabak, Rauchen oder Zigaretten in der Satzung nicht mehr auftauchen, kann die Stiftung, die deutliche personelle Kontinuität berücksichtigend, wohl als Nachfolgeorganisation des einstigen Forschungsrates angesehen werden.[318]

Neben der Publikation von Forschungsergebnissen, die dementierenden oder stark relativierenden Charakter haben, wird von der Branche in enormen Maße Imagearbeit betrieben. Dies geschieht seit einigen Jahren verstärkt in Form von Aktivitäten auf den Gebieten des Kultur- und Sozialsponsorings.

An der Imagearbeit ist auch der Verband der Cigarettenindustrie (vdc) beteiligt, der schon seit 1948 besteht und einen organisatorischen Zusammenschluß der zehn bedeutendsten Tabakwarenhersteller Deutschlands darstellt. Heute ist der vdc die wichtigste Institution in Sachen Öffentlichkeitsarbeit der Branche: er gibt Broschüren heraus, stellt Materialsammlungen bereit und bietet spezielle Informationsveranstaltungen an.[319] Seit 1987 wird von der Dachorganisation im Rahmen des „Projekt Harmony" jeweils ein Raucher beziehungsweise eine Raucherin des Jahres gewählt, der oder die sich vor allem aus dem Kreis der Personen des öffentlichen Lebens rekrutiert. Meist sind dies Politikerinnen und Politiker gewesen.[320]

Als eine direkte Reaktion auf die veränderte kulturelle Stimmung gegenüber dem Rauchen können die auf den ersten Blick sehr offensiv anmutenden Vorstöße der Industrie im Bereich der freiwilligen Selbstkontrolle gewertet werden. Diese betreffen vor allem Einschränkungen der Werbeaktivitäten[321] und die Übereinkunft, Warnhinweise auf Packungen, Plakate und Anzeigen aufzudrucken.[322] Allerdings muß hierbei beachtet werden, daß die veranlassende Motivation der Branche in den schon weit gediehenen Plänen des Gesetzgebers lag, ähnliche Maßnahmen zu ergreifen. Mit diesem Schritt konnte sie den wahrscheinlich drastischeren Einschränkungen von staatlicher Seite entgehen. Wie die Branche nun auf die jüngst verabschiedeten EU-Richtlinien, die eine schrittweise Abschaffung sämtlicher Tabakwerbung in den Mitgliedstaaten bis zum Jahr 2006 vorsieht, bleibt abzuwarten – zumindest hat sie für Proteste und Klagen in Person von Vertretern der Printmedien und Kinobetreibern, die ganz besonders auf die Werbeeinnahmen angewiesen sind, zahlreiche Verbündete gewonnen.[323]

Eine weitere Tendenz bezüglich des Auftretens des Konfliktakteurs Tabakindustrie zeichnet sich seit wenigen Jahren ab. Neben der direkten oder indirekten Vertretung der Interessen der Industrie durch die erwähnten Institutionen sind einige Unternehmen dazu übergegangen, auch selber Informationsmaterial zu verschiedenen Aspekten des Konflikts in Umlauf zu bringen. In aufwendig gestalteten Broschüren werden die Standpunkte der Hersteller erläutert, eine Fülle von Argumenten vorgebracht und für Interesse und Verständnis geworben. Generell kann an dieser Stelle für die Position der Industrie festgestellt werden, daß diese heute vor allem an einer Beibehaltung bisheriger Regelungen interessiert ist und weder politischen noch öffentlichen Handlungsbedarf sieht.

Die Basisinitiativen der Nichtraucher

Zwar sind die Institutionen der Tabakindustrie und des ÄARG von großer Wichtigkeit für den derzeitigen Raucher/Nichtraucher-Konflikt, aber die Akteure, die den Konflikt erst zu dem gemacht haben, was er heute ist – das sind die zahlreichen Nichtraucher-Basisinitiativen. Ihr wichtigstes äußeres Merkmal besteht in der Tatsache, daß es sich bei ihnen um Protestbewegungen engagierter Bürger handelt, die ihre ähnlichen Meinungen und Interessen zum Anlaß nahmen, sich zu institutionalisieren. Die Organisationsform der Basisinitiativen ist der gemeinnützige Verein, die Binnenstruktur entspricht im wesentlichen der der basisdemokratischen Bürgerinitiative.[324] Insofern steht ihre Entstehung in der Tradition verschiedener sogenannter Neuer Sozialer Bewegungen, die sich vor allem im Zusammenhang mit der zunehmenden Thematisierung ökologischer Probleme in den 1970er Jahren konstituiert haben. Wichtig ist der Umstand, daß sich mit der Herausbildung derartiger Bewegungen auch die politische Kultur der Bundesrepublik verändert hat. Gesellschaft und Kultur werden von den Neuen Sozialen Bewegungen als prinzipiell gestaltbar wahrgenommen, und zwar gestaltbar auch 'von unten', von der Basis aus. Die Nichtraucher-Initiativen fanden sich nicht länger damit ab, daß der Gesundheitsdiskurs um das Rauchen nur von Experten geführt wurde, und daß der Staat eine so riskante Verhaltensweise toleriert, ja sogar an ihr noch mitverdient. Auch wenn sich die Nichtraucher-Initiativen in ihrer Arbeit zum Teil von anderen sozialen Bewegungen unterscheiden, so identifiziert sie ihr Auftreten und ihr Repertoire an Strategien und Ausdrucksmitteln als eindeutig zugehörig: Wie viele derartige Initiativen arbeiten sie mit Unterschriftenaktionen, Boykotten, Plakat- und Aufkleberkampagnen.

Die erste Nichtraucherinitiative dieser Art entstand 1974 in Ulm; in rascher Folge kamen weitere lokale und regionale Vereinigungen hinzu. Das Prinzip dieser regionalen Netzwerkstruktur ist für die gesamte Nichtraucherbewegung von großer Bedeutung, da man versucht, vor Ort die Verhältnisse zu beeinflussen, indem man auf ansässige Einrichtungen, Kommunalpolitiker oder privatwirtschaftliche Betriebe zugeht. Auch der ÄARG hat Mitte der 1970er Jahre festgestellt, daß die konkrete Arbeit vor Ort und die Dezentralisierung der Bewegung ihre Wirksamkeit erhöht und fortan Gründungen lokaler und re-

Anti-Rauchen-Demonstration in New York*: Zunehmend aggressiv

NICHTRAUCHER FORMIEREN SICH: *Eine Wählerinitiative wirbt um Stimmen bei der Münchner Stadtratswahl.* Bild: AP/SZ-Archiv

53 und 54 Treten immer häufiger in die Öffentlichkeit: in Vereinigungen organisierte Nichtraucher (links ein Beispiel aus den USA, rechts eine deutsche Nichtraucher-Initiative).

gionaler Initiativen aktiv unterstützt. Im Laufe der Jahre hat sich auf diese Weise in Deutschland eine beinahe flächendeckende Topographie der Nichtraucher-Initiativen entwickelt. Heute sind ungefähr 30 dieser Institutionen tätig.[325] Die dezentrale Organisationsstruktur der Nichtraucherbewegung bringt es mit sich, daß die jeweiligen Schwerpunkte der Arbeit und die zielgerichteten Maßnahmen differieren. Das Profil der Nichtraucher-Basisinitiativen ist uneinheitlich, die Bandbreite der betonten Akzente reicht von Angeboten zur Raucherentwöhnung über Schutz von Kindern und Jugendlichen vor dem Rauchen bis hin zum heute sehr wichtig gewordenen Schwerpunkt des aktiven Nichtraucherschutzes. Auch der Aufbau einer Nichtraucher-Infrastruktur hinsichtlich öffentlicher Verkehrsmittel, Gastronomiebetriebe und anderer Einrichtungen im halböffentlichen Raum sind zentrale Punkte im Programm der Initiativen.

Die Differenzierungstendenzen und Vernetzungsprobleme ließen es wohl nötig werden, einen gemeinsamen Dachverband zu gründen, was 1981 in Form des Bundesverbandes der Nichtraucherinitiativen Deutschlands geschah.[326] Ihm zur Seite steht seit 1988 die Nichtraucher-Initiative Deutschland (NID), die vor allem für engagierte Nichtraucher ohne Möglichkeit der Wirkung in Institutionen auf lokaler Ebene geschaffen wurde. Die NID gibt auch ein übergreifendes Organ heraus, das quartalsweise erscheinende „Nichtraucher-Info". Auf rund 30 Seiten wird über laufende Aktivitäten verschiedener Initiativen berichtet. Es werden Meldungen über neueste medizinische Forschungen wiedergegeben, alltägliche Problemsituationen zwischen Rauchern und Nichtrauchern geschildert, über den Nichtraucherschutz betreffende Gerichtsurteile informiert und Kampagnen der Tabakindustrie kritisiert.[327]

Schaut man sich die Zielsetzungen an, wie sie in den Vereinssatzungen festgeschrieben sind, so geht es den lokalen Initiativen prinzipiell darum, das „Nichtrauchen als das natürliche Verhalten im Bewußtsein der Menschen wiederherzustellen".[328] Die Hauptaktivitätsfelder bilden dabei die gesundheitliche Aufklärungsarbeit und die Anstrengungen um ein positives Nichtraucher-Image. Entsprechend formuliert die Nichtraucherinitiative Frankfurt am Main e.V.: „Zweck des Vereins ist die Förderung der öffentlichen Gesundheitspflege und der Jugendpflege durch aufklärende, vorbeugende und erzieherische Maßnahmen gegen das Rauchen. Dabei geht der Verein davon aus, daß neben der Information über die Schädlichkeit des Rauchens die Aufwertung des Nichtrauchens für die Wirksamkeit der Maßnahmen von entscheidender Bedeutung ist."[329] Neben diesen Zielen werden noch die Erwirkung von generellen Tabakwerbeverboten und die Durchsetzung von Rauchverboten an bestimmten Orten genannt. Zur konkreten Arbeitsweise der Initiative finden sich Hinweise unter der Rubrik „Aktivitäten". Das Spektrum reicht von Info-Ständen über die Korrespondenz mit Behörden und Medien, die Erarbeitung von Informationsmaterialien bis hin zu „rauchfreien Freizeitgestaltungen, z.B. Nichtraucherbälle, Mondscheinfahrten ohne blauen Dunst, Skat, Kegeln, Wanderungen und anderes mehr sowie Argumentationshilfen."[330]

Die ungefähr 5.000 in Vereinen und Initiativen organisierten Nichtraucher in Deutschland stellen zwar im Vergleich zur Gesamtsumme der Nichtraucher hierzulande nur einen winzigen Anteil dar, aber gerade durch ihr direktes und öffentlichkeitswirksames Auftreten haben sie einen recht hohen Grad an Präsenz in Medien und Alltagssphäre. Sicherlich sind sie auch in hohem Maße verantwortlich für den gesamtgesellschaftlichen Klima-Umschwung bezüglich des Rauchens in den letzten 25, und verstärkt in den letzten 10 Jahren. Die Basisinitiativen nehmen im Geflecht der Akteure des Rauchkonflikts eine wichtige Scharnierfunktion ein zwischen den Millionen nicht-organisierter Nichtraucher und Nichtraucherinnen einerseits[331] und den staatlichen Gesundheitsorganisationen und medizinischen Experten andererseits.

Die Basisinitiativen dienten auch anderen,

neu gegründeten Nichtraucherbewegungen als Vorbild. Auf diese Weise entstanden in den letzten Jahren in vielen größeren Wirtschaftsunternehmen spezielle Nichtraucherlisten, die für die Betriebsratswahlen kandidierten. Erstmals trat 1990 auch eine politische Partei zur Vertretung der Nichtraucherinteressen auf kommunaler Ebene an.[332] Die Motivation zur Gründung dieser „Wähler-Initiative-Nichtraucherschutz" (WIN) in München bestand darin, endlich einen politisch handlungsfähigeren Nichtraucherzusammenschluß zu erreichen. Denn bisher war die politische Aktivität der vereinsmäßig organisierten Nichtraucher durch den gesetzlich verankerten Anspruch auf die Gemeinnützigkeit der Vereine beschränkt.[333] Eine überregionale Partei dieser Art existiert bislang noch nicht. Wenn man sich allerdings den Institutionalisierungsprozeß der Nichtraucher-Basisinitiativen anschaut, in dessen Verlauf auf das anfänglich lokale Engagement nach einer gewissen Zeit in der Regel auch ein bundesweiter Zusammenschluß erfolgte, dann scheint eine solche Entwicklung auch für eine Parteibildung in Zukunft möglich zu sein.

Einen solchen überregionalen Zusammenschluß, an dem auch die Basisinitiativen wiederum zahlreich beteiligt sind, stellt auch die 1992 gegründete „Koalition gegen das Rauchen" dar. Mit ihr sollte erstmals versucht werden, „interessierte Institutionen und Gruppierungen zusammenzuführen, um die vorliegenden Erkenntnisse über die Schädlichkeit des Rauchens politisch umzusetzen".[334] Die Koalition ist das bisher größte Bündnis gegen das Rauchen in Deutschland. Sie vereinigt neben den Basisinitiativen und dem ÄARG noch knapp 100 Institutionen, Verbände und Vereinigungen des Gesundheitswesens. Erklärtes Ziel der Koalition ist ausdrücklich nicht die gesundheitliche Aufklärung, sondern vielmehr das Hinwirken auf die praktische und gesundheitspolitische Umsetzung des Schutzes von Nichtrauchern, insbesondere von Kindern und Jugendlichen.[335] Über die Mitglieder sollen jeweils Argumente und Empfehlungen der Vereinigung in die jeweiligen Einzelaktionen eingehen. Eine konkrete Maßnahme der Koalition war beispielsweise die Erarbeitung von Resolutionen, etwa zu den Themen Tabakwerbeinschränkungen und Reduzierung der Rauchfreiheit in öffentlichen Gebäuden, die an alle parlamentarischen Parteien eingereicht wurden. In Medien und Öffentlichkeit tritt die Koalition gegen das Rauchen hingegen nur selten in Erscheinung. Am ehesten geschieht dies über das neue Publikationsorgan der Vereinigung. Seit 1996 erscheinen vierteljährlich die Newsletter Netzwerk Nichtrauchen (NNN), die über die Arbeit der Einzelmitglieder und medizinischen Forschungen informieren.

Die formalen Organisationen des Gesundheitswesens

Wie bereits erwähnt, sind an dieser Koalition auch verschiedene staatliche und halbstaatliche Institutionen und Behörden beteiligt. Die Gruppe der formalen Organisationen des Gesundheitswesens kann als weiterer wichtiger Akteur im Konflikt auf Seiten der Tabakgegner angesehen werden. An dieser Stelle sollen Zusammensetzung und Ausrichtung verschiedener Institutionen dieser Art vorgestellt werden. Diese Akteure reichen zwar in Bezug auf die Öffentlichkeitswirksamkeit ihrer Arbeit nicht an die Basisinitiativen heran, aber sie dienen diesen häufig als Ideengeber und Wissensfundus. Auch wenn die formalen Organisationen des Gesundheitswesens bisweilen konkrete Ziele postulieren – wie beispielsweise die Weltgesundheitsorganisation (WHO) mit ihrer Forderung nach einer rauchfreien Gesellschaft im Jahr 2000[336] – so konzentriert sich das Hauptaugenmerk ihrer Arbeit doch auf Information und Prävention. Meist wird die Aufklärungsarbeit von bestimmten Abteilungen inhaltlich weit gefächerter Gesundheitsorganisationen geleistet, die sich im Laufe der Zeit ausdifferenziert haben, wann immer spezifische gesundheitliche Problemthemen akut wurden. Das Thema Rauchen stellt also für sie meist nur *ein* Pro-

55 Eine sehr direkte Art der Aufklärungsarbeit: US-Gesundheitsorganisationen addieren schon seit einiger Zeit öffentlich die jährlichen Opfer rauchbedingter Krankheiten. Die Summe beträgt durchschnittlich um 400.000.

blem unter vielen dar. In Deutschland sind als Beispiele für derartige Institutionen vor allem die dem Gesundheitsministerium angegliederten Organisationen zu nennen, wie die Bundeszentrale für gesundheitliche Aufklärung (BZgA) oder die Deutsche Hauptstelle gegen Suchtgefahren.[337]

Die öffentliche Trägerschaft dieser Institutionen verkörpert gewissermaßen auch die paradoxe staatliche Haltung gegenüber dem Rauchen: Während das Gesundheitsministerium über den verlängerten Arm seiner Institutionen für das Nichtrauchen wirbt, profitiert das Finanzministerium der gleichen Regierung von der erheblichen Besteuerung der Rauchprodukte. Genau in dieser Konstellation liegt auch die Kritik der medizinischen Experten und der Basisinitiativen begründet. Diese werfen den Organisationen eine zögerliche Haltung vor und interpretieren ihr weitgehend moderates und um Kompromiß bemühtes Auftreten als ein unakzeptables Resultat des Interessenausgleichs zwischen den staatlichen Organen. Der Handlungsspielraum der Gesundheitsorganisationen wird als gering eingeschätzt und die Wirksamkeit ihrer Arbeit in Zweifel gezogen. Die Organisationen wiederum kritisieren die Forderungen der Basis als zu radikal und ihr Auftreten als zu emotional. Folglich ist die Verständigung gestört und Kooperation selten.

Tatsächlich entspricht die Ausrichtung der Arbeit der Gesundheitsorganisationen weitgehend der offiziellen Haltung der Bundesregierung, wie diese 1974 in einer Antwort auf eine kleine Anfrage einiger Abgeordneter formuliert wurde. Demgemäß wird das Thema Rauchen zwar als ein gesundheitspolitischer Konfliktfall erkannt, aber vor allem auf einen eigenverantwortlichen Umgang der Bürgerinnen und Bürger mit dem Problem verwiesen.[338] Die Maßnahmen konzentrieren sich so vor allem auf Prävention und Jugendschutz, verstärkt aber auch auf Entwöhnungsangebote.

Immerhin lassen sich auch auf der Ebene staatlicher Maßnahmen im Verlauf des Konflikts gewisse Entwicklungen feststellen. Als eine Reaktion auf den kulturellen Stimmungswandel gegenüber dem Rauchen, der durch die Arbeit der Basisinitiativen sicherlich forciert wurde, lassen sich die einschränkenden Gesetzerlasse zu den Werbemöglichkeiten der Industrie Ende der 1970er Jahre und zu den Warnhinweisen auf Packungen Anfang der 1980er Jahre werten.[339]

Die Frage nach den Ursachen der im Verhältnis zur gesellschaftlichen Brisanz des Themas zurückhaltenden staatlichen Position fördert ein für die Struktur des Raucher/Nichtraucher-Konflikts charakteristisches und bedeutendes Merkmal zutage. Mehr noch als dies auf anderen gegenwärtigen Konfliktfeldern der Fall ist[340], verlaufen in den Kontroversen um das Rauchen die Konflikt- und Konsenslinien auch zum Merkmal der politischen Grundüberzeugung oder Parteimitgliedschaft quer. Bereits die personelle Zusammensetzung der Nichtraucher-Initiativen zeigt meist die Struktur von sogenannten 'Rainbow Coalitions', also von Kunterbunt-Koalitionen, in denen sich Menschen zusammengefunden haben, die in ihren Überzeugungen zu einem spezifischen Sachproblem einen Konsens erzielt haben. Jenseits des speziellen Konfliktthemas können die Mitglieder durchaus gegensätzliche Interessen und Meinungen vertreten.

Diese Konstellation findet auf dem politischen Parkett ihren Ausdruck in dem Phänomen des fraktionsübergreifenden Gesetzesentwurfs zum Nichtraucherschutz, der im November 1996 in den Bundestag eingereicht wurde. Bisher jedoch fanden solche Entwürfe weder parteiintern[341] noch im Parlament die erforderliche Mehrheit. Die Unentschiedenheit und Unsicherheit beziehungsweise die starke Polarisierung der Ansichten ist also auch unter den politischen Vertretern ausgeprägt. Daß dieser Sachverhalt letztlich seinen Einfluß auf die Arbeit der staatlichen Gesundheitsorganisationen ausübt, liegt auf der Hand.

56 Auch die Pro-Tabak-Akteure formieren sich. Hier eine Demonstration von Rauchern und Tabakfarmern in Washington D.C.

Die Basisinitiativen der Raucher

Die bezüglich des Zeitpunktes ihres Eintritts in den Rauchkonflikt jüngsten Akteure sind die Basisinitiativen der Raucher.[342] Generell kann festgestellt werden, daß die Neigung zur Institutionenbildung unter den Rauchern vergleichsweise gering ist, und daß wesentliche Beiträge der Tabakbefürworter in der öffentlichen Debatte auch heute noch oftmals von nicht-organisierten Rauchern und Raucherinnen stammen. Dennoch stellt die hierzulande nur vereinzelt stattgefundene Institutionalisierung[343] von Rauchern einen interessanten Sachverhalt dar, weil die Bildung solcher Initiativen wiederum als ein Indiz für eine neue Phase der Zuspitzung des Konflikts gesehen werden kann.

Spezielle Rauchclubs und Vereine zur Förderung und Pflege der Rauchkultur – oder sogar des Rauchsports – existieren in unseren Breiten schon einige Jahrhunderte. Aber diese Vereinigungen hatten, vor allem seitdem sich eine breite Normalisierung des Rauchens durchgesetzt hat, nie eine wirklich gesellschaftspolitische Funktion. Auch heute stellen die Vereine wohl vor allem geselligkeits-

57 Das Logo der 1986 gegründeten „Ersten Raucher Lobby" Deutschlands.

58 *Obwohl offensichtlich mit schwerem Rauchgerät 'bewaffnet', können die zumeist bürgerlichen Rauch- und Trinkvereine des 19. Jahrhunderts nur bedingt als Vorläufer heutiger Pro-Tabak-Initiativen gelten.*

orientierte Zusammenschlüsse von Genußsuchenden oder – je nach Anschauung – Süchtigen dar. Sie greifen auch nur selten in den Konflikt ein; vielleicht auch, weil – wie Stiehr vermutet – gute Kontakte zur Tabakbranche bestehen und so möglicherweise eine Interessenvertretung bereits gewährleistet ist.[344]

Bis in die 1980er Jahre mag die Einschätzung des Gesundheitspädagogen von Troschke zutreffend gewesen sein, daß nämlich bisher „kaum eine diskriminierte Gruppe (...) ihr Schicksal so widerspruchslos auf sich genommen hat"[345] wie die Raucher. Spätestens aber seit der Gründung der Ersten Raucher Lobby (ERL) im Jahre 1986 dürfte sich dieses Bild gewandelt haben. Die neu entstandene Institution versteht sich nicht als Pendant zu den lokal engagierten Nichtraucher-Initiativen, sondern als „zwanglose Vereinigung von Gleichgesinnten"[346], mit dem Ziel, die Interessen und Rechte der Raucherinnen und Raucher bundesweit zu vertreten.[347] Mit der Bildung dieser Institution, die mittlerweile mehr als 3.000 Sympathisanten zählt, haben die Raucher einerseits auf den Stimmungswandel, andererseits aber sicherlich auch auf die Institutionalisierungen unter den Rauchgegnern reagiert. Es verwundert daher nicht, daß einzelne Strategien und Maßnahmen, freilich mit veränderten Vorzeichen, denen der Anti-Raucher-Bewegungen ähneln. So legte die ERL beispielsweise den 1. Mai als speziellen Weltrauchertag fest.[348]

Interessant gestaltet sich das Verhältnis zwischen ERL und Tabakbranche. In ihrer Selbstdarstellung distanziert sich die Rauchervereinigung von der Industrie und versichert, nicht deren Interessen zu verteidigen. Ausdrücklich will die ERL die Interessenvertretung der Raucherinnen und Raucher nicht allein der Industrie überlassen und kritisiert die Wirkungslosigkeit und Doppelzüngigkeit der bisherigen Branchenkampagnen. Vor allem in Bezug auf die Offenlegung der gesundheitlichen Risiken des Rauchens mißtraut man der Industrie.

Den Schwerpunkt des Engagements der ERL bildet die Verteidigung der persönlichen Freiheitsrechte in bezug auf den Genuß. Gerade mit dieser Betonung auf den politischen Grundrechten ist wohl auch das hochinteressante Faktum zu erklären, daß laut Angaben ein Drittel ihrer Sympathisanten Nichtraucher sind. Falls dies tatsächlich zutrifft, geht es also nicht primär um die Verteidigung des Rauchens, sondern generell um die Warnung vor Eingriffen in fixierte Grundrechte!

Die konkrete Arbeit der ERL besteht weniger aus breit angelegten und aufwendigen Kampagnen, als vielmehr aus gezielter Pressearbeit an die Adresse von Medien und Politikern. Als Organ steht der Vereinigung nur ein unregelmäßig erscheinender „ERL-Informationsbrief" zur Verfügung.

Neben den bereits vorgestellten Institutionen, die auf Pro- und Contraseite jeweils grob in formale Organisationen und Basisinitiativen differenziert werden konnten, sind selbstverständlich noch eine ganze Reihe weiterer Akteure zu nennen, die aber an der öffentlichen Diskussion weder kontinuierlich noch mit großer Präsenz teilnehmen. Zunächst sind dies Verbände wie zum Beispiel Gewerkschaften, Kirchen oder Krankenkassen, aber auch besonders legitimierte Einzelpersonen wie Prominente, Journalisten, Ärzte und Lehrer. Die Positionen, die diese Akteure einnehmen, lassen sich aber in den allermeisten Fällen den Standpunkten der ausführlicher vorgestellten Institutionen zuordnen.

Auch wenn die hauptsächlichen Akteure des Konflikts sich in ihrer Binnenstruktur wesentlich differenzierter darstellen und über recht unterschiedliche Ziele und auch Durchsetzungsmittel verfügen, so lassen sich ihre grundsätzlichen Ausgangspositionen wie folgt markieren: für die Seite der Tabakgegner scheint der kleinste gemeinsame Nenner darin zu bestehen, daß das Rauchen wahrgenommen wird als ein gesellschaftlich unerwünschtes, gesundheitsschädigendes Verhalten, welches eingedämmt oder abgeschafft werden muß. Für die Pro-Seite stellt sich diese Gesundheitsproblematik wesentlich entschärfter und keinesfalls wissenschaftlich abgesichert dar. Das Rauchen wird hier als eine zwar möglicherweise riskante, aber kulturell und individuell wertvolle Genußweise, die es zu erhalten gilt, aufgefaßt.

Im Rahmen dieses sehr weiten Spektrums bewegen sich auch all diejenigen Überzeugungen der zahllosen rauchenden und nichtrauchenden, genießenden oder belästigten Individuen, die in Alltagssituationen miteinander in Kontakt – und offensichtlich zunehmend auch in Konflikt – kommen.

Entdeckung des Passivrauchens

„*Passivrauchen stellt in Deutschland ein enormes Problem dar. Mehr als die Hälfte der deutschen Nichtraucher sind regelmäßig dem Tabakrauch anderer Personen ausgesetzt. Viele von ihnen leiden stark darunter.*"[349]

An anderer Stelle wurde bereits konstatiert, daß das Rauchen auf der Skala der in den Medien ausgiebig diskutierten Themen seit einigen Jahren ganz oben rangiert. Dieser Befund kann hier aus einer aktuellen Perspektive heraus noch spezifiziert werden. Es ist vor allem ein spezieller Teilaspekt des Rauchens, der hinsichtlich seiner Medienpräsenz eine enorme Konjunktur aufweist. Gemeint ist das sogenannte Passivrauchen.[350]

Der eigentliche Sachverhalt dessen, was als Passivrauchen bezeichnet wird, ist so alt wie das Rauchen selbst – nämlich das Mitrauchen der Anwesenden in der näheren Umgebung von Rauchenden. Über diese zwangsläufige Begleiterscheinung des Rauchens kommen also auch Nichtraucher in den Kontakt mit dem Tabakqualm, der von der Zigarettenspitze aufsteigt oder von den Rauchenden ausgeblasen wird. Wie bereits geschildert, wurde diese Begleiterscheinung von den Nichtrauchern oftmals schon als „Geräuchert werden"[351] empfunden und daher kritisiert. Der ohnehin schon immer als Belästigung wahrgenommene und beschriebene Passiv-Effekt erfuhr jedoch in den letzten zehn Jahren einen Bedeutungswandel in Richtung einer konkreten Gesundheitsgefährdung. Seitdem ist die Rede vom sogenannten Nebenstromrauch in den Diskussionen um das Rauchen zu einem zentralen Anliegen der Tabakgegner geworden.

Obwohl der Genußmittelforscher Hartwich schon 1911 zwischen dem Hauptstromrauch und dem Nebenstromrauch unterschied[352], wird erst seit ungefähr zwei Jahrzehnten primär die Beschaffenheit des Nebenstromrauchs von Seiten der Naturwissenschaften genauer untersucht. Heute versteht man unter diesem Nebenstromrauch den Anteil des Rauches, der von der glühenden Zigarettenspitze aufsteigt. Zusammen mit dem Anteil des bereits inhalierten und wieder ausgeblasenen Hauptstromrauchs bildet er den sogenannten Umgebungs-Tabakrauch (ETS).[353] An der Gesamtrauchmenge, die eine übliche Zigarette heute freisetzt, hat der Nebenstromrauch alleine einen Anteil von 70-75 Prozent.[354] Für die starke Fokussierung der medizinischen Kritik am Rauchen auf das Passivrauchen in den letzten Jahren ist vor allem die Tatsache verantwortlich, daß die gemessenen Schadstoffkonzentrationen im Nebenstromrauch teilweise um ein Vielfaches höher liegen, als das in dem Rauch der Fall ist, den der Konsument inhaliert.[355] Neueste Forschungen haben im Nebenstromrauch über 40 Karzinogene und Co-Karzinogene nachgewiesen.[356] Auf der Basis dieser Laborbefunde ist in den vergangenen Jahren eine Reihe von Untersuchungen zu möglichen Zusammenhängen

59 und 60 Zwei völlig unterschiedliche Bedeutungen des Passivrauchens. Links eine warnende Abbildung aus dem aktuellen Kampagnenmaterial der Nichtraucher-Initiative Deutschland, oben die positive Darstellung einer Werbeanzeige für Zigaretten (um 1913).

zwischen bestimmten Erkrankungen und regelmäßigem Passivrauchen durchgeführt worden. Die Ergebnisse der verschiedenen Einzeluntersuchungen wurden 1995 in einer Stellungnahme der Deutschen Gesellschaft für Pharmakologie und Toxikologie zusammengefaßt und bewertet.[357] Abschließend wird in diesem Bericht festgestellt, daß Passivrauchen Lungenkrebs hervorrufen, Atemwegserkrankungen verursachen und das Risiko für bestimmte Herzerkrankungen erhöhen *kann*.[358] Obwohl von den Experten die zurückhaltende Möglichkeitsform für die Formulierung gewählt wurde, hat sich die Passiv-Problematik im Rauchkonflikt verselbständigt. Parallel zur medizinisch-toxikologischen Fachdiskussion sickerte das neue 'Wissen' sehr rasch zu den Nichtraucher-Basisinitiativen durch und hielt Einzug in die Programme und Forderungskataloge. Schon vor dem Erscheinen des Berichts ist das Passivrauchen somit zu einem der wichtigsten Kristallisationspunkte der Kontroverse avanciert.

Als in den 1970er Jahren vereinzelt erste kleinere Studien zu dem Problemkomplex auftauchten, begann der Raucher/Nichtraucher-Konflikt seine Richtung entscheidend zu verändern. Standen noch zu Zeiten der ersten Gründungen von Nichtraucher-Basisinitiativen die Folgen des Aktivrauchens im Vordergrund, so verlagerte sich in den folgenden Jahren der Schwerpunkt der Diskussion hin zur Passiv-Problematik. Die wissenschaftliche Entdeckung des Passivrauchens verschärfte das Verhältnis zwischen Rauchern und Nichtrauchern binnen weniger Jahre. Das Negativimage der Raucher wurde immer stärker. Sie fungierten nun nicht mehr nur als lästige Luftverpester, sondern waren zusehends auch mit dem Stigma potentieller Totschläger, ja sogar Mörder behaftet![359]

Der Paradigmenwechsel innerhalb des Diskurses zeitigte auch Auswirkungen auf institutioneller Ebene. Der generelle „Neugründungsschub"[360] von Nichtraucher-Initiativen zu Beginn der 1980er Jahre kann genauso als eine Reaktion auf die Karriere der Passiv-Problematik gedeutet werden wie die Konstituierung einer speziellen Vereinigung mit dem Namen „Bund gegen das Zwangsmitrauchen Frankfurt e.V."

Spätestens in den 1980er Jahren war das Rauchen also tatsächlich nicht mehr nur persönliches Vergnügen oder individuelle Sucht. Durch das „Fremdschädigungspotential"[361] des Rauchens gewannen die sozialen Dimensionen der kulturellen Praxis immens an Bedeutung. Nichtraucher sahen sich auf eine völlig neue Art und in größerem Ausmaß dem riskanten Verhalten einzelner Raucher ausgesetzt, als dies jemals zuvor in der Tabakhistorie der Fall war. Über die Passiv-Problematik waren Raucher und Nichtraucher nun sehr direkt miteinander konfrontiert. Aus der Perspektive der Nichtraucher hat das Rauchen den Stellenwert einer unmittelbaren Schädigung ihrer Gesundheit bekommen, es wird als ein Angriff auf ihren Leib gewertet, der seitens der Raucher mit bloßer Genußsucht gerechtfertigt wird. Zugespitzt, aber keinesfalls übertrieben, kann man die These formulieren, daß der vormals schon kontrovers geprägte Diskurs über das Rauchen sich durch die Entdeckung des Passivrauchens erst zu einem eigentlichen Konflikt zwischen Nichtrauchern und Rauchern entwickelt hat.

Auf der Basis des Grundgesetzes der Bundesrepublik Deutschland wird das Passivrauchen des öfteren als ein Tatbestand der Verletzung des Rechts auf körperliche Unversehrtheit definiert.[362] Hieraus werden von den Nichtraucher-Initiativen verschiedene Schutzansprüche abgeleitet, die sich etwa 1986 in einer bundesweiten Unterschriftensammlung zur Forderung nach einer gesetzlichen Verankerung des Nichtraucherschutzes verdichteten.[363] Seit dieser Aktion folgten noch zahlreiche Appelle, Aufrufe und Resolutionen mit ähnlichen Zielrichtungen.[364] Der Aspekt Nichtraucherschutz avancierte zum zentralen Anliegen der meisten Institutionen innerhalb der Anti-Raucher-Bewegung. Dabei lassen sich besonders zwei Schwerpunkte erkennen. Zunächst das Feld des Kinder- und Jugendschutzes. Da Kinder und Jugendliche die tatsächlichen Risiken des Tabakrauches nicht einschätzen könnten und gegenüber dem Passivrauchen besonders wehrlos und tolerant seien, müßten gerade sie von einem Nichtraucherschutz profitieren.[365] Als eine besonders problematische Form des Passivrauchens werden hier ferner die möglichen Auswirkungen des aktiven wie passiven Rauchens von schwangeren Frauen auf ihre Kinder verstanden.[366]

Als weiteres Feld der Aktivitäten um einen aus den Gefahren des Passivrauchens abgeleiteten Nichtraucherschutz wird die betriebliche Arbeitswelt sichtbar. Auf diesem Gebiet hat sich in den letzten Jahren ein regelrechter juristischer Fachdiskurs entwickelt.[367] Vor allem seit den 1980er Jahren wird Klagen, in denen Arbeitnehmer ihr Recht auf eine rauchfreie Arbeitsatmosphäre einfordern, zunehmend stattgegeben.[368] Es gibt allerdings auch hin und wieder Klagen, die von den zuständigen Gerichten abgewiesen werden.[369] Solche Fälle zeigen dann die noch immer vorhandene Rechtsunsicherheit auf dem Gebiet des Passivrauchens. Prinzipiell aber steht mittlerweile jedem Bediensteten „das Recht zu, vor Gesundheitsbeeinträchtigungen durch Passivrauchen geschützt zu werden", wie 1993 ein Jurist in einer Zusammenstellung und kritischen Bewertung der bisherigen Gerichtsentscheide formulierte.[370] Somit hat die Rechtsprechung die gesundheitsschädigende Wirkung des Passivrauchens zumindest grundsätzlich und theoretisch anerkannt. In der Praxis geht es nunmehr vor allem um die Frage, wie beispielsweise ein zuträgliches Maß dieser Belastung zu definieren ist und welche individuellen Maßnahmen von Arbeitnehmer- und Arbeitgeberseite getroffen werden müssen oder dürfen. Die Entdeckung des Passivrauchens hat hier zu einer regelrechten Lawine von Prozessen geführt; die juristischen Debatten dauern an. Wie in so vielen anderen Teilbereichen des Rauchkonflikts auch, so sind die Entwicklungen hinsichtlich der juristischen Auseinandersetzungen um das Passivrauchen in den USA weiter fortgeschritten als hierzulande. Dort erstritten im Oktober 1997 insgesamt 60.000 Flugbegleiter und Stewardessen in einer Kollektivklage rund 540 Mio Mark Schmerzensgeld von den amerikanischen Tabakkonzernen![371]

Während die Gesundheitsorganisationen, allen voran die BZgA, auf der Grundlage neuester medizinischer Erkenntnisse und juristischer Entwicklungen hinsichtlich der Problematik des Passivrauchens einen eher gemäßigten Kurs einschlagen und gerichtliche Schritte erst als letzte Lösung ansehen[372], gehen die Basisinitiativen eine Schritt weiter. Im Gegensatz zu den formalen Organisationen, die die gegenwärtige Situation bezüglich des Passivrauchens recht positiv bewerten und die Wirksamkeit bisheriger, vor allem informeller, Maßnahmen betonen[373], halten die institutionalisierten Nichtraucher die herrschenden Verhältnisse für skandalös und hochgradig konfliktgeladen.[374] Sie prangern die politische Tatenlosigkeit an und fordern weitreichende gesetzliche Maßnahmen.

Gefährlicher Zigarettenqualm
Dicke Luft zwischen den vier Wänden
Experten des Bundesgesundheitsamtes über hausgemachte Luftverschmutzung
Unterschiedliche Denkansätze zwischen Rauchern und Nichtrauchern

Dunst um das Passivrauchen
Wie gefährlich ist Passivrauchen?

Asthma — weil die Mutter raucht

Auch Passivraucher sind großer Gefahr ausgesetzt
Lungenkrebsrisiko ist „sehr wahrscheinlich"

Vom Leiden der Mitraucher

Auswertung von 15 Studien erhärtet Verdacht
Passivrauchen erhöht das Risiko des Lungenkrebses

Krebsrisiko für Passivraucher
Gefahr im Durchschnitt doppelt so hoch wie bei „echten" Nichtrauchern

BGA: Reinheitsgebot für Atemluft

Passivrauchen: Risiko am Arbeitsplatz?

Passivraucher leben ständig mit Smogalarm

„He, machen Sie die Zigarette aus"

Nur echte Nichtraucher gehen auf Nummer Sicher

61 Ein Gradmesser für das mediale Interesse an der Problematik des Passivrauchens ist auch die Fülle von Schlagzeilen zum Thema.

Auch die Tabakbranche hat auf die Passiv-Problematik reagiert, eigenes Informationsmaterial zusammengetragen und Broschüren erstellt.[375] In diesen Schriften werden ähnlich viele Experten zitiert, die keinen Zusammenhang zwischen dem Passivrauchen und ernsthaften Gesundheitsgefährdungen sehen, wie auf der Gegenseite kritische Stimmen von Wissenschaftlern angeführt werden. Auch die Basisinitiative der Raucher (ERL) zweifelt die Gültigkeit der Erkenntnisse an, auf die sich die Rauchgegner berufen. Sie fordert indes, die Mutmaßungen über die gesundheitlichen Risiken des Passivrauchens als „Lüge des Jahrhunderts"[376] zu entlarven.

Die Tabakindustrie und die ERL einerseits und die Gesundheitsorganisationen und Basisinitiativen andererseits stützen ihre Positionen auf gänzlich differente Ausgangslagen. Die Ableitung von unterschiedlichen Forderungen ist schon daher zwangsläufig gegeben. Darüber hinaus scheinen sich die Diskussionen um die Passiv-Problematik vor allem an der Basis verselbständigt zu haben. Die Relation zwischen den medizinisch-statistischen Befunden auf der einen Seite und dem Raum, den der Teilaspekt in den laufenden Diskussionen beansprucht, auf der anderen Seite erscheint unverhältnismäßig.[377] Kulturwissenschaftlich relevant ist am Passivrauchen denn auch weniger die Frage, wie hoch das Risiko tatsächlich ist oder welche Forschungsergebnisse 'objektiv' richtig sind, als vielmehr die Konstruktionsprinzipien und Wirkmechanismen des Passivrauchens als einem *gesellschaftlichen und kulturellen* Problem.[378] Aus dieser Perspektive gilt es also vor allem die Frage zu klären, warum das Passivrauchen eine so zentrale Rolle im Raucher/Nichtraucher-Konflikt spielt und warum es von den Akteuren mit einer solchen Vehemenz umfochten wird. Hierauf wird noch im Schlußteil des Buches zurückzukommen sein...

Argumentationen

„*Um die Risiken des Rauchens und Passivrauchens kreisen die Argumente aller Diskursbeteiligten, und dennoch hat der Verhandlungsgegenstand vier unterschiedliche, teilweise konträre Ausprägungen. Tabak wird, je nach Akteur, als Genußmittel, als Suchtmittel, als chemische Verbindung aus krebserregenden Stoffen oder als Symbol individueller Freiheitsrechte thematisiert.*"[379]

Mit der Thematik des Passivrauchens wurde eine neue und bedeutende Phase der Kontroversen um das Rauchen vorgestellt. Gleichzeitig aber wurde damit auch bereits ein zentrales Argument der Nichtraucher-Bewegungen gegen das Rauchen angeführt. Nach einigen generellen Bemerkungen zur Diskursstruktur des gegenwärtigen Raucher/Nichtraucher-Konflikts in bezug auf die von den Akteuren verwandten Argumentationen sollen hier weitere Argumente der Pro- und Contra-Bewegungen dargestellt werden. Im Anschluß daran soll jeweils knapp auf die daraus abgeleiteten Forderungen der Konfliktparteien hingewiesen werden.

Das evidente Handeln der Alltagsakteure in Konfliktsituationen, die individuellen Meinungen dieser in Leserbriefen und die Stellungnahmen bei öffentlichen Gesprächsrunden zum Thema lassen erkennen, wie wichtig Argumente zur Rechtfertigung einer bestimmten Position oder eines bestimmten Verhaltens sind. Auch wenn die Argumente – wie in alltäglichen Konfliktsituationen – nicht immer explizit erwähnt werden, so bildet der argumentative Hintergrund doch ständig den Orientierungsrahmen für die Akteure. Da es in der Natur der durch Flüchtigkeit geprägten alltäglichen Konfliktsituationen liegt, daß dieser Hintergrund zwar 'wirkt', aber eben gar nicht oder selten fixiert wird, muß an dieser Stelle auf die formulierten Argumentationen der institutionalisierten Konfliktakteure zurückgegriffen werden. Soweit es ersichtlich ist, decken sich diese ohnehin mit jenen der direkten Konfliktinteraktion und -kommunikation in der Alltagssphäre. Die dort agierenden Individuen können sich gewissermaßen aus dem durch Medien reproduzierten Repertoire der Argumente bedienen und wenden diese situationsbezogen an.

Wirft man einen Blick auf die Gesamtheit der vorgebrachten Argumente, so läßt sich ein auffälliges Merkmal daran identifizieren. Zusammenfassend könnte man dieses Merkmal als allseitiges Bemühen um eine grundsätzliche Vernünftigkeit der Auseinandersetzung bezeichnen. Rationalität ist dem Anspruch nach der Bezugspunkt aller im Diskurs angeführten Argumente.[380] Dabei handelt es sich meist um eine Rationalität im naturwissenschaftlich-technologischen Sinne. Aus diesem Grund ist die permanente Bezugnahme der verschiedenen institutionalisierten Konfliktakteure auf Experten und deren Wissen von hoher Bedeutung.[381] Die Soziologin Karin Stiehr formuliert hierzu folgendes: „In den heutigen Auseinandersetzungen um Risiken nehmen naturwissenschaftlich-technische Experten die Stelle der ehemaligen Autoritäten ein. Unter Berufung auf objektive Wahrheiten, auf formalrationale Verfahrensweisen wird eine Position verteidigt, die keine andere argumentative Grundlage neben sich duldet."[382] Dieser Sachverhalt hat dazu geführt, daß beispielsweise moralische oder religiöse Aspekte – obschon auch im derzeitigen Konflikt noch nachweisbar – an Bedeutung und argumentativer Wirkkraft verloren haben. Den Status der Glaubwürdigkeit können folglich ausschließlich Argumente beanspruchen, die sich auf wissenschaftliche Erkenntnisse berufen. Der Verweis auf 'neueste Forschungsergebnisse' und 'wissenschaftliche Fakten' ist zu einem gängigen Muster in den Debatten um das Rauchen – und auch sonst in wohl allen öffentlich verhandelten Risikokonflikten – geworden. Der Fundus des jeweiligen Expertenwissens bietet den Akteuren wichtige Orientierungshilfen. Durch die Praxis der Berufung auf fachliche Kapazitäten und kompetente Instanzen beziehen die Akteure ihre Sicherheit und Souveränität im Auftreten – auch und gerade, wenn es um unsichere und umstrittene Teilaspekte der Problematik geht.[383]

Wie schon bei der Behandlung der Passiv-Problematik deutlich wurde, verfügt jede Seite aber über 'ihre' Experten, die sich für ein spezifisches Wissen verbürgen. Damit verlieren interessanterweise Expertenwissen und 'objektive Fakten' ihren starken Geltungsanspruch und den Nimbus der 'einzigen Wahrheit'. Obwohl somit eigentlich das sicherheitsstiftende Moment der Bezugnahme auf Experten abhanden gekommen ist, gehört diese Praxis weiterhin unabdingbar zu den Spielregeln der Diskussionen um das Rauchen und seine Risiken.

Dieses Merkmal trifft zunächst vor allem auf die Argumentationen der Anti-Raucher-Bewegungen zu, deren Position ja weitgehend auf der wissenschaftlichen Identifizierung der gesundheitlichen Schädigungen durch das Rauchen und Passivrauchen basiert. Praktisch in jeder Aufklärungsbroschüre und auf fast allen Informationsblättern findet sich eine Aufstellung der wichtigsten gesundheitsschädigenden Folgen des Rauchens beziehungsweise eine Liste der gefährlichsten von gut 3.000 Inhaltsstoffen, die im Tabakrauch nachgewiesen wurden.[384] Für alle sogenannten „tabakassoziierten Krankheiten"[385] werden auch meist Faktoren genannt, die ausdrücken, wieviel mal höher das Risiko von Rauchern im Vergleich zu dem von Nichtrauchern ist, bestimmte Schädigungen davonzutragen.[386] Mittlerweile werden auch schon Angaben über Eintrittswahrscheinlichkeiten von Krankheiten gemacht, die durch häufiges Passivrauchen verursacht werden können. Das gesamte Zahlenmaterial interpretierend findet sich dann im Aufklärungsmaterial oftmals ein abschließender Satz wie der folgende: „Die durch den Tabak(rauch) verursachten Krankheiten werden für den vorzeitigen Tod von weltweit jährlich drei Millionen Menschen verantwortlich gemacht."[387]

Alle derartigen Angaben zu Schädigungsrisiken, tabakbedingten Lebenszeitverkürzun-

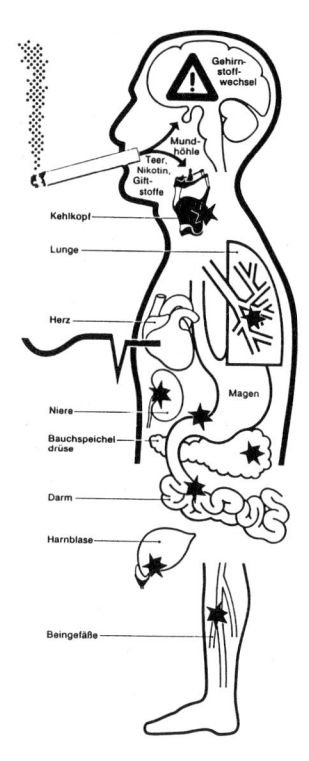

62 Schema der Organe, die durch das Rauchen geschädigt werden können. Die Sterne kennzeichnen Stellen, die vor allem von Krebserkrankungen betroffen werden.

gen oder Übersterblichkeitsfaktoren für Raucher nehmen implizit oder explizit Bezug auf Forschungsergebnisse von Experten, vor allem von solchen, die massenepidemiologische Studien betrieben haben. Der Statistik kommt hier eine zentrale Bedeutung zu. Der Interpretationsspielraum bei der Auslegung von Daten aus Expertenstudien scheint aber so groß zu sein, daß die Auseinandersetzungen um eine 'saubere' oder falsche Deutung des statistischen Rohmaterials zu einem Hauptkonfliktfeld geworden sind.[388] Es verwundert daher nicht, wenn die Argumentation der Tabaklobby genau an diesem Punkt ansetzt und versucht, die jeweiligen Ergebnisse, die die Tabakgegner zitieren, zu relativieren oder für ungültig zu erklären. Einer der Hauptvorwürfe der Industrie zielt darauf ab, zu betonen, daß es sich bei den das Rauchen belastenden Zusammenhängen lediglich um mathematische Korrelationen handle und daher von Kausalzusammenhängen keineswegs die Rede sein könne und dürfe.[389] Statistische Konstruktionen würden von den Rauchgegnern, so die Branche, als reale Verhältnisse verkauft.[390]

Ein weiterer Vorwurf der Tabakindustrie an die Adresse derjenigen Rauchgegner, die mit Statistiken argumentieren, ist auf die Monokausalität gerichtet, mit der in den meisten der angeführten Studien operiert würde. Das Rauchen würde als eine von vielen alltäglichen Verhaltensweisen aus dem Lebenszusammenhang der Menschen isoliert, andere Genußverhalten oder gesundheitsrelevante Aspekte fänden in den meisten Untersuchungen keine Berücksichtigung.[391] Diesen argumentativen Hintergrund macht sich auch eine Werbekampagne des Phillip-Morris-Konzerns zunutze, die im Sommer 1996 gestartet wurde. Unter Bezugnahme auf unterschiedliche wissenschaftliche Quellen wird darin eine Reihe von statistischen Zusammenhängen zwischen bestimmten Krankheiten und alltäglichen Nahrungs- und Genußmittelverhalten wiedergegeben. Die Kernaussage der Kampagne bildet die Feststellung, daß der regelmäßige Verzehr von Keksen ein relativ höheres Risiko für den Konsumenten birgt, Herzkrankheiten zu erleiden, als dies beim Passivrauchen der Fall ist.[392] Der Zigarettenhersteller argumentiert, daß trotz dieses statistischen Zusammenhangs doch niemand auf die Idee käme, „sie davon zu überzeugen, keine Kekse mehr zu essen. Ebensowenig gibt es einen stichhaltigen Grund für eine Kampagne gegen das sogenannte 'Passivrauchen'."[393] Daß die Anzeigen heftige Reaktionen provoziert haben, läßt sich wohl leicht vorstellen. Der Konzern stoppte nach kurzer Zeit denn auch in den meisten europäischen Ländern die Kampagne, nachdem verschiedene Kekshersteller Klagen eingereicht hatten und Wissenschaftler dagegen protestiert hatten, daß Phillip Morris „Äpfel mit Birnen vergleicht".[394]

Die Auseinandersetzungen um die Kampagne offenbaren deutlich, wie problematisch das Argumentieren mit statistischem Material geworden ist. Auch bei mathematisch sauberer Arbeit können durch verschiedene Ableitungen und Vergleiche sehr divergente Fakten produziert werden. Atteslander wirft vor allem den Nichtraucher-Bewegungen einen naiven Umgang mit den erhobenen Daten vor und kritisiert vom Standpunkt eines empirischen Sozialforschers die „unhaltbaren, ja unsinnigen Schlußfolgerungen".[395] Doch auch wenn gerade die Tabakbranche sich bemüht, das Dilemma der Scheinkorrelationen zu entlarven, so bedient auch sie sich der Argumentation mit Statistiken auf sehr ähnliche Weise.[396]

Trotz der aufgezeigten Mängel und Unstimmigkeiten dieses diskursiven Instruments beanspruchen Expertenreferenzen und statistische Forschungsbeweise in beiden Konfliktlagern ihre je eigene Geltung. Der Bezug auf alltägliche Orientierungsmuster oder persönliche Erfahrungen wirkt wenig plausibel und wird von den institutionalisierten Akteuren als Bewertungsmaßstab nicht ernst genommen.[397]

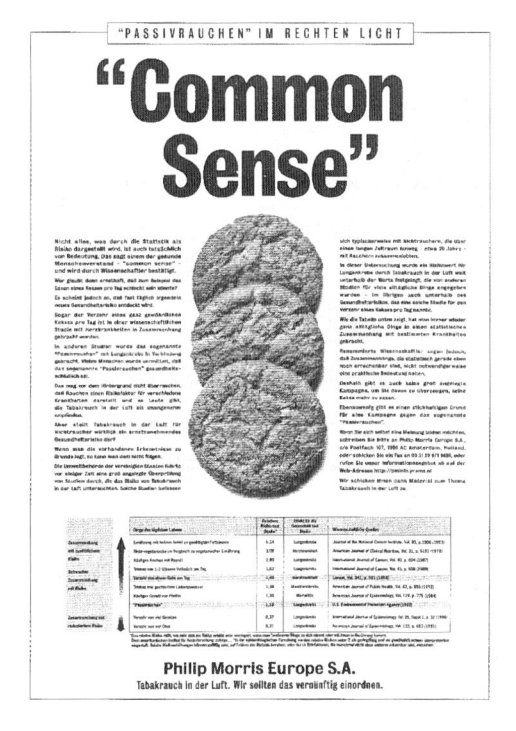

Neben den bereits diskutierten medizinischen Argumenten gegen das Rauchen und Passivrauchen lassen sich von beiden Seiten noch einige weitere Argumente anführen, die in die Debatte eingebracht werden. Um ein möglichst vollständiges Bild der gegenwärtigen Diskussion zu skizzieren, sollen diese Argumente hier vorgestellt werden.

Ganz allgemein läßt sich die Historizität der problematisierenden Diskurse um das Rauchen am Wandel der Argumentationen vor dem je spezifischen gesellschaftlichen Hintergrund illustrieren. Noch bis in das 18.

64 Ein Beispiel aus der Nachfolgekampagne.

63 Mit dem absurden statistischen Vergleich zwischen der Gesundheitsschädigung von Passivrauchen und Kekse-Essen appellierte der Philip Morris-Konzern 1996 in einer Anzeige an den „gesunden Menschenverstand".

83

„Darf ich rauchen?" „Sie dürfen mich sogar duzen, Herr Kollege."

Einander verstehen. & Die deutsche Tabakwirtschaft.

65 Aus dem Kampagnenmaterial der Tabakindustrie. Mit derartigen Anzeigen versucht man für Toleranz und Rücksicht zwischen Rauchern und Nichtrauchern zu werben.

beziehungsweise 19. Jahrhundert bildete die Angst vor Brandkatastrophen den argumentativen Hintergrund öffentlicher Rauchverbote. Der Feuergefahr als gesellschaftlicher Bedrohung wird heute grundsätzlich eine ungleich geringere Bedeutung zugemessen. Dafür werden nun andere Motive angeführt, die darauf abzielen, das Rauchen als eine gesellschaftlich unerwünschte kulturelle Praxis zu definieren. Auf der Skala der gesellschaftsbedrohenden Gefahren hat mittlerweile die Ökologie-Problematik eine exponierte Position eingenommen. So scheint es ein konsequenter Schritt zu sein, wenn die Anti-Raucher-Bewegungen sich heutzutage teilweise dieses argumentativen Hintergrunds bedienen. Seitdem die Diskurse um Umweltthemen ein hohes Maß an gesellschaftlicher Resonanz erfahren haben, haben Aspekte der Ökologie-

Problematik auch Einzug gehalten in die Programme von Nichtraucher-Initiativen. Zum Teil nehmen sich die Basisinitiativen der Rauchgegner auch explizit als Umweltschutz-Bewegungen wahr, das Rauchen wird dann stark mit Umweltverschmutzung konnotiert.[398] Auffallend häufig wird hinsichtlich der Umwelt-Problematik das achtlose Wegwerfen von Zigarettenstummeln kritisiert: „Millionen Zigarettenkippen verschmutzen die Straßen, Parks, usw. Ein großer Teil davon gelangt ins Grundwasser", heißt es in einem Papier des Nichtraucher Bundes Berlin e.V.[399] Aber auch die Schadstoffemissionen durch das Rauchen werden nicht nur vom gesundheitlichen Standpunkt her angeprangert, sondern auch aus ökologischer Perspektive. Das Rauchen wird als ein Faktor für Smog genannt[400] und teilweise sogar für den Treibhauseffekt verantwortlich gemacht.[401] Ein weiteres ökologisch motiviertes Argument gegen das Rauchen setzt nicht erst beim Konsum, sondern schon beim Anbau der Tabakpflanze an. Für die Gewinnung von Anbauflächen werde häufig Regenwald gerodet, der Anbau selbst vernichte vor allem in Dritte-Welt-Ländern wertvolle Ackerflächen, und die monokulturelle Bepflanzung verursache meist Erosionen und Pestizidvergiftungen der Böden.[402]

Neben diesen verschiedenen Aspekten der ökologischen Problematisierung des Rauchens gewinnt eine andere Argumentation in den letzten Jahren stark an Bedeutung. Es handelt sich hierbei um die „sekundären Kosten"[403], die häufig auch als „soziale Kosten des Rauchens"[404] bezeichnet werden: „Es sind dies die Kosten, die von den Rauchern verursacht werden, aber von der Allgemeinheit getragen werden."[405] Auch das Motto des Welt-Nichtrauchertages 1995, welches „Rauchen kommt uns teurer, als wir denken!" lautete, greift diese Thematik auf. Es transportiert die Botschaft, die negativen Effekte des Rauchens auch wirtschaftlich zu betrachten. Gerade die ökonomische Argumentation dient dazu, zu verdeutlichen, daß jeder und jede – ganz gleich ob er oder sie sich durch die Passiv-

Problematik belästigt fühlt oder nicht – die negativen Folgen des Rauchens zumindest indirekt zu spüren bekommt. In einem Informationspapier der NID und des ÄARG zum Welt-Nichtrauchertag 1995 wird eine Reihe von Aspekten aufgelistet, die die wirtschaftliche Seite des Konfliktthemas betreffen. Darunter fällt das Hauptgewicht auf volkswirtschaftliche Einbußen – etwa durch Rauchpausen am Arbeitsplatz und krankheitsbedingte Arbeitsausfälle von Rauchern und Raucherinnen –, die laut Angaben mehr als 10 Milliarden Mark pro Jahr ausmachen. In einem Vortragsmanuskript des Vizepräsidenten der NID Ernst-Günther Krause werden auch betriebswirtschaftliche Folgeschäden des Rauchens behandelt. Aufgegliedert in Personalkosten, Energiekosten, Wartungs- und Instandhaltungskosten und Raum- und Organisationskosten werden die rauchbedingten Verluste von Wirtschaftsbetrieben zusammengestellt.[406] Wohl auf der Basis ähnlicher Hochrechnungen haben zahlreiche Betriebe in den letzten Jahren ein generelles Rauchverbot am Arbeitsplatz erlassen[407], bevorzugen bei Neueinstellungen nichtrauchende Arbeitnehmer oder sind dazu übergegangen, den Nichtrauchern und Nichtraucherinnen des Betriebs zusätzliche Urlaubstage zu gewähren.[408] Insgesamt würde die internationale Wettbewerbsfähigkeit durch das Rauchen empfindlich beeinträchtigt. Des weiteren würde das Bruttosozialprodukt durch die sekundären Kosten des Rauchens um mehr als 80 Milliarden Mark geschädigt, wobei der Großteil auf Sozialversicherungskosten und medizinische Behandlungen entfiele.[409] Das gesamte Gesundheits- und Sozialwesen würde den detaillierten Berechnungen zu Folge durch das Rauchen erheblich belastet.

Mit den Bestrebungen um eine Ökonomisierung des Konflikts wollen die Rauchgegner zeigen, welche Tragweite ein scheinbar harmloses individuelles Verhalten für die Stabilität eines gesamten sozialen Systems bekommen kann. Sicherlich hofft man, durch diese argumentative Ausweitung den bisher passiv gebliebenen Teil der Öffentlichkeit für eine breite Opposition gegen das Rauchen mobilisieren zu können.

Auch die Tabakindustrie beteiligt sich mit ihrer Argumentation an der Ökonomisierung des Konflikts. Sie stellt den Tabak als „Motor wirtschaftlicher Entwicklung"[410] dar und versucht, die Aufstellung der Kosten des Rauchens für die Volkswirtschaft mit der Betonung des ökonomischen Nutzens der Branche und ihrer Produkte zu kontern.[411] Die Tabakbranche geht dabei von einer prinzipiellen gesellschaftlichen Erwünschtheit der Funktionen Wirtschaftsfaktor, Steuerquelle und Arbeitgeber aus und bezieht daraus auch

Welt-Nichtraucher-Tag am 31. Mai 1995

Motto:

Rauchen kommt uns teurer, als wir denken!

66 In Motto und Signet des Welt-Nichtrauchertags 1995 kommt das in letzter Zeit von den Rauchgegnern verstärkt vorgebrachte Argument der sozialen Folgekosten des Rauchens deutlich zum Ausdruck.

letztlich die Legitimation für die Existenz ihres Industriezweiges. Besonderen Wert legt der vdc darauf, daß 73 Prozent des Tabakwaren-Gesamtumsatzes in Form von Steuern an den Staat abgeführt werden – das waren im Jahr 1993 rund 22 Milliarden Mark.[412] Des weiteren wird die Bedeutung der 160.000 Arbeitsplätze, die von der Branche abhängig seien, hervorgehoben und auf die europaweite und globale Wichtigkeit des Industriezweigs hingewiesen. Der Reemtsma-Konzern sieht in der Tabakwirtschaft auch einen wichtigen entwicklungspolitischen Faktor für die Herstellungsländer von Rohtabaken. Er spricht auch die Problematik der Waldrodungen an, weist aber unter Berufung auf Ökologie-Experten auf die angeblich stark untergeordnete Rolle der Tabakwirtschaft in der gesamten Rodungs-Problematik hin.[413]

Die gegensätzlichen Positionen bezüglich der volkswirtschaftlichen Bedeutung des Tabaks beziehungsweise des Rauchens zusammenfassend zeigt sich erneut das Bild zweier 'wissenschaftlich abgesicherter' Argumentationen. Während NID und ÄARG in ihrem Informationsblatt die Beispiele der Industrie rechnerisch widerlegen und die Kosten des Rauchens wesentlich höher veranschlagen als dessen ökonomischen Nutzen, geht die Wirtschaftsexpertin Marie-Therese Furrer davon aus, daß der ökonomische Nutzen für die Gesellschaft aus dem Rauchen um ein Fünffaches höher liegt als die sekundären Kosten.[414]

Im Hinblick auf den Umweltschutz versuchen die Pro-Tabak-Akteure, den gesamten Raucher/Nichtraucher-Konflikt als einen Stellvertreter- und Scheinkonflikt zu entlarven, mit dem gerade seitens der politisch aktiven Rauchgegner von deren weitgehender Handlungsunfähigkeit bezüglich der Ökologie-Probleme abgelenkt werden soll. Die ERL formuliert entsprechend: „Wohin gehört (...) die Frage 'Rauchen oder Nicht-Rauchen' angesichts der gewaltigen Probleme von Klimaveränderungen, Über-chemie-sierung [sic!] unseres Lebens, Naturzerstörungen, radioaktiven Verseuchungen, ungelösten ethischen Fragen der Gentechnik, Ungleichheit der Güterverteilung zwischen reichen und armen Ländern der Erde, weltweitem Hunger und noch immer bestehendem Völkermord?"[415] Sicherlich ist dies eine berechtigte Frage. Sie weckt aber – wohl zu Recht – bei den Anti-Raucher-Bewegungen wiederum den Verdacht, die Industrie und die Raucher wollten ihrerseits von der Gefährlichkeit und Schädlichkeit ihres Handelns ablenken und die Richtung des Konflikts verlagern.[416]

Einzelne Vertreter der Tabakbranche sind aber mittlerweile schon dazu übergegangen, einzuräumen, daß das aktive Rauchen gewisse gesundheitliche Risiken für die Konsumenten bergen *kann*.[417] Diese potentiellen Schäden stünden aber in keinem Verhältnis zum individuellen Nutzen, den die Raucherinnen und Raucher aus den Zigaretten ziehen. Die positiven Effekte des Rauchens als Mittel der Motivierung, Konzentration und Streßbewältigung, dessen psychophysische und soziale Funktionen werden von der Tabakbranche als ein Argument für das ungehemmte Fortexistieren der kulturellen Praxis verwandt.[418] Im Ensemble der alltäglichen Risiken mache das Rauchen gewissermaßen nur einen lächerlich geringen Anteil des Gesamtgefährdungspotentials moderner Zivilisation aus.

Aus der fünfhundertjährigen europäischen Tradition des Rauchens als Genußform wird darüber hinaus eine Art Gewohnheitsrecht abgeleitet.[419] Dem zivilisationskritischen Einwand der Anti-Raucher-Bewegungen, das Rauchen sei kein *natürliches* Verhalten[420], versuchen Raucher und Tabakwarenhersteller zu begegnen mit dem Argument, daß das Rauchen zwar nicht *natürlich*, ein ausgeprägtes Genußbedürfnis aber zutiefst *menschlich* sei.[421]

Zusammenfassend kann festgehalten werden, daß der gegenwärtige Raucher/Nichtraucher-Konflikt im Vergleich zu den historischen Konflikten um das Rauchen durch eine Pluralisierung und Differenzierung der Argumentationen der Konfliktakteure geprägt ist. Zu den beinahe schon klassischen medizinischen Argumenten, zunächst um das aktive, heute zunehmend um das passive Rauchen, haben sich in den letzten Jahren weitere Argumente hinzugesellt, die verschiedene ökonomische, ökologische und soziale Aspekte betonen. Obwohl moralische Fundamente in den Argumentationen immer wieder durchscheinen, haben diese an der Oberfläche des Konflikts bei weitem nicht mehr die Bedeutung, die ihnen beispielsweise noch zu Beginn dieses Jahrhunderts zukam.

Aus der Zusammenstellung der wesentlichen Inhalte der sachorientierten Argumentationslinien wird deutlich, daß sich tatsächlich eine tiefe Kluft zwischen den Standpunkten der Konfliktakteure auf der Pro- und Contra-Seite auftut. Beide Hauptparteien beabsichtigen – auch durch die Weitergabe ihrer Argumente an verschiedene Multiplikatoren wie Journalisten, Wissenschaftler und Politiker – vor allem eine „Einwirkung auf die öffentliche Meinung und das gesellschaftliche Klima, in dem die Risiken des Rauchens verhandelt werden."422

Streitkultur? Konfliktrhetorik und -ikonographie

„Zwar sind sich alle Parteien einig, daß Entscheidungen auf der Basis von Vernunft getroffen werden sollten, aber gleichzeitig durchzieht der Vorwurf die Debatte, daß sich die jeweilige Gegenseite irrational verhalte, die Auseinandersetzungen unzulässig emotionalisiere oder nur scheinbar vernünftig argumentiere."423

Standen im vorausgegangenen Kapitel die unterschiedlichen Argumentationen der Konfliktakteure im Zentrum der Betrachtung, so sollen nun Ausführungen zu einem Phänomen folgen, welches die Gestalt des gegenwärtigen Raucher/Nichtraucher-Konflikts entscheidend prägt. Die Rede ist von diskursiven Techniken jenseits der Ebene sachorientierter und 'vernünftiger' Argumentationen. Gerade der Blick auf die Semantik und Rhetorik, auf Ikonographie und Metaphorik des Konflikts zeigt dessen Brisanz, Emotionalisierung und Verhärtung. Vor allem durch Mittel der Polemik, Provokation und bisweilen auch Aggression wird versucht, den jeweiligen Konfliktgegner und die Glaubwürdigkeit seiner Positionen zu diskreditieren und somit das gesellschaftliche Klima hinsichtlich der Gesamtproblematik zu beeinflussen. Man kann sich – dies sei bereits vorweggenommen – hierbei häufig des Eindrucks nicht erwehren, daß die Mittel durch die letztendlichen Zwecke tatsächlich geheiligt werden – jedenfalls in den Augen der Akteuren.

Daß der Konflikt bezüglich der Formen seiner Austragung oftmals den Rahmen eines vernünftigen Dialoges – und dies ist zumindest dem Anspruch fast aller Beteiligten nach das Ziel – verläßt, wird sowohl von den Nichtraucher-Bewegungen als auch von den Rauchbefürwortern wahrgenommen. Die Feststellung dieses Sachverhalts mündet aber meist sogleich in den Vorwurf, die jeweilige Gegenseite habe gewissermaßen die Regeln der Streitkultur verletzt – sei es durch Manipulation der wissenschaftlichen Ergebnisse, durch verstärkte Emotionalisierung und Radikalisierung oder andere Übertretungen. Beide Parteien nehmen für sich in Anspruch, jeweils nur zu *reagieren*. Vor allem die Nichtraucher-Basisinitiativen betonen, daß ihr entschiedenes Vorgehen als eine Art Notwehr zu verstehen sei.

Aber auch die Raucherbewegung und die Tabakbranche reklamieren als Motiv für ihr mittlerweile konfrontatives Auftreten, daß sie nicht länger in die Defensive gedrängt bleiben wollen. Sie rechtfertigen ihr Handeln im Konflikt als „Akt der Selbstverteidigung".424 Eine unter Rauchern und Industrie verbreitete diskursive Strategie ist dadurch – quasi folgerichtig – auch die Stilisierung ihres 'Opferstatus'. Häufig geschieht dies unter Berufung auf die jahrhundertelange Tradition der Bekämpfung des Rauchens und der Raucher. So findet sich in einer Reemtsma-Broschüre folgende Passage: „Je nach Grad der Intoleranz der Herrschenden wurden den Rauchern die Nasen abgeschnitten, wurden sie auf Tabakballen sitzend verbrannt, ihnen die Hände abgehackt oder ihnen (...) hohe Steuern auferlegt."425 Auf der Basis dieser – mehr oder minder über-

67 Eine Schlagzeile des Sensationsjournalismus. Für die Tabakbranche Anlaß, auf die unbegründete Hysterie im Rauchkonflikt hinzuweisen.

höht dargestellten – historischen Verhältnisse wird dann meist ein Bezug zur aktuellen Situation hergestellt. Es wird somit eine lückenlose Kontinuität der massiven Problematisierung des Rauchens bis in die Gegenwart hinein konstruiert. Bestimmte Formulierungen und Begriffe werden von Rauchern und Industrie in unterschiedlichen Varianten dazu verwandt, ihre Leidensrolle hervorzuheben. Die Raucher würden „diskriminiert und kriminalisiert"[426], sie würden „ins gesellschaftliche Abseits gedrängt"[427] und zu „Sündenböcken der Nation stilisiert".[428]

Der Konflikt selber wird als unfaires Vorgehen gegen eine Minderheit wahrgenommen, die sich nichts zu Schulden habe kommen lassen und obendrein noch mehr Steuern zahle als die Nichtraucher. „Die Antiraucher-Kampagne kommt einer modernen Hexenjagd gleich", empfindet die Erste Raucher Lobby.[429] Sogar von Wissenschaftlern werden die Bemühungen um eine rauchfreie Gesellschaft bisweilen als zeitgenössisches Pendant zu den mittelalterlichen Kreuzzügen aufgefaßt.[430] Die Konfliktgegner auf der Ebene der formalen Organisationen werden von der Tabakbranche als Institutionen eines „Gesundheits-Überwachungsstaats"[431] identifiziert, die „Propaganda statt Information"[432] verbreiten würden. Deren Aufklärungspolitik sei nichts anderes als „Horror mit Rauchertoten und Gesundheitskosten"[433], das Passivrauchen nur eine Waffe im „politisch-ideologischen Kampf gegen das Rauchen"[434], der das Ziel habe, „den Raucher als Schädling und sozialen Außenseiter zu diffamieren", ihn in den „sozialen Untergrund"[435] zu verbannen. Für die Nichtraucher-Basisinitiativen findet sich fast durchgängig die Zuschreibung 'militant'.[436] Die Anti-Vereinigungen werden als kleine Gruppen, als heilsbringende Sektierer beschrieben[437], deren Meinungen längst nicht repräsentativ für die Haltung der Gesamtgesellschaft seien.[438]

Darüber hinaus hat die Tabakindustrie ein besonderes Interesse an der Kritik der medialen Berichterstattung über das Rauchen und Passivrauchen. Sie bemüht sich, auf diesem Feld die Wirkmechanismen des Sensationsjournalismus' und dessen manipulative Effekte auf die 'Meinung der Massen' zu entlarven.[439] Unter der Überschrift „Wie Presse-Schlagzeilen entstehen" liest man in einem Informations-Heft der Branche: „Wenn ein von Zweifeln geplagter Professor feststellt, daß sich Lungenkrebs durch Passivrauchen nicht nachweisen, folglich auch nicht ausschließen läßt, dann schafft es ein sensationsgieriger Journalist immer noch, wenigstens aus dem Nachsatz eine spektakuläre Schlagzeile zu konstruieren – etwa dergestalt: 'Krankenhausreif durch Tabakqualm – Fragezeichen'. Die Schlußredaktion ist dann so meinungsfrei, auf eine Interpunktion in der Schlagzeile zu verzichten. Was man in den Medien über das Passivrauchen lesen, hören und sehen kann, ist oftmals Tatsachen entstellende Emotion, ist pure Sensation."[440] Immer wieder werde von den Medien „Dichtung und Wahrheit zu einem spektakulären Cocktail gemischt. Entscheidend allein ist die Schlagzeile!"[441] „Die Laienpresse hat durch sensationelle Berichterstattung"[442] dazu beigetragen, „den berüchtigten 'Handlungsbedarf' in der Politik auszulösen".[443] Scheinbar besorgt schlägt sich die Industrie auf die Seite der Verbraucher, die, „konfrontiert mit dem jeweiligen 'Schadstoff des Monats', (...) mit ihren Ängsten alleingelassen" würden.[444]

Ein besonders perfides Instrument zur Manipulation der öffentlichen Meinung und zur eigenen Imagepflege dachte sich die Zigarettenindustrie 1997 aus. Von großer Medienresonanz begleitet kündigte der vdc eine Kampagne gegen den Mißbrauch von Tabakwaren durch Jugendliche an. Was dann auf Info-Material und Anzeigen zu sehen war, erboste die im Vorfeld vom scheinbaren Einlenken der Industrie zum Teil erfreuten Nichtraucher-Initiativen und Gesundheitsorganisationen besonders. Auf dem in peppigem Layout gestalteten Kampagnen-Material stand nämlich der Slogan „Cool kids can wait". Daß dieses Motto bei Rauchgegnern für Empörung sor-

68 und 69 Beispiele jüngster Imagearbeit der Zigarettenindustrie. Was beim ersten Hinsehen vielleicht noch wirkt wie Einsicht, entpuppt sich schnell als subtile Strategie, den Absatzmarkt von morgen zu gewinnen. Nirgends heißt es, daß „coole kids" überhaupt nicht rauchen, sondern lediglich, daß sie damit warten können!

gen mußte, ist leicht verständlich, wird doch das Rauchen lediglich als aufschiebbare Gewohnheit dargestellt, nicht aber grundsätzlich problematisiert.[445]

Vergleicht man die verschiedenen Akteure der Pro-Tabak-Bewegungen hinsichtlich ihrer Konfliktrhetorik, dann fällt auf, daß die Basis in Gestalt der Ersten Raucher Lobby (ERL) spürbar schärfere Formulierungen wählt als die Industrie. Im Grundsatzpapier der ERL heißt es etwa: „Die halbamtliche Propaganda hat inzwischen einen Ton angeschlagen, der für uns erniedrigend und nicht mehr hinnehmbar ist."[446] Aus dieser Feststellung wird dann die latente Drohung abgeleitet: „Gegen jede zu Augen und Ohren kommende Diskriminierung der Raucher werden die Sympathisanten der ERL protestieren."[447] Als besonders hart empfunden und dementsprechend kraß beschrieben wird der auf Raucher ausgeübte „Anpassungsdruck an das verkündete Ideal der rauchfreien Gesellschaft".[448] Dieser wird sogar als „'freiwilliger Zwang' zur Anpassung Goebbels'scher Prägung" bezeichnet.[449] Diese Vergleiche zwischen dem Auftreten und den geforderten Maßnahmen der Anti-Raucher-Bewegungen einerseits und der Gesundheitsdiktatur des autoritären Unrechtsregimes der Nationalsozialisten andererseits werden von der organisierten Raucher-Basis häufiger gezogen. In den Vereinigten Staaten werden die Protagonisten der Anti-Raucher-Bewegungen von der Gegenseite teilweise sogar als „Health Nazis" diffamiert.[450] Auch hierzulande wittern die Tabakbefürworter der Basis hinter den Bestrebungen, die persönliche Genußfreiheit einzuschränken, faschistoide Tendenzen.[451] Diese in der Tat drastisch überzogenen Vergleiche legen erneut Zeugnis ab vom hohen Grad der Emotionalisierung und Dramatisierung des Konflikts – vor allem an der Basis. Dort wird die Auseinandersetzung wesentlich direkter, offensiver und auch verletzender geführt als auf der Ebene der formalen Organisationen, die meist strategisch subtiler vorgehen. Die emotionale Verselbständigung des Konflikts an der Basis ist auch ein Grund dafür, daß zwischen Raucher-Initiativen und Tabak-Industrie eher eine Zweckgemeinschaft existiert denn eine Allianz auf der Grundlage gegenseitiger Sympathie. In den Augen der Branche wirken die von Säbelrasseln begleiteten öffentlichen Auftritte von einzelnen Rauchern und Raucher-Initiativen imageschädigend und daher für die Ziele der Branche kontraproduktiv.[452]

Die Verwendung von ikonographischen Mitteln in der Konfliktaustragung mit dem Ziel der Beeinflussung des gesellschaftlichen Klimas ist auf Seiten der Tabakbefürworter nicht sehr ausgeprägt. Nur vereinzelt stößt man im Informationsmaterial auf den Einsatz bildlicher Mittel. Diese sind überwiegend karikatureske Darstellungen, die bestimmte Teilaspekte der Kontroverse aufgreifen. Diese ironischen Überspitzungen sollen offensichtlich den absurden Charakter der Debatte beziehungsweise die aus ihr resultierenden Maßnahmenforderungen betonen. Anlaß für derartige Abbildungen bieten die bereits erwähnten These vom Stellvertreterkonflikt und die Bedeutung laborwissenschaftlicher For-

70 und 71 Mit Hilfe von Karikaturen versucht die Tabakindustrie das Rauchen als völlig marginales Umweltproblem moderner Zivilisation darzustellen (oben), ...

... oder – wie hier – die Problematik des Passivrauchens ad absurdum zu führen.

tiert: „Toleranz kann man von Rauchern lernen. Noch nie hat sich ein Raucher über einen Nichtraucher beschwert."[454] Diese Technik der Inanspruchnahme – man könnte auch sagen Instrumentalisierung – von subjektiven Einzelaussagen, wird zwar von beiden Konfliktseiten als unsachlich kritisiert, findet aber dennoch nicht selten Anwendung.

Auch in den Kampagnen der Nichtraucher-Initiativen, beispielsweise zum Welt-Nichtrauchertag 1996, ersetzt das Zitieren von Personen des öffentlichen Lebens die ansonsten so massiv betriebene Strategie der Bezugnahme auf wissenschaftliche Experten.[455] Zwar sind die zitierten Äußerungen noch recht moderat, erreichen aber teilweise schon den Charakter von moralisch-unterlegten Appellen und vermitteln jedenfalls Spuren der emotionalen Aufladung der Problematik.

Vergleicht man innerhalb der Anti-Raucher-Bewegungen das rhetorische und bildsprachliche Repertoire der Nichtraucher-Basisinitiativen mit dem der Gesundheitsorganisationen, so lassen sich einige Unterschiede feststellen. Während die Gesundheitsorganisationen, allen voran die Bundeszentrale für gesundheitliche Aufklärung, in den letzten Jahren abgekommen sind von auf drastische Abschreckung zielenden Präventionskampagnen und eher in einer Art „ganzheitlicherem Ansatz die 'neue Lust am Nichtrauchen' propagieren"[456], halten die Basisinitiativen weiterhin an zum Teil radikalem Sprachgebrauch und aggressiver Allegorie fest. Die Überzeugungsarbeit der formalen Organisationen kommt weitgehend ohne polemische Seitenhiebe auf die Tabakbranche aus. Deren Rolle wird zwar problematisiert, aber eigentlich nicht scharf attackiert.[457] Den Rauchern selbst versucht man betont verständnisvoll zu begegnen und räumt mittlerweile durchaus auch positive Effekte des Rauchens für den Raucher ein.[458] Man hat den Eindruck, daß diese neuen Aufklärungskampagnen sehr sparsam mit oberflächlichen, autoritären Appellen umgehen, und daß die Überzeugungsarbeit hauptsächlich über subtile Argumentationen vonstatten geht. Es wird eine sympathische

schung und die ambivalente Rolle der Gesundheitspädagogen und der Ärzteschaft. Einen hohen Stellenwert genießt aber auch die als einschränkende Verregelung des Rechts auf persönlichen Genuß wahrgenommene staatliche Verbotspolitik; in besonderem Maße finden Mittel der Karikatur Anwendung, wenn es darum geht, die Relevanz der Passiv-Problematik zu bagatellisieren.[453]

Als diskursive Strategie jenseits sachorientierter Argumentation, auf die die Industrie zurückgreift, wären des weiteren noch Text-Bild-Kombinationen zu nennen, worin raucherfreundliche Zitate die Portraits von Personen des öffentlichen Lebens – vor allem wiederum der Politik – kommentieren. So wird etwa der pfeiferauchende Ex-Präsident Italiens Alessandro Pertini mit den Worten zi-

72 und 73 Die Sicht der Tabakindustrie: weder sind Raucher die wirklichen Luftverpester ...

Mittel zur Lösung dieser Problematik. Was wir im Sinne eines guten, gesunden Miteinander brauchen, ist zunächst das Verständnis sowohl für den Mitbürger, der nicht raucht, als auch für den Mitbürger, der raucht."[461]

Das zurückhaltende Auftreten dieses Akteurs kennzeichnet auch die sparsame Verwendung von Mottos und griffigen Slogans.[462] Auch die meist in der verniedlichenden Bildsprache von Comics und Kinderbüchern gehaltenen ikonographischen Elemente der neueren Kampagnen vermitteln einen wenig aggressiven Eindruck. Wie auch die Texte in den Broschüren sind die bildlichen Darstellungen betont locker-ironisch gestaltet, ebenfalls wenn es um problematische Teilaspekte wie die Passiv-Thematik geht.[463]

Einen deutlichen Unterschied hierzu markiert die Semantik und Bildsprache, die von den Nichtraucher-Basisinitiativen verwandt

Atmosphäre geschaffen, die die positiven Seiten und Werte des Nichtraucherdaseins stärker betont als die negativen Aspekte des Rauchens. Die Raucher scheinen in ihrer Genußfreiheit prinzipiell akzeptiert zu werden: „Heutzutage ist es die freie Entscheidung eines jeden einzelnen, ob er oder sie raucht."[459]

Der eigentliche Konflikt zwischen Rauchern und Nichtrauchern wird von den Gesundheitsorganisationen nicht direkt thematisiert. Lediglich bei der Behandlung der Passiv-Problematik werden die damit verbundenen negativen sozialen Auswirkungen – allerdings sehr sachlich und nüchtern – angesprochen.[460] Insgesamt scheint man hier einen Kurs der De-Eskalation einschlagen zu wollen und tritt vor allem für ein vernünftiges Miteinander von Rauchern und Nichtrauchern ein: „Aggressive Konfrontation ist kein

... noch sind Nichtraucher die glücklicheren Menschen.

schen Nichtraucher-Initiativen und Gesundheitsorganisationen gestört ist und die institutionalisierten Nichtraucher an den Organisationen Kritik üben – vor allem an deren Ziel eines partnerschaftlich orientierten Dialogs zwischen Rauchern und Nichtrauchern.

In den Publikationsorganen und Informationsmaterialien der verschiedenen Nichtraucherinitiativen findet sich eine Fülle von Beispielen für diskursive Techniken jenseits der sachlich-argumentativen Ebene. Neben informativen Darstellungen greifen die Initiativen häufig auf provokante und polemische Äußerungen in Wort und Bild zurück. Hierin wird die Emotionalisierung des Konflikts besonders deutlich.

Ein beliebtes Mittel der Einflußnahme auf das öffentliche Bewußtsein, welches jedoch eher der manipulativen 'Stimmungsmache' als der sachlichen Information verpflichtet zu

74 und 75 Eine durch die humoristische Bildsprache der Comics geprägte Anzeige der Bundeszentrale für gesundheitliche Aufklärung ...

wird. Wie innerhalb der Pro-Raucher-Bewegungen führt auch hier die Radikalisierung der Mittel der Konfliktaustragung an der Basis dazu, daß das Verhältnis zwischen Gesundheitsorganisationen und Nichtraucher-Initiativen wenig kooperativ ist. Die Behörden und Organisationen des Gesundheitswesens distanzieren sich von der „'Intoleranz' und 'Aggressivität' in Argumentation und Auftreten" der lokalen Anti-Raucher-Vereinigungen.[464] Interessanterweise greifen hier die Gesundheitsorganisationen mit ihrer Kritik Zuschreibungen auf, die eigentlich der Polemik der Gegenseite entstammen. Es verwundert also nicht, wenn das Verhältnis zwi-

... und eine Seite aus der Info-Broschüre der Nichtraucher-Initiative Deutschland, in der sich Prominente zum Konfliktthema Rauchen äußern.

93

sein scheint, stellt die Verpackung von polemischen Inhalten in Gedichtform dar. In einer Ausgabe der Nichtraucher-Info findet sich folgende Passage eines Gedichts mit dem Titel „Friede seiner qualmenden Asche", in der es über die Raucher heißt: „Verqualmt Euch!/ Lauft meilenweit!/ Aber nicht im Kreis!/ Geradeaus!/ Nur weg von hier!"[465]

In ziemlicher Regelmäßigkeit trifft man in den Nichtraucher-Infos auch auf grau unterlegte Kästchen, die zwischen einzelnen Texten oder Meldungen als Füllelemente plaziert sind. Die Kästchen beinhalten häufig stark polemisierende Einwürfe, deren Vergleiche zumeist recht drastisch ausfallen. So heißt es in der Ausgabe Nr. 18: „Wenn Sie nicht rauchen, werde ich nicht furzen".[466] Noch ein wenig weiter geht die Analogiebildung in einem anderen Textrahmen.[467] Dort liest man:

Mehr als die formalen Gesundheitsorganisationen und die Pro-Tabak-Bewegungen setzen die Nichtraucher-Basisbewegungen in ihrer Öffentlichkeitsarbeit auf verschiedene Formen bildlicher Darstellungen. Auch hier setzt sich die Tendenz zu offensivem Auftreten und zu drastischer Analogiebildung fort, die schon aus den Beispielen zur Konfliktsemantik der Initiativen ersichtlich wurde. So finden sich im Material der Nichtraucher-Vereinigungen die von den Gesundheitsorga-

Lunge eines Rauchers mit typischen Teereinlagerungen. 30 Zigaretten / Tag. Bronchialkrebs mit 40 Jahren, Tod durch Krebsaussaat ins Gehirn.

77 *Durch Abschrecken aufklären? Ein Beispiel aus dem Kampagnenmaterial einer lokalen Nichtraucher-Initiative.*

nisationen schon längere Zeit nicht mehr verwendeten „Schockphotos".[468] Diese Abbildungen zeigen mit einem klinischen Blick beispielsweise teerverklebte Lungenflügel oder verstümmelte Raucherbeine. Im Grunde können diese Bilder nicht als überspitzt oder gar polemisch bezeichnet werden, da sie ja tatsächlich nur real Vorhandenes abbilden. Aber andererseits vermitteln sie nur wenig sachliche Informationen, sondern sollen den abstrakten medizinischen Statistiken einen 'lebensnahen' Bezug verleihen. Letztlich sind sie weniger Argumente als Stilmittel, die ausschließlich auf einen Abschreckungseffekt hinzielen.

In ähnlicher Weise operieren die Nichtraucher-Initiativen mit dem Kampagnenmaterial, welches versucht, statistische Befunde zu den gesundheitlichen Risiken des Rauchens in bildsprachlicher Umsetzung zu veranschauli-

Wer sich von Rauchern die Luft verpesten läßt, kann sich auch mit geringerem Risiko ins Badewasser pinkeln und ins Essen spucken lassen.

76 *Ein Beispiel für die drastischen Analogiebildungen der Nichtraucher-Basisinitiativen. Eine derartige 'Rhetorik' verläßt wohl den Rahmen eines 'vernünftigen Diskurses'.*

dung von real existierenden Zigarettenschachteln aussieht, entpuppt sich beim näheren Hinsehen als äußerlich detailgetreue Persiflage derselben: statt Filterzigaretten heißt es nun „Filterinfarktetten", statt Extramild „Extraschlimm", und aus dem Symbol des Tabakblatts ist eine dampfende Lunge geworden.[471]

Eine letzte Kategorie von Beispielen für den Einsatz bildsprachlicher Mittel in der Aufklärungsarbeit der Nichtraucher-Initiativen sollen die in den Nichtraucher-Info veröffentlichten Leserphotos liefern. Die spezielle Kontextualisierung der Abbildungen kommt hier durch eine erklärende Bildunterschrift zustande. So wird ein Photo, auf dem die Ladenfront einer Naturkost-Ecke zu sehen ist, an der ein Zigarettenautomat hängt, kommentiert mit: „Der große Widerspruch".[472] Ein in seiner inhaltlichen Struktur sehr ähnliches

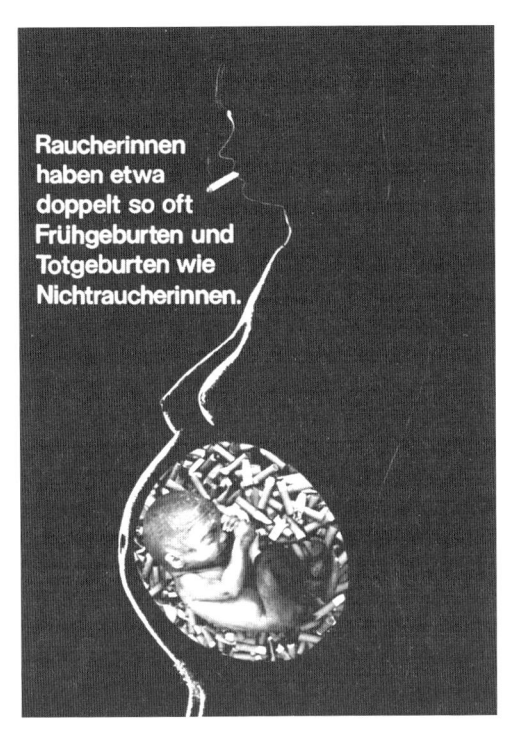

78 Die Gesundheitsorganisationen sind von dieser Art der Öffentlichkeitsarbeit seit einigen Jahren abgekommen. Die Nichtraucher-Initiativen der Basis halten weiter an derartig drastischem Material fest.

chen. Hier wird nicht mit realen Photos gearbeitet, sondern mit Allegorien und Symbolisierungen. So wird beispielsweise die potenzgefährdende Wirkung des Rauchens für Männer durch eine nach unten abgeknickte Zigarette dargestellt und die Gefährdung des Embryos durch die rauchende Mutter mit einem grau gefärbten Säugling inmitten einer mit Zigarettenstummeln gefüllten Gebärmutter.[469]

Ein beliebtes Mittel, das allerdings wohl einen deutlich schwächeren Abschreckungseffekt erzielt, scheint auch die Umgestaltung von gängigen Werbeplakaten der Zigarettenindustrie, von bestimmten Markenzeichen oder Packungsdesigns darzustellen: aus der Marke „Roth-Händle" beispielsweise wird auf diese Weise die „Tod-Händle".[470] Auch was auf den ersten Blick noch wie die Abbil-

79 Zigarettenmarken oder -packungsdesigns stellen ein beliebtes Medium der persiflierenden graphischen Umgestaltung dar.

Photo aus einer anderen Ausgabe der Nichtraucher-Info stellt einen Zusammenhang zwischen Zigarettenautomaten und Bestattungsinstituten her.[473]

Wenn man aufgrund der Darstellungs- und Durchsetzungsmittel der Nichtraucher-Basisinitiativen zu einer zusammenfassenden Einschätzung ihrer Ziele und prinzipiellen Ausrichtung kommen will, dann fällt auf, daß die *Nichtraucher*-Bewegungen nicht selten auch *Anti-Raucher*-Bewegungen zu sein scheinen. Häufig geht es nicht alleine um die Thematisierung der Risiken des Rauchens, sondern weit mehr um die grundsätzliche Diskreditierung der Raucher.[474] In diesem Punkt unterscheiden sich die Nichtraucher-Basisinitiativen von den anderen institutionalisierten Akteuren im gegenwärtigen Raucher/Nichtraucher-Konflikt.[475] Die Ausführungen zum Einsatz von Semantik und Ikonographie der Konfliktparteien haben gezeigt, daß es *allen* Beteiligten längst nicht nur um die Vertretung sachorientierter Positionen und fundierter Argumente geht. Vielmehr scheint der Raucher/Nichtraucher-Konflikt geradezu durch die mehr oder weniger weitgehende verbale und bildliche Diffamierung der jeweiligen Gegenseite gekennzeichnet zu sein. Erst hierin kommt der hohe Grad der Emotionalisierung der Kontroverse zu Ausdruck. Im krassen Widerspruch zur expliziten Absicht der Akteure ist der gegenwärtige Streit eben beinahe weniger ein *vernünftig* geführter als ein hochgradig *moralisch und emotional* aufgeladener Konflikt. Insofern kann eine Trennung von rationalem Argumentieren und emotionalem Provozieren nur analytischen Charakter haben.[476] Egal, ob der Konflikt nun in alltäglichen Situationen ausgetragen wird, im halbformellen Rahmen einer Talk-Show stattfindet oder auf der Ebene indirekter Kommunikation zwischen den formalen Organisationen, „das Schüren von Ängsten und die Dramatisierung des Konflikts, aber auch das entdramatisierende Abwiegeln und persönliche Diffamierungen werden als diskursive Strategie praktisch immer eingesetzt."[477]

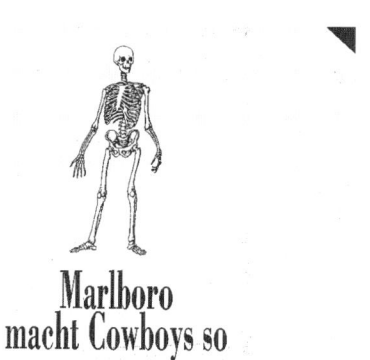

80 und 81 Zwei weitere Beispiele aus der Fülle von verfremdeten Zigarettenwerbungen.

Streitpunkt gesetzlicher Nichtraucherschutz

„Die im Rauchkonflikt meistdiskutierte Regelungsform sind freiwillige Vereinbarungen. (...) Die verbindlichste und starrste Form der Verhaltensregulierung ist aber letztlich der Weg der Anordnung, der Verbote, Gebote und Sanktionen durch eine zentrale Steuerungsinstanz."[478]

Was haben nun die öffentlichen Kontroversen um das Rauchen und Passivrauchen zu ändern vermocht? Welche konkreten Resultate hat der Konflikt hervorgebracht? Diese Fragen zusammenfassend und pauschal beantwortend kann man feststellen, daß das offensive und direkte Vorgehen der Anti-Raucher-Bewegungen in den letzten Jahren sicherlich erfolgreicher war als die weitgehend auf einer Verzögerungs- und Hinhaltetaktik basierende Position der meisten Pro-Tabak-Akteure. Während Schivelbusch 1980 noch meinte konstatieren zu können, daß das Rauchen heutzutage keinerlei prinzipiellen Reglementierungen mehr unterworfen sei[479], formulierten Precht/Baumgartner 1993: „In allerjüngster Zeit führt die Diskussion über die gesundheitlichen Gefährdungen durch das sogenannte Passivrauchen wieder zu Begrenzungen auf bestimmte Räumlichkeiten, in denen geraucht werden darf."[480]

Zu einem der zentralen Elemente der letztjährigen Debatten ist tatsächlich der Begriff 'Nichtraucherzone' geworden. Obwohl die räumliche Segmentierung von Rauchern und Nichtrauchern schon lange als probates Mittel der Konfliktregulierung genutzt wurde, hat sich hier in den letzten Jahren ein rasanter Wandel ereignet. In dem Maße, wie die Redimensionierung und Abschaffung von Rauch-Räumen vollzogen wurde, nahm die Präsenz an Verbotsschildern zu. Vor allem im halböffentlichen Bereich, also an Arbeitsplätzen, in öffentlichen Verkehrsmitteln und gastronomischen Betrieben, läßt sich diese Tendenz deutlich verspüren.[481] „Die Erfinderin der Raucherabteile, die Eisenbahn, ist in Deutsch-

82 *Die durchgestrichene Zigarette: nicht nur hierzulande das Symbol für Rauchverbot. Von der beinahe globalen Omnipräsenz und Verständlichkeit zeugt auch die Werbeanzeige einer Fluggesellschaft.*

land sogar dazu übergegangen, in den neuen ICE-Zügen die Raucher in den ersten und letzten beiden von insgesamt vielleicht zwanzig Waggons zu konzentrieren; Fluggesellschaften bieten immer häufiger völlig rauchfreie Flüge an; (...) U- und S-Bahnhöfe tragen immer öfter den roten Kreis mit der durchgestrichenen Zigarette; Taxen sondern sich in Raucher- und Nichtrauchertaxis."[482]

Doch trotz dieser Entwicklungen werden die Rufe – vor allem der Nichtraucher-Basisinitiativen – nach gesetzlichen Fixierungen der Schutzinteressen der Nichtraucher, nach Maßnahmen der staatlichen Zentralgewalt lauter. Als neues und alles übergreifendes Konfliktfeld entpuppt sich die gegenwärtige Kontroverse um einen gesetzlich verankerten Nichtraucherschutz.

Die Bundeszentrale für gesundheitliche Aufklärung plädiert auf der Grundlage der bisherigen Empfehlungen und mittelbaren Vereinbarungen für die Ausschöpfung aller Möglichkeiten, um einen weitreichenden Nichtraucherschutz zu garantieren.[483] Der Haupttenor ist dabei folgender: „Vor einer rechtlichen Kontroverse sollte der Appell an ein vernünftiges Verhalten, d. h. die Rück-

Reserviert für Nichtraucher

83 und 84 Gerade der Bereich Gastronomie ist Gegenstand hitziger Auseinandersetzungen über den Nichtraucherschutz. Auch hier ist die räumliche Segmentierung von Rauchern und Nichtrauchern zum Teil recht fortgeschritten: entweder in Form von Nichtraucher-Zonen (oben ein entsprechender Tischaufsteller) oder aber auch schon in Form reiner Raucher-Restaurants (unten ein französisches Beispiel, in dem ausdrücklich Nichtraucher toleriert und Hunde willkommen sind.)

sichtnahme auf die Bedürfnisse anderer (...) stehen. (...) Wer keinen anderen Weg mehr sieht, als seine Sache vor Gericht durchzufechten, kann sich auf eine Reihe von Präzedenzfällen berufen."[484] Den Nichtraucher-Basisinitiativen ist dies jedoch zu wenig. So tritt etwa die Nichtraucher-Initiative Deutschland für ein zentrales Nichtraucher-Schutzgesetz ein, welches nicht nur verbindliche Regelungen für den halböffentlichen Bereich vorsieht, sondern ebenfalls bestimmte Situationen des öffenlichen und privaten Bereichs tangieren soll.[485] Von den Initiativen werden immer wieder Einzelfälle angeführt, die belegen, daß die bisherigen Regelungen in der Alltagspraxis von den Rauchern weitestgehend ignoriert worden sind. Sie weisen häufig darauf hin, daß die Diskrepanz zwischen Gebots-Theorie und Verhaltens-Praxis zu Konfliktsituationen führe, in denen die Nichtraucher zumeist 'den kürzeren zögen'.[486] Die Befunde über vereinzelte Konfliktfälle werden von den Initiativen zum Anlaß genommen, die grundsätzliche Wirksamkeit der informellen Regelungen oder von Regelungen, auf deren Zuwiderhandeln keine Sanktionen folgen, in Zweifel zu ziehen. „Die Erfahrung zeigt, daß nur ein Teil der Raucher bereit ist, das Rauchen in Gegenwart von Nichtrauchern zu unterlassen. (...) Daß Betroffene sich selbst einigen sollen, ist ein blauäugiger, schlechter Witz. (...) Ein Nichtraucher-Schutz-Gesetz klärt, wer wirklich der Störenfried ist: der Raucher."[487]

Eigentlich ihren Traditionen als Neuer Sozialer Bewegung zuwiderlaufend sind es die Protestgruppen der Basis, die von der Politik Maßnahmen in Form von Gesetzen vehement einfordern. Hierbei geht es nicht bloß um die gesetzliche Verankerung der Schutzansprüche, sondern auch um Kontrollen der Einhaltung von Verboten und gegebenenfalls auch der Verhängung von Strafen. Auch der Ärztliche Arbeitskreis Rauchen und Gesundheit strebt offensichtlich ein derartiges Gesetz an. In einem Entwurf aus dem Jahr 1995 heißt es zur Frage der Kontrollen: „Die Überwachung des Rauchverbots, die Einrichtung der Raucherzonen und die Erfüllung der Hinweispflicht obliegen dem jeweiligen Inhaber des Hausrechts."[488] Bei Zuwiderhandlungen sieht der Entwurf Geldbußen zwischen 100 und 5.000 Mark vor.[489]

Diese Bestrebungen der verschiedenen Anti-Raucher-Bewegungen fanden in jüngster Zeit auch in Bonn Gehör. Zum ersten Mal seit dem Anlauf im Jahr 1994 hat eine Gruppe von 136 Abgeordneten der CDU, FDP und SPD einen interfraktionellen Gesetzentwurf im November 1996 ins Parlament eingebracht.[490] Fast zeitgleich hat auch die Fraktion der Grünen einen eigenen Entwurf eingereicht. Beide Entwürfe beinhalten wesentliche Elemente

85 und 86 Die Nichtraucher-Initiativen fordern das Recht auf rauchfreie Luft ein (oben, Aufkleber aus dem Kampagnen-Material). Die Tabakbranche wehrt sich gegen einen gesetzlichen Nichtraucherschutz – mit Worten und neuen Produkten (rechts, Werbeanzeige aus dem Jahr 1996 für ein neues Zigarillo, welches so gut riechen soll, daß es auch Nichtraucher mögen).

der Vorschläge, die bereits seit Jahren von den Anti-Raucher-Bewegungen gemacht wurden; sie sind aber weniger weitgreifend. Vor allem der interfraktionelle Entwurf verzichtet auf die Einbeziehung der Gastronomiebetriebe, da deren Gewerkschaft im Vorfeld der Eingabe bereits eigene Maßnahmen umzusetzen versprach. Obwohl dies bei der NID auf Kritik stößt, unterstützte man mit einer Kampagne den neuerlichen politischen Vorstoß.[491] Die öffentlichen Reaktionen auf die Entwürfe waren – wie nicht anders zu erwarten – gespalten.[492] Von seiten der Befürworter eines entsprechenden Gesetzes wurden beispielsweise folgende Positionen vorgebracht: „Nichtraucher sind in der Mehrheit – und die Mehrheit hat ein Recht auf frische Luft" oder „Bußgelder gegen Raucher könnten helfen, auch wenn es schwierig wird, sie einzutreiben.

Es geht darum, das Bewußtsein zu schärfen. Das ist wie mit der Gurtpflicht für Autofahrer."[493] Kritiker des Entwurfs argumentierten etwa mit: „Deutschland ist sowieso schon Weltmeister im Erlassen von Gesetzen und Verboten" oder „Es muß die Hetze gegen Raucher eingestellt werden. Raucher sind eine Minderheit, die geschützt werden muß. Sonst könnte man auch gegen Knoblauchesser vorgehen."

Nach mehreren hitzigen Debatten im Bundestag kamen die Entwürfe im Februar 1998 zur Abstimmung. Interessanterweise war der Fraktionszwang aufgehoben. Demgemäß verteilten sich Zustimmung und Ablehnung quer durch alle Fraktionen. Heraus kam dabei das, was schon im Vorfeld von Experten erwartet worden war: ein Nichtraucherschutzgesetz wurde abgelehnt. Der interfraktionelle Ent-

87 Zum Rauchen vor die Tür! Zunehmend werden Balkone, Treppenhäuser und Flure zu Rückzugsräumen der Raucher.

wurf scheiterte mit 336 Nein- zu 256 Ja-Stimmen (bei 34 Enthaltungen), der Entwurf der Grünen noch deutlicher.[494] Die Initianten des Nichtraucherschutzgesetzes führten das Abstimmungsergebnis vor allem auf die gezielte Lobbyarbeit der Tabakbranche zurück, die nach eigenen Angaben im Vorfeld in persönlichen Gesprächen rund die Hälfte aller Abgeordneten von der Unsinnigkeit des Gesetzes zu überzeugen versucht hatte.[495]

Trotz der Niederlage im Bundestag und der jüngsten Entscheidung des Bundesverfassungsgerichts vom 18.2.1998, das die Beschwerde eines Bürgers abwies, der dem Staat zu wenig Tätigkeit in Sachen Nichtraucherschutz vorwarf[496], bleiben die Rauchgegner zuversichtlich. In der Tat scheint ein gesetzlich verankerter Nichtraucherschutz hierzulande nur eine Frage der Zeit zu sein. Möglicherweise sieht das Abstimmungsergebnis bei einer erneuten Vorlage nach den nächsten Bundestagswahlen unter neuer personeller Zusammensetzung und politischer Kräfteverteilung anders aus.

Ungeachtet des Scheiterns der Gesetzesvorlage spürt die Tabakbranche heute so starke Widerstände wie noch nie zuvor. Ihre Position in der Angelegenheit ist eindeutig: „Wir sind nicht der Ansicht, daß eine restriktive Gesetzgebung die beabsichtigte Wirkung hat, da sie tendenziell Konfrontationen hervorruft", heißt es in einer Broschüre des Phillip Morris-Konzerns.[497] Grundlage zur Beilegung der Spannungen zwischen Rauchern und Nichtrauchern seien freiwillige Vereinbarungen und situationsspezifisch flexible Regelungen, daher sei „opportunistischer Verbotsaktionismus"[498] nicht angebracht. „Allen übereifrigen Rauchgegnern, unabhängig von ihren Motiven, sei entgegenzuhalten, daß alle ihre populistischen Forderungen letztendlich in Verboten enden. Verbote sind der Feind der Freiheit, die für eine demokratische Staatsform unabdingbar ist."[499] In dieser Position findet die Branche auch bei der Ersten Raucher Lobby Unterstützung. Die ERL betont den Aspekt der Freiheitseinschränkung, der durch generelle Verbote droht, besonders stark. Staatliche Eingriffe werden von ihr als autoritär und gängelnd wahrgenommen. „Wir haben, glauben wir, genug Staat. (...) Sind wir nicht auf dem Wege, als Bürger nur noch verwaltete Wesen zu werden?", heißt es sehr prinzipiell im Grundsatzpapier der ERL. Wie die Industrie führen auch die organisierten Raucher die Werte Toleranz, Vernunft und In-

88 Szenarium künftigen Raucherdaseins: noch heiter-ironisch mit der Bildunterschrift „Das künftige Marlboro-Land".

89 Endzeitstimmung unter den Rauchern? Eine düster-apokalyptische Vision, die untertitelt ist mit den Worten: „In der letzten Raucherzone der Stadt treffen sich allabendlich die Gelbfinger, um sich gemeinsam ihrer Sucht hinzugeben."

dividualität ins Feld, um einer Selbstregulierung der anfallenden Probleme das Wort zu reden.[500]

Letztendlich prallen in den gegensätzlichen Positionen zum Nichtraucher-Schutzgesetz zwei Artikel des Grundgesetzes aufeinander. „Jeder hat das Recht auf die freie Entfaltung seiner Persönlichkeit"[501], nehmen die Raucher und die Tabakbranche für sich und ihre Zwecke in Anspruch, während sich die Forderungen nach einem Nichtraucherschutz berufen auf „Jeder hat das Recht auf Leben und körperliche Unversehrtheit".[502] In der Konfrontation der beiden Grundgesetzartikel deutet sich an, welch weite Kreise der Streit um das kulturelle Epiphänomen 'Rauchen oder Nichtrauchen' zieht. Falls die Kontroversen aber tatsächlich auf ein Abwägen der Priorität der beiden Artikel herauslaufen sollten, dann wären die Befürworter des Gesetzesentwurfs im Vorteil, denn die grundrechtlich gewährleistete Position der Raucher endet – im juristischen Fachjargon gesprochen – an den Rechten Dritter.[503] Dies bedeutet konkret, daß der Gesundheitsschutz der Nichtraucher Vorrang genießt vor den Entfaltungsrechten der Raucher.

In den Vereinigten Staaten führt diese Konstellation seit einiger Zeit zu sehr rigiden Nichtraucher-Schutzgesetzen und Rauchverboten.[504] Wenn die amerikanischen Verhältnisse mit einer gewissen Verspätung auch hierzulande Schule machen sollten – und dies ist nach allen bisherigen Entwicklungen in der Tabakgeschichte ja nicht auszuschließen –, dann stehen den Rauchern und der Tabakbranche harte Zeiten bevor. Vor allem die Struktur der „topographischen Segmentierung"[505] kann als Indikator für derartige Entwicklungen dienen, denn die „Forderungen nach einem gesetzlichen Nichtraucherschutz sind in allererster Linie räumliche Forderungen."[506] Und hier zeichnen sich, wie bereits angedeutet, spürbare Veränderungen ab: War es jahrzehntelang üblich, Orte, an denen nicht geraucht werden durfte, speziell zu kennzeichnen, so wird es immer weniger nötig, Nichtrauch-Orte auszuweisen, sondern eher die noch verbliebenen 'Rauchreservate'!

Allerdings scheint es auch illusorisch, davon auszugehen, daß in absehbarer Zeit – zumindest in unseren Breiten – Zustände eintreten werden, wie sie im fiktiven Roman „Smoke Jumpers" von Paul Freeman beschrieben werden: Dort existieren in den USA des frühen 21. Jahrhunderts nämlich nur noch drei räumlich und sozial streng isolierte Rauch-Kolonien.[507]

101

IV. Schlüsse. Die Verflüchtigung des Blauen Dunstes aus kulturtheoretischer Perspektive

„*Tabak stellt – wie der oft verbissen geführte Kampf um die 'Lufthoheit' in Büros, Seminarräumen, Restaurants und Wartesälen zeigt – eines der Medien dar, mittels derer sich die moderne Gesellschaft über ihre Probleme und Ziele verständigt.*"[508]

Der blaue Dunst – bisher untrügliches Anzeichen für den Konsum von Rauchprodukten – verflüchtigt sich. Die Entwicklungen scheinen noch lange nicht abgeschlossen zu sein, aber schon heute deutet sich der schleichende Rückzug des Rauchens als einer mittlerweile gesellschaftlich unerwünschten kulturellen Praxis an.[509] Wie bereits gezeigt, wurden Maßnahmen ergriffen, Regelungen vereinbart und vereinzelt auch Gesetze verabschiedet.

Doch dies sind wahrlich nur die direkten und oberflächlichen Auswirkungen des gegenwärtigen Raucher/Nichtraucher-Konflikts. Die Problematik wirkt gleichsam auch subkutan, zieht weite Kreise. Der Konflikt entfaltet eine beachtliche Dimension und tangiert dabei viele Bereiche des gesellschaftlich-kulturellen Gesamtgefüges.[510] Wenn es vordergründig um die Frage 'Rauchen oder Nichtrauchen' geht, so werden dabei gleichzeitig auch Verhandlungen um die Bedeutungen von ganz anderen Kategorien geführt. Die Akteure des Rauchkonflikts tragen gewissermaßen stellvertretend eine Auseinandersetzung über die Reihenfolge auf der gesellschaftlichen Werteskala aus.[511] Es geht hier um eine Neuordnung beziehungsweise Verteidigung bisher geltender Prioritäten und Hierarchien. Es geht ganz prinzipiell um die Frage, wie wichtig uns heute Werte wie Genuß und Gesundheit, Sicherheit und Freiheit sind. Die Komplexität dessen, um was es im Konflikt neben dem Rauchen beziehungsweise Passivrauchen *noch* geht, verlangt nach Reduktion und analytischer Trennschärfe, die mit ihrer beinahe willkürlichen Auswahl allerdings dort eine trügerische Systematik vorgaukelt, wo doch eigentlich keine sauberen Grenzziehungen möglich sind. Die Aussicht auf das weite Panorama der tangierten Werthorizonte muß sich hier mit dem Charakter eines flüchtigen Blicks begnügen, der zwar wesentliche Konturen zu erfassen sucht, Nuancen und Details jedoch notgedrungen übersehen muß.

Genußmittel, Drogen und Zivilisationsprozeß

Die gesamte europäische Genußmittelgeschichte umspannend formuliert Wolfgang Schivelbusch: „Jede Gesellschaft hat die Genuß- und Rauschmittel, die sie verdient, die sie braucht und die sie verträgt."[512] Vor diesem Hintergrund wäre die Verflüchtigung des Blauen Dunstes zu deuten als das Verschwinden eines Genußmittels beziehungsweise einer Genußweise, die aus Gründen mangelnder kultureller Funktionalität oder gesellschaftlicher Unverträglichkeit unzeitgemäß geworden ist. Nun scheint aber dieses Verschwinden nicht ohne Widerstände abzulaufen: Der Endpunkt der Karriere des Tabaks von einem Heilmittel über ein Genußmittel hin zu einem Suchtmittel wäre mit dessen Illegalisierung erreicht – und auch hierfür lassen sich ja erste Indizien finden. Wenn man die Ausführungen Schivelbuschs weiterentwickelt, dann befinden wir uns momentan lediglich in einer Umbruchphase, für die es in der Genußmittelgeschichte bereits zahlreiche Vorbilder gab: Genußmittel werden eingeführt, finden Verbreitung, Genußweisen differenzieren sich, problematisierende Diskurse nehmen zu und schließlich verschwindet das Genußmittel wieder.[513]

Doch es geht im modernen Rauchkonflikt um deutlich mehr, er kann als Symptom begriffen werden – der Tabak und das Rauchen selbst sind dabei gewissermaßen nur Vehikel, Werkzeuge. Genußmittel und in verstärktem Maße Rauschmittel und Drogen, ja eigentlich auch alle Genuß*verhalten* scheinen heutzutage allgemein einem Prozeß der Problematisierung unterworfen zu sein. Möglicherweise ist die Entwicklung beim Rauchen lediglich am weitesten fortgeschritten. Auch Alkohol, Kaffee, Gewürze und Schokolade – um weitere Genußmittel zu nennen, die in der europäischen Kultur eine lange Tradition besitzen – werden zunehmend von präventivmedizinischen Stigmatisierungen umzingelt, befinden sich auf demselben Weg wie der Tabak, nur an unterschiedlichen Etappen. Es existieren de facto keine Genußangebote in unserer Kultur, die nicht mehr oder weniger aus gesundheitlichen oder moralischen Gründen vorbelastet wären. Längst nicht mehr nur der Tabak ist unzeitgemäß geworden, sondern scheinbar alle verfügbaren Genußmittel lassen sich heute nicht mehr ohne schlechtes Gewissen konsumieren. Genußorientiertes Verhalten ist, obgleich alltagsweltlich omnipräsent wie wohl nie zuvor, gegenwärtig immer auch mit dem Geschmack des Mißbrauchs, der Abweichung, Abhängigkeit und Sucht behaftet.[514]

Es ist zu fragen, inwieweit bei diesen Problematisierungsprozessen tatsächlich die Genußmittel selbst die Zielscheibe der Kritik darstellen, oder ob es möglicherweise eigentlich um die Wirkungen und Effekte derselben geht: Genußmittel verkörpern generell mit ihren Versprechen der 'kleinen Fluchten' vor den alltäglichen Problemen und Konfliktsituationen Momente wie Realitätsdistanz, Selbstentgrenzung, Kompensation und nicht selten auch Aufhebung der gültigen Affektkontrollen und Zwänge.[515] Durch den Konsum der betreffenden Mittel werden Bewußtseinszustände des Genusses, der Muße und auch des Rausches erreicht. Diese Effekte, in denen zu einem Großteil die kulturelle Funktionalität, die eigentliche 'Arbeit' der Genußmittel[516] gesehen werden kann, müssen beinahe zwangsläufig mit den psychisch und sozial tief verankerten Werten von Vernunft, Realitätsbezogenheit und Selbstkontrolle kollidieren. Das Genußhafte wird heute als etwas Entbehrliches aufgefaßt, das rein Hedonistische ist suspekt geworden. Einmal angenommen, den Genußmittelforschern des 19. und frühen 20. Jahrhunderts wäre Recht zu geben, wenn sie von einem quasi anthropologisch fixierten Genußbedürfnis, ja sogar Genußtrieb, beim Menschen ausgehen[517], dann würde sich, mit dem Kulturtheoretiker Norbert Elias gesprochen, der status quo der Zivilisation auch in der Kontrolle und Bemeisterung dieses Triebes ausdrücken.[518] Würde vor diesem Hintergrund die Verflüchtigung des Blauen Dunstes nicht sogar einen regelrechten Zivilisationsschub markieren?

Wie paradox sich allerdings der gesellschaftliche Umgang im Spannungsfeld von Genußmitteln, Drogen und Vernunft präsentiert, kann an zwei Phänomenen verdeutlicht werden. Erstens: Obwohl Genuß- und Rauschmittel heute hochgradig stigmatisiert und teilweise auch als Drogen kriminalisiert sind und eine ausgebaute Präventions- und Kontrollapparatur existiert, stellen Suchtprobleme wohl eines der vordringlichsten sozialen Probleme postindustrieller Gesellschaften dar. Zweitens läßt sich in Bezug auf die staatliche Rolle hinsichtlich des Umgangs mit Genußmitteln und Drogen eine doppelt ambivalente Haltung konstatieren: Die erste Ambivalenz besteht in dem Sachverhalt der gleichzeitigen Bekämpfung von Alkohol und Tabak einerseits, und der fiskalen Profitierung dieser Genußmittel andererseits. Die zweite Ambivalenz vereint zwei völlig gegenläufige Tendenzen: während auf der einen Seite der Zugang zu bestimmten Genußmitteln und die Möglichkeiten ihres Konsums eingeschränkt werden, können offenbar gleichzeitig Diskurse geführt werden, die auf eine Legalisierung von bisher als illegal definierten 'weichen Drogen' hinauslaufen.[519]

Diese äußerst komplexen und paradoxen Zusammenhänge, für die der Streit um das Rauchen nur ein kleines Indiz darstellt, zu erhellen, dürfte ein anspruchsvolles, aber sicherlich notwendiges Vorhaben künftiger kulturwissenschaftlicher Genußmittelforschung darstellen.

Wahrnehmung, Körperverständnis und Gesundheitsbewußtsein

Vilém Flusser, ein renommierter Kommunikationswissenschaftler und Philosoph, schreibt, daß einer der Nebeneffekte des Rauchens in dessen Kommunikationsfunktion liege. Mit dem Rauchen würde der „Geruch des Tabaks" anderen mitgeteilt.[520] Allerdings scheinen gerade Gerüche nur selten völlig neutral wahrgenommen werden zu können. Dies unterscheidet sie in ihrem Wesen von den übrigen Sinneseindrücken, wie der Soziologe Georg Simmel bereits Anfang dieses Jahrhunderts konstatierte.[521] Mit einer gewissen kulturkritischen Attitüde diagnostizierte Simmel, daß die Verfeinerung des Geruchsempfindens, welche den Zivilisationsprozeß gleichsam begleitete, in der Moderne dazu geführt habe, daß der Mensch beinahe allgegenwärtig mit zahlreichen „Chokierungen des Geruchssinnes" konfrontiert würde.[522] Diese Einschätzung kann bedenkenlos auch auf heutige Verhältnisse übertragen werden, und mehr noch: die olfaktorische Toleranz scheint weiter gesunken zu sein. Dies läßt sich schon allein daran erkennen, daß es keineswegs unüblich geworden ist, auf gerichtlichem Wege gegen die Geruchsbelästigung beispielsweise durch Vieh- oder Schweinezucht-treibende Nachbarn vorzugehen.[523]

Auch für das Rauchen und seine zwangsläufige Begleiterscheinung der Geruchsentwicklung hat das Konsequenzen, denn gerade hier scheint der Geruchssinn eine entscheidende Rolle zu spielen: „Es gibt keine andere Konsumform, die Menschen über sinnliche Wahrnehmung derart intensiv in Kontakt zueinander bringt und die – als Gegentendenz – physische Abschottungstendenzen (...) fördert", schreibt Jakob Tanner über das Rauchen.[524] Doch immer weniger Menschen wollen die Geruchsbotschaft des Tabaks, wie sie von Flusser so harmlos und neutral beschrieben wird, auch empfangen. Der Tabakrauch riecht oder duftet höchstens noch für den Raucher; für den größten Teil seiner sozialen Umwelt hingegen ist Tabakgeruch 'Gestank'.[525] Nun fördert dieser Befund eigentlich nichts zutage, was wir nicht schon aus der Beschreibung der historischen Raucher/Nichtraucher-Verhältnisse wüßten. Aber seitdem sich die Hinweise auf die Gesundheitsschädlichkeit des Nebenstromrauchs mehren, ist der Tabak nicht nur unangenehm und belästigend, sondern auch gesundheitsgefährdend: Ein Geruch, der Assoziationen

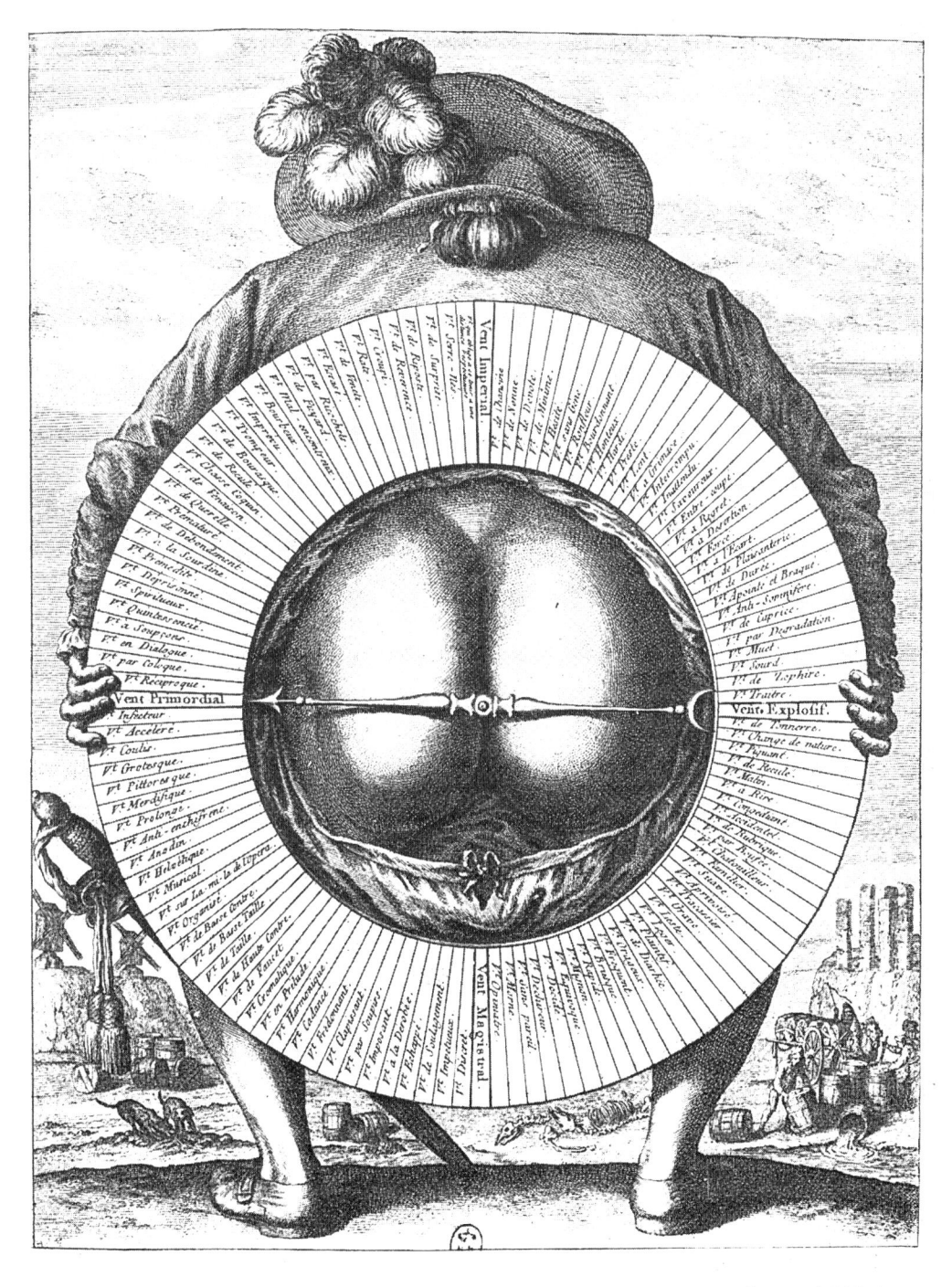

90 „Neuer Kompaß für sensible Nasen" aus dem 18. Jahrhundert. Heutzutage stehen auch Tabakausdünstungen laut Umfrage weit oben auf der Skala der als unangenehm empfundenen Körpergerüche.

an Krankheit oder gar Tod weckt, läßt eine neutrale Wahrnehmung wohl kaum noch zu; Tabakqualm kann geradezu nur noch stinken.[526]

Der unfreiwillige Kontakt mit dem Tabakrauch ist nicht mehr nur belästigend, sondern wird von den Nichtrauchern häufig als ein Angriff auf ihren Leib gedeutet: Raucher bedrohen auf diese Weise mit ihrer Waffe, der Zigarette, die Gesundheit ihrer unfreiwilligen Mitraucher. Brisanz gewinnt dieser Sachverhalt vor dem Hintergrund des gewandelten Körperbewußtseins. Heutzutage gilt die Gesundheit des eigenen Körpers im Selbst-Bewußtsein der meisten Menschen wohl als ein zentrales Gut, als Ressource, als Wert an sich.[527] Die Lebensverhältnisse postindustrieller Wohlstandsgesellschaften haben zu einem veränderten Körperverständnis geführt, das vor allem auch von technologischen Machbarkeitsansprüchen der modernen Medizin beeinflußt ist.[528] In dem Maße, wie Gesundheit als erreichbar und gestaltbar und nicht mehr als schicksalhaft gegeben angenommen wird, ist jeder und jede durch sein oder ihr Verhalten für den Zustand des eigenen Körpers verantwortlich. Krankheiten und körperliche Defekte werden als Abweichung vom theoretisch-medizinischen Ideal definiert. Man versucht durch eine mehr oder minder 'bewußte Lebensweise' alltägliche Gesundheitsbeanspruchungen zu vermeiden, beziehungsweise durch ausgleichendes Verhalten in Form von Sport, Therapien und ähnlichem zu korrigieren oder zu kompensieren. Gesundheit ist wichtig, der „Körper unser letztes Refugium".[529]

Eine grundsätzliche Widersprüchlichkeit – eine Ambivalenz, mit der wir leben müssen – ergibt sich nun aus dem Umstand, daß längst nicht alle Gesundheitsrisiken von den Individuen selbst verschuldet werden. Alltäglich sind wir Situationen ausgeliefert, die eine Bedrohung für Gesundheit, Leib und Leben darstellen, der wir zunächst jedoch nur passiv gegenüberstehen können. Unser Körper ist gleichsam umstellt von Bedrohungen wie gesundheitsschädigenden Lebensmitteln, den Gefahren des Straßenverkehrs oder den Risiken der Kernenergie. Wir wissen zwar vage um deren Gefahrenpotentiale, gleichwohl können wir – solange alles glatt geht! – die Risiken meist nicht direkt sinnlich wahrnehmen. Im Falle des Passivrauchens ist dies anders. Der Rauch, den wir durch unser Geruchsorgan riechen können und bei besonders 'dicker Luft' auch mit unseren Augen sehen können, dient uns als Verweizeichen auf die labortechnisch ermittelte Schädlichkeit des Rauchens. „Wir hören auf unseren Körper"[530], der aus den genannten Gründen den oberflächlichen Sinneseindruck negativ definiert, obwohl wir momentan natürlich nicht den Lungenkrebs oder die Gefäßerkrankungen, die der Qualm möglicherweise zu verursachen imstande ist, spüren. Man könnte aber sagen, daß der Rauch eben einerseits stinkt, weil er gesundheitsschädlich ist, und daß er andererseits schädigend sein muß, weil er ja stinkt.

Der oder die Übeltäter, die für die als Gefährdung empfundene Situation verantwortlich sind, lassen sich leicht identifizieren; auch ist ein direkter Zugriff, ein Einschreiten meist möglich über Worte oder aber durch Taten. Gerade in Zeiten, in denen die anonymen und indirekten Gesundheitsbedrohungen, deren Existenz unser Körper nicht spüren kann und auf die es meist keine Verweizeichen gibt, sehr zahlreich sind[531], wird es für die Individuen sinnvoll und wichtig, die wenigen direkt wahrnehmbaren und identifizierbaren Gefahrenquellen möglichst zu eliminieren.

Auch auf dieser Folie muß der Raucher/Nichtraucher-Konflikt betrachtet werden. Möglicherweise liegt der Schlüssel zur Beantwortung der Frage, warum die Auseinandersetzungen mit so viel Emotionalität und Aggressivität geführt werden, letztlich in der spezifischen Körperlichkeit des (Passiv-)Rauchens. Die direkte sinnliche Wahrnehmbarkeit, die spürbaren, negativ behafteten Begleiterscheinungen des Rauchens reduzieren die Distanz zum Thema, und vor allem die Distanz zu den verursachenden Subjekten. Von diesem Standpunkt aus gesehen muß der aktuelle Raucher/Nichtraucher-Konflikt in die herrschenden Körper- und Gesundheitsdiskurse eingebettet werden.

Risiko, Sicherheit und Expertenwissen

Im Anschluß an die Veröffentlichung des Buches von Ulrich Beck geriet die Rede von der Risikogesellschaft zur inflationär reproduzierten Phrase.[532] Auch wenn die Wellen mittlerweile abgeebbt sind und der Begriff seinen modischen Charakter eingebüßt hat, so hat sich die eigentliche Risiko-Problematik noch längst nicht erledigt.[533] Gerade auch der aktuelle Raucher/Nichtraucher-Konflikt könnte ein Indiz hierfür sein, obwohl er sicherlich nur einen kleinen Ausschnitt aus dem Ensemble der Diskurse, die hierzulande über Risiken geführt werden, darstellt. Hinsichtlich des Karriereverlaufs jedenfalls macht der Rauchkonflikt im Vergleich zu den Diskursen um Gentechnologie, Aids oder Kernenergie keine Ausnahme. Das Muster ist prinzipiell das gleiche: „Zunächst werden einzelne aus der Vielzahl von Gefahren als gesellschaftlich alarmierend erkannt, dann ihre ursächlichen Zusammenhänge genauer erforscht, die Schadenwahrscheinlichkeit und das mögliche Ausmaß berechnet und Maßnahmen zur Schadensreduktion getroffen."[534]

Da die moderne Wissenschaft in der Lage zu sein scheint, ständig neue und feiner differenzierte Risiken identifizieren zu können, sind Bedrohungen omnipräsent geworden. Unser Alltagshandeln wird schwierig: *„Es gibt kein risikofreies Verhalten."*[535] Aus dem alltäglich als problematisch empfundenen Umgang mit Risiken speist sich der gesellschaftliche Wunsch nach Schaffung von Sicherheiten. Da sich die meisten Risiken moderner Zivilisation wie bereits angedeutet der direkten Wahrnehmbarkeit entziehen, sind wir darauf angewiesen, speziellen Experten zu vertrauen und deren Ratschläge zu befolgen, wenn wir die Anzahl der Bedrohungen reduzieren wollen. Jedoch bleibt uns ein Einblick in die Prinzipien des Zustandekommens wissenschaftlicher Ergebnisse meist verwehrt und wäre aufgrund der Komplexität und Kompliziertheit der Materie für Laien auch kaum nachvollziehbar. Es bleibt uns nichts anderes übrig, als unsere Kompetenzen zu delegieren. Darüber wird allzu oft vergessen, daß naturwissenschaftlich-technische Forschung Realitäten ja meist auch nur auf der Basis von Hochrechnungen, Kalkulationen und Simulationen *konstruiert*.[536] „Wissenschaftliches Wissen wird damit selbst zu einer *Quelle von Unsicherheit.*"[537] In den alltäglichen Konfrontationen mit Unsicherheiten, deren Handhabung Entscheidungen von uns verlangt über Sachverhalte, die wir nicht durchschauen können, gewinnen jedoch die Wahrscheinlichkeiten als 'Orientierungsprothesen' eine beinahe normative Kraft.

Doch wie soll man umgehen mit den als riskant etikettierten Substanzen? Eine verbreitete Strategie im Umgang mit Risiken ist die möglichst weit entfernte räumliche Auslagerung derselben. Betrifft dies, beispielsweise im Falle des Problems der Entsorgung von Atommüll, riskante *Objekte*, so stoßen wir beim Bemühen um die Lösung des Passivrauch-Risikos auf riskante *Subjekte*. Die Träger riskanter Verhaltensweisen werden auf der Basis präventivmedizinischer Logik als 'Risikogruppe' definiert und auch stigmatisiert.[538] Auf den gesellschaftlichen Umgang mit Rauchern übertragen, folgt aus der Sicherheitslogik unter dem Motto 'Betreten auf eigene Gefahr' die Meidung potentieller Kontakte und die Ausgrenzung der betroffenen Subjekte.[539]

Das Bemühen um Schutz vor den vielfältigen Risiken moderner Zivilisation ist Ausdruck der Verfaßtheit unserer Kultur und Gesellschaft.[540] Die Individuen sind gleichzeitig aktive Risikoproduzenten und passive, schutzbedürftige Subjekte. Im Rauchkonflikt ist dabei die Zuordnung recht eindeutig: Raucher sind Gefahrenquellen, Nichtraucher den Risiken Ausgesetzte. Um der drohenden Eskalation der Raucher/Nichtraucher-Verhältnisse vorzubeugen, sind individuelle Schutzinteressen unbedingt zu respektieren.

Gleichwohl sollten sich alle Konfliktakteure auch der Tatsache bewußt werden, daß die Frage nach „der 'wirklichen' Riskantheit bestimmter Sachverhalte [und auch Verhaltensweisen, cmd] (...) notwendigerweise unbeantwortet bleiben"[541] muß. Auf der Grundlage dieser Überlegung sollte abgewogen werden, wie sinnvoll grundsätzlich eine „technische Moralisierung"[542] ist, die Ergebnisse naturwissenschaftlicher Verfahren zum alleinigen Bewertungsmaßstab für menschliches Handeln macht.

Individuelle Freiheit vs. kollektive Verantwortung

Der hohe gesellschaftliche Stellenwert von Sicherheit birgt noch weitere Konsequenzen als die vorprogrammierten Konflikte zwischen Risikoproduzenten und deren potentiellen Opfern. Es geht ferner um die Konkurrenz zwischen zwei zentralen Werten: „In der Hierarchie gesellschaftlicher Wichtigkeit (...) können Sicherheitsansprüche mit der Idee von Freiheit kollidieren"[543], heißt es bei Stiehr ganz prinzipiell über die Lebensverhältnisse in Risikogesellschaften. Am Beispiel des Raucher/Nichtraucher-Konflikts läßt sich dies illustrieren, denn die Demarkationslinie zwischen Rauchgegnern und Pro-Tabak-Akteuren verläuft, wie wir gesehen haben, über weite Strecken genau auf der Grenze zwischen der Reklamation von Sicherheit auf der einen, und dem Argument der freiheitlichen Entfaltung auf der anderen Seite. Der aktuelle Konflikt offenbart damit einen prinzipiellen Widerspruch postindustrieller Risikogesellschaften: das Bedürfnis nach Sicherheit läßt sich offenbar nur über Kontrollmechanismen befriedigen, die – zum Teil bereits historisch etablierte – individuelle Freiheitsrechte einschränken. Da moralische Appelle nur mäßige Wirkungen auf die 'Einsicht' der Handelnden entfalten, wird Sicherheit vermehrt über zentrale Steuerungsmaßnahmen wie Gesetze und Verbote herzustellen versucht. Der moderne Rechtsstaat bietet – zumindest theoretisch – die Voraussetzungen dafür, daß einzelne Subjekte oder soziale Gruppierungen die Verwirklichung spezifischer Interessen und Ansprüche über den 'Umweg' der gerichtlichen Instanzen durchsetzen können. Besonders im Hinblick auf den Minderheitenschutz ist dieser Sachverhalt von großer Bedeutung für die Gerechtigkeit in modernen Gesellschaftssystemen. Diese ansonsten sicherlich gutzuheißende Entwicklung offenbart jedoch auch ihre Kehrseiten. Eine negative Konsequenz muß sicherlich darin gesehen werden, daß die gerichtliche Austragung zunehmend als Lösungsstrategie alltäglicher Konflikte in Anspruch genommen wird. Demgegenüber – und dies scheint der Rauchkonflikt deutlich zu zeigen – werden die Möglichkeiten zur informellen Selbstregulierung als wenig wirksam hinsichtlich ihres Lösungsvermögens betrachtet. Die (sicherlich ernstzunehmenden) Forderungen der Nichtraucher-Basisinitiativen nach staatlicher Intervention können dies veranschaulichen.

Es sollte jedoch bedacht werden, daß weder 'von oben' wirkende gesetzliche Rigidität noch eine individuelle juristische Identifizierung von 'Tätern' und deren Abstrafung einem positiven sozialen Klima zuträglich sein kann. Da es gerade im Zuge der fortschreitenden Individualisierung von Lebensstilen und der Pluralisierung von Wertüberzeugungen alltäglich zu zahllosen Situationen kommt, in denen unterschiedliche Interessen und Bedürfnisse der Subjekte aufeinanderprallen, können gerichtliche Entscheidungen hier wohl kaum Abhilfe schaffen; andernfalls wären zweifellos immense Prozeßlawinen zu erwarten. Es sollte nochmals betont werden, daß die Konflikte um das Rauchen hier natürlich nur einen Bruchteil des gesamtgesellschaftlichen Konfliktpotentials ausmachen.[544] Auf mannigfaltigen Gebieten kollidiert der Wunsch nach Realisierung des individuellen Lebensstils mit dem gesellschaftlichen Anspruch auf soziale Verantwortlichkeit des Handelns der Subjekte. Auch hier unterscheiden sich die Problematiken des Passivrauchens (Krebs-Risiko) nicht von denen des 'ungeschützten' Geschlechtsverkehrs (Aids-Risiko) oder der 'unvernünftigen' Fahrweise im Straßenverkehr (Unfall-Risiko). Immer werden Dritte oder Unbeteiligte vom möglicherweise 'falschen' Handeln Einzelner bedroht. Die Berücksichtigung der 'Sozialverträglichkeit' des Handelns wird gleichsam zu dessen Prämisse.[545]

Da persönliche Freiheitsgrade und kollektive Sicherheitsansprüche sich heutzutage einer ähnlich hohen gesellschaftlichen Wertschätzung erfreuen, müssen zeitgemäße Möglichkeiten zur Lösung von Interessenkonflikten diesen beiden Bedürfnissen gleichermaßen gerecht werden. Es könnte daher sinnvoll sein, bei der Suche nach Lösungsmöglichkeiten des aktuellen Raucher/Nichtraucher-Konflikts tatsächlich auch auf Werte wie Toleranz, Rücksicht, Verantwortung und letztlich auch Solidarität zurückzugreifen.[546] Freilich müßte dies aus einer neutralen Position heraus geschehen, wenn der Weg für ein langfristiges Miteinander geebnet werden soll.

Aber auch wenn die 'dicke Luft' um den Blauen Dunst sich so bald nicht verziehen sollte – was nach der Analyse des Konfliktes wahrscheinlich ist –, so sollte eine weitere Bedeutungsebene der Auseinandersetzung nicht aus dem Blickfeld geraten: der Raucher/Nichtraucher-Konflikt stellt in seiner Gesamtheit ein Symptom für gesellschaftlich-kulturelle Wandlungsprozesse dar; er ist nötig zur Standortbestimmung und Selbstdiagnose der Gesellschaft, bietet ihr die Möglichkeit zur kritischen Überprüfung existierender Werthorizonte und zur Ausbalancierung sozialer und kultureller Kräfteverhältnisse. Trotz seiner Emotionalität und Aggressivität dürfte der gegenwärtige Konflikt um das Rauchen, Passivrauchen und Nichtrauchen letztlich weniger soziale Desintegration provozieren als gesellschaftliche und kulturelle Dynamik fördern.

V. Anhang

Anmerkungen

1 An dieser Stelle sei darauf hingewiesen, daß im weiteren Verlauf meist generalisierend die männliche Sprachform gewählt wird, wenn Raucher und Raucherinnen oder Nichtraucher und Nichtraucherinnen gemeint sind. Dies geschieht nicht, weil der Autor die gesellschaftlich-kulturellen Entwicklungen, die zu einem gleichberechtigten Sprachgebrauch geführt haben, ignorieren würde, sondern weil mit dieser Handhabung allzu leseunfreundliche sprachliche Umständlichkeiten vermieden werden können.
2 Tiedemann: Geschichte des Tabaks, S. III.
3 Hengartner: Tabakkonsum und Rauchen, S. 113.
4 Ebd. S. 134. Die Hervorhebungen wurden aus dem Originalzitat übernommen.
5 Die Einschätzung Hengartners legt meines Erachtens auch nahe, daß die Kulturwissenschaften sich nicht nur dafür interessieren sollten, „warum das, was vielen ganz selbstverständlich erscheint, sich gerade so manifestiert" (Gerndt: Studienskript Volkskunde, S. 25), sondern ebenso fragen sollten nach dem Verschwinden des Selbstverständlichen, nach Prozessen der Problematisierung kultureller Praxen.
6 Als Materialbasis dienen neben Sekundärliteratur, vor allem für die aktuellen Teile, auch Originalquellen, in denen Äußerungen zur Problematik schriftlich oder bildlich fixiert sind. Näheres zu dem verwendeten Material läßt sich den einzelnen Teilen des Buches entnehmen. Dieser Zugang wurde in der Absicht gewählt, einen möglichst weiten Überblick über das Thema der Konflikte um das Rauchen zu gewinnen und eine Art Bestandsaufnahme vorzunehmen. Künftig wäre es darüber hinaus sinnvoll, auch empirische Mikrostudien über die alltäglichen Konfrontationen zwischen Rauchern und Nichtrauchern an konkreten Fallbeispielen durchzuführen.
7 Böse: Blauer Dunst, S. 7.
8 Zur Polarität der Meinungen später mehr. An dieser Stelle sei auf eine Ausnahme hingewiesen, die gleichzeitig Vorbildcharakter für die künftige Verhandlung des brisanten Themas haben könnte. Im Jahr 1995 fand in Bern ein interdisziplinäres Symposium zu verschiedensten Aspekten des Rauchens statt, welches verblüffenderweise sowohl von der schweizerischen Krebsliga als auch von der Vereinigung der Schweizerischen Zigarettenindustrie, finanziell unterstützt wurde (vgl. Hengartner/Merki: Tabakfragen)!
9 Corti: Geschichte des Rauchens, S. 11. Meine

individuellen Voraussetzungen scheinen nicht ungünstig zu sein: Ich habe mehrere Jahre selber geraucht, es dann jedoch aufgrund einer Wette aufgegeben. Heute würde ich mich selbst im Lager der sogenannten 'toleranten Nichtraucher' verorten.

10 Jacob Christoph von Grimmelshausen: Satyrischer Pilgram, II. Teil. O.O. 1667, S. 47 (zit. nach Precht/Baumgartner: Tabak, S. 24).

11 An dieser Stelle sei auf die zahlreiche Literatur zur Kulturgeschichte des Tabaks resp. Rauchens hingewiesen. Besonders grundlegend sind Tiedemann: Geschichte des Tabaks; Corti: Geschichte des Rauchens; Goodman: Tobacco; Oppel: Der Tabak; Hartwich: Genußmittel; Precht/Baumgartner: Tabak; Reichenbach: Der Tabak und seine Verbreitung; Rien/Doren: Tabago Buch, und mit Abstrichen wegen ihres deutlich populärwissenschaftlichen Charakters auch Lehmann/Zeidler: Blauer Dunst und Böse: Im blauen Dunst. Vor allem im 19. Jahrhundert entstand eine Reihe von Arbeiten zu den Themen Tabak und Rauchen. Viele dieser Werke sind jedoch heute nur äußerst schwer zu beschaffen.

12 Böse: Im blauen Dunst, S. 52.

13 Goodman: Tobacco, S. 59. Zur Geschichte anderer Genußmittel vgl. vor allem Tiedemann (Geschichte des Tabaks) und Hartwich (Genußmittel). Besonders aufschlußreich ist die Untersuchung von Schivelbusch (Das Paradies, der Geschmack und die Vernunft), welcher die Rolle der Genußmittel im europäischen Zivilisationsprozeß analysiert hat.

14 Vgl. dazu exemplarisch Tiedemann: Geschichte des Tabaks, S. 1-20. Ich möchte an dieser Stelle nicht genauer auf die Rauchpraktiken der Indios und deren Einbettung in mythologische Sinnzusammenhänge eingehen und verweise indes auf den knappen Abriß dazu in Precht/Baumgartner: Tabak, S. 10-16. Dort finden sich auch weiterführende Hinweise.

15 Tanner (Rauchzeichen, S. 18) spricht vom „Rauchen als kultureller Praxis" und verdichtet in dieser Formulierung das komplexe Gefüge der Handlung Rauchen mit all seinen Implikationen von der unmittelbaren motorischen Geste bis hin zum symbolisch vermittelten Image und seinen jeweiligen sozialen Konsequenzen.

16 Dieser Beleg wird von Precht/Baumgartner (Tabak, S. 16) angeführt.

17 Hengartner: Tabakkonsum und Rauchen, S. 115.

18 Auch diese Episode der Tabakhistorie fehlt in keiner der einschlägigen Darstellungen. Stellvertretend seien genannt: Tiedemann: Geschichte des Tabaks, S. 137-139 und Böse: Im blauen Dunst, S. 30.

19 Tiedemann: Geschichte des Tabaks, S. 16f.

20 Zur Aufnahme des Heilmittels Tabak unter den Gelehrten in Deutschland vgl. ebd. S. 140f.

21 Vgl. Hartwich: Genußmittel, S. 64.

22 Vgl. Rien/Doren: Tabago Buch, S. 31.

23 Der Begriff Nicotiana Tabacum ist seit dem 17. Jahrhundert geläufig und stellt einen Bezug zum Verbreiter der Pflanze Nicot her – wie auch die Namengebung für den wichtigsten Inhaltsstoff des Tabaks, das Nikotin, welches aber erst rund zweihundert Jahre später isoliert wurde.

24 Vgl. Hengartner: Tabakkonsum und Rauchen, S. 123, wo über die volksmedizinische Anwendung des Tabaks berichtet wird.

25 Lehmann/Zeidler formulieren zum frühen Stadium der Tabakgeschichte salopp, daß man bis dato zwar auch schon rauchte, aber „vom Genuß des Rauchens keinen blauen Dunst hatte" (Lehmann/Zeidler: Blauer Dunst, S. 20). Das Rauchen, so es ausgeübt wurde, war in die anerkannten ärztlichen Behandlungspraktiken integriert. Ein Umstand, der dazu führte, daß 'Tabaksünder', die sozusagen in Verdacht geraten waren, sinnlos zu rauchen, sich immer wieder auf diese Argumentation zurückzogen, wie Hengartner anführt, der die Akten des Mitte des 16. Jahrhunderts gegründeten Berner Tabakgerichtes, welches Verbotsübertretungen zu ahnden hatte, ausgewertet hat (Hengartner: Tabakkonsum und Rauchen, S. 116f.).

26 Vgl. dazu etwa Böse: Im blauen Dunst, S. 35, oder Precht/Baumgartner: Tabak, S. 17f. Im übrigen läßt sich beobachten, daß dieser Mythos des Vorkämpfers, der sein individuelles Recht auf Genuß gegenüber andersartigen gesellschaftlichen Stimmungen durchsetzen wollte, von der Tabaklobby auch in der heutigen Diskussion bisweilen bemüht wird.

27 Vgl. etwa die Schilderungen zu Sir Walter Raleigh in Rien/Doren: Tabago Buch, S. 32.

28 Tiedemann (Geschichte des Tabaks, S. 149f.) zitiert einen Historiographen der Königin, der 1586 über die Heimkehrer berichtete. Der Schreiber wunderte sich damals sehr über die „Begierde der Ankömmlinge", „mit der einige des bloßen Vergnügen wegen, andere aus Sorgfalt für die Erhaltung ihrer Gesundheit, den übelriechenden Dampf aus thönernen Gefäßen einsogen."

29 Im deutschen Sprachraum, wo sich das 'Genuß-

rauchen' mit einer zeitlichen Verzögerung durchsetzte, tauchte der Begriff erstmals zwischen 1660 und 1678 auf. Vgl. Hengartner: Tabakkonsum und Rauchen, S. 118.

30 Vgl. Schivelbusch: Das Paradies, der Geschmack und die Vernunft, S. 108. Für die Analogiebildung zwischen Trinken und Rauchen macht er auch die prinzipiell vergleichbare Wirkung von Alkohol und Tabak, die durch das Paradox der Gleichzeitigkeit von Stimulanz und Beruhigung charakterisiert ist, verantwortlich. Auch bezüglich des jeweils übermäßigen Genusses wurden diese Parallelen angestellt, wie die Formulierung des Verfassers des Buches „Physiologie des Trinkens", Robert Wathnish, zeigt: er spricht von den Vielrauchern als regelrechten „Tabak-Trunkenbolden" (zitiert nach Reichenbach: Der Tabak und seine Verbreitung, S. 101).

31 Vgl. Apperson: Social History of smoking, S. 48f.

32 Tiedemann: Geschichte des Tabaks, S. 151.

33 Vgl. dazu etwa Tiedemann (Geschichte des Tabaks, S. 152f.), Reichenbach (Der Tabak und seine Verbreitung, S. 5f.) und vor allem Corti (Geschichte des Rauchens, S. 70-78), der ausgiebig aus der Misocapnus-Schrift zitiert.

34 Zitiert nach Tiedemann: Geschichte des Tabaks, S. 153. Ähnliche Töne schlug der König auch auf einer 1605 in Oxford veranstalteten Gelehrten-Kontroverse zur Frage „Whether the frequent use of tobacco is good for healthy men?" an. Nachzulesen ist dies bei Apperson (Social History of Smoking, S. 37) und Corti (Geschichte des Rauchens, S. 80-83).

35 Hess: Rauchen, S. 21.

36 Hengartner: Tabakkonsum und Rauchen, S. 117.

37 Vgl. Tiedemann: Geschichte des Rauchens, S. 155.

38 Ein Tabakverbot in Österreich wurde für Salzburg 1652, für Tirol 1667 erlassen (vgl. Sandgruber: Tabakkonsum in Österreich, S. 43). In Bayern trat ein vergleichbares Gesetz 1652, in Kursachsen 1653 und in Württemberg 1656 in Kraft (Corti: Geschichte des Rauchens, S. 114-117). In Frankreich setzte ein Verbot für den Verkauf von Tabakprodukten, mit Ausnahme des Bezugs auf ärztliche Verordnung hin, 1635 ein (vgl. Tiedemann: Geschichte des Tabaks, S. 163). In Bern erließ die Obrigkeit 1661 ein Verbot gegen das Tabakrauchen. Im letztgenannten Fall ist besonders bemerkenswert, daß das Rauchen bei der Zuteilung der Verbrechen zu den zehn biblischen Geboten unter den Ehebruch subsumiert wurde. Tiedemann mutmaßt, daß dies infolge der Überzeugung mancher Ärzte geschah, die dem Tabak nachsagten, er mache zeugungsunfähig (vgl. ebd. S. 168)! Bezüglich der Härte der Strafen, die sonst meist in einer Geldbuße, einer Gefängnisstrafe oder dem Pranger bestanden, und der Vehemenz, mit der die Raucher verfolgt wurden, wird von vielen Autoren der Tabakgeschichte immer wieder der türkische Sultan Murad IV. genannt, der um 1630 mit unglaublicher Brutalität gegen Raucher vorging und auf Zuwiderhandlungen gegen das Verbot die Todesstrafe angeblich höchstpersönlich vollstreckte (vgl. dazu etwa Corti: Geschichte des Rauchens, S. 140-145, Böse: Im blauen Dunst, S. 49, oder Precht/Baumgartner: Tabak, S. 19). Schivelbusch sieht in den Rauchverboten des 17. Jahrhunderts „Rückzugsgefechte mittelalterlicher Weltanschauung" (Schivelbusch: Das Paradies, der Geschmack und die Vernunft, S. 238), denn die staatlichen wie kirchlichen Kritiker fürchteten die den Genußmitteln innewohnende „bürgerlich-neuzeitliche Dynamik" (ebd.).

39 Vgl. Hess: Rauchen, S. 27.

40 Ebd. S. 20.

41 Ebd.

42 Johann Lassenius: Adelige Tischreden. Nürnberg 1661 (zitiert nach Corti: Geschichte des Rauchens, S. 118).

43 Dies blieb nicht unausgesetzt der Fall, da im 18. Jahrhundert vor allem in Adelskreisen das Schnupfen sehr in Mode kam und das Rauchen insgesamt in den Hintergrund drängte. Ich kann diese interessante Dynamik in den Konsumformen an dieser Stelle nicht weiter verfolgen und verweise stattdessen auf die Darlegungen Schivelbuschs (Das Paradies, der Geschmack und die Vernunft, S. 142-158).

44 Vgl. die Zahlen in Tobacco and Health, S. 32.

45 Vgl. Lüthge: Rauchen in der Kunst, S. 41. Zur genannten Quelle werden leider keine weiteren Angaben gemacht.

46 Vgl. Reichenbach: Der Tabak und seine Verbreitung, S. 211. Es wird auch von Fällen berichtet, in denen zweifelhafte Apotheker und Tabakhändler ihre Produkte mit Verschnitten anreicherten, um ihren Profit zu steigern (vgl. dazu Apperson: Social History of Smoking, S. 42f.).

47 Vgl. Lehmann/Zeidler: Blauer Dunst, S. 89f.

48 Zur Pfeifenkultur und Pfeifenbaukunst und den unterschiedlichen Materialien wie Ton, Meerschaum und Holz vgl. Rien et al: Tabago Buch,

S. 72-93. Zu den Vor- und Nachteilen verschiedener Mischungen und Pfeifenarten vgl. die ausführlich abwägenden Erörterungen im Roman „My lady nicotine" von J.M. Barrie.
49 1860, zu einem Zeitpunkt, da die Pfeife nicht mehr die Vormachtstellung unter den Rauchinstrumenten behaupten konnte, bot beispielsweise der französische Pfeifenhersteller Gambin noch 1.600 verschiedene Modelle an (vgl. Hess: Rauchen, S. 31).
50 Vgl. Tiedemann: Geschichte des Tabaks, S. 165.
51 Vgl. die Zusammenfassung der Schrift in Corti: Geschichte des Rauchens, S. 133f.
52 Vgl. ebd. Zum Teil wurde das Rauchen von der Kirche sogar als eine Sünde aufgefaßt, gemäß dem Bibelspruch 'Alles was aus dem Munde ausgeht ist Sünde' (vgl. Tiedemann: Geschichte des Tabaks, S. 180).
53 Vgl. Goodman: Tobacco, S. 77.
54 Vgl. Hartwich: Genußmittel, S. 70.
55 Ein Indiz für die relative Wirkungslosigkeit der päpstlichen Anordnungen auf der Ebene der alltäglichen Praxis sowohl unter den Geistlichen als auch in der Bevölkerung läßt sich schon in der häufigen Erneuerung der Verbote finden. Vgl. dazu etwa die verschiedenen, grundsätzlich aber beinahe identischen Versionen päpstlicher Bullen gegen den Tabak im 17. Jahrhundert, die bei Corti (Geschichte des Rauchens, S. 133-139) wiedergegeben sind.
56 Vgl. Tiedemann: Geschichte des Tabaks, S. 316f.
57 Schivelbusch jedenfalls argumentiert in diese Richtung, wenn er feststellt, daß die bürgerliche Kultur des 17. und 18. Jahrhunderts am menschlichen Körper vor allem der Kopf interessierte und generell ein „Primat der geistigen Arbeit" herrschte, zu deren Realisierung Tabak und auch Kaffee als förderlich empfunden wurden (Das Paradies, der Geschmack und die Vernunft, S. 122).
58 Zitiert nach Schivelbusch: Das Paradies, der Geschmack und die Vernunft, S. 119. Die Quelle des Zitats ist dort nicht näher benannt.
59 Die Bedenken gegen das Rauchen, die sich auch noch in einzelnen obrigkeitlichen Verordnungen manifestierten, wurden zu dieser Zeit weniger mit moralischen Argumenten gerechtfertigt, sondern zunehmend mit der durch das Rauchen provozierten Feuergefahr (vgl. dazu etwa Lehmann/Zeidler: Blauer Dunst, S. 56 und die in Böse: Im blauen Dunst, S. 47 abgedruckte Schutzverordnung des Herzogs zu Sachsen aus dem Jahr 1733). Die Frage, inwieweit diese Begründung ihre reale Berechtigung hatte, oder ob sie nur als verkleidetes moralisch-autoritäres Argument diente, läßt sich aufgrund der Quellenlage nicht eindeutig beantworten.
60 Brockhaussches Konversationslexikon 1809 (zitiert nach Böse: Im blauen Dunst, S. 61).
61 Vgl. Rien/Doren: Tabago Buch, S. 97f.
62 Vgl. Hess: Rauchen, S. 30.
63 Vgl. Böse: Im blauen Dunst, S. 61.
64 Vgl. Apperson: Social History of Smoking, S. 137 und Corti: Geschichte des Rauchens, S. 246.
65 Vgl. Hess: Rauchen, S. 31.
66 Lehmann/Zeidler: Blauer Dunst, S. 119.
67 Tiedemann: Geschichte des Tabaks, S. 377.
68 Ebd. S. 395f.
69 Vgl. Tanner: Rauchzeichen, S. 40.
70 Vgl. Corti: Geschichte des Rauchens, S. 249. Dieser Autor hat die gesamte Entwicklung des öffentlichen Rauchverbots in Berlin und die Reaktionen der Bevölkerung darauf zwischen 1800 und 1848 anhand materialreicher Recherchen mit Hilfe von Polizeiakten, zeitgenössischen Zeitungen und Flugblättern umfassend aufgearbeitet und damit einen der wenigen Versuche unternommen, *einen* Aspekt der Konfliktgeschichte um das Rauchen systematisch zu untersuchen (vgl. ebd. S. 149-280).
71 Beide Ausdrücke verwendet Sandgruber (Tabakkonsum in Österreich, S. 48) im Zusammenhang mit Aufständen von Rauchern gegen die staatliche Tabaksteuerpolitik um die Mitte des 19. Jahrhunderts in Österreich und Italien.
72 Vgl. Corti: Geschichte des Rauchens, S. 251, 254, 258.
73 Vgl. ebd. S. 258. Lediglich während der Cholera-Epidemien 1831 (vgl. ebd. S. 253-256) und 1837 (vgl. ebd. S. 263f.) kam es zu einer zeitweisen Lockerung. Hier flackerte noch einmal die Bedeutung des Tabaks als Heilmittel auf, da man davon ausging, die desinfizierende Wirkung des Rauchens könne einen wirksamen Schutz vor Ansteckungen bieten (vgl. dazu auch Corbin: Pesthauch und Blütenduft).
74 Tiedemann: Geschichte des Tabaks, S. 379.
75 Goodman: Tobacco, S. 115.
76 Tiedemann beschreibt minutiös Veranlassung, Versuchsaufbau, Durchführung und Resultat von Experimenten, die er selber Anfang der 1850er Jahre durchführte. Der qualvolle Tod zahlreicher Frösche, Katzen und Hunde gab ihm Anlaß für scharfe Warnungen vor übermäßigem Tabakkonsum (vgl. Tiedemann: Geschichte des Tabaks, S. 350-361).
77 Tiedemann: Geschichte des Tabaks, S. 350.

78 Vgl. ebd. S. 371. Im wesentlichen gleichen die hier aufgezählten Symptome der Liste, die Hartwich 1911 gibt, obwohl dieser die Langzeitschäden bei starken Gewohnheitsrauchern noch deutlicher betont (Hartwich: Genußmittel, S. 138). Bei Tiedemann werden interessanterweise neben dem Wissen über körperliche Schäden auch Erkenntnisse von „Irrenärzten" als gesichert angenommen, denen zufolge das Rauchen eine Mitschuld an geistigen Erkankungen tragen könne (Tiedemann: Geschichte des Tabaks, S. 371).
79 Vgl. Tiedemann: Geschichte des Tabaks, S. 368.
80 Dies ist eine Überzeugung, die in der populären Diätetik weit verbreitet war – und zum Teil noch ist – und einige Verwirrung stiften kann, da die Farbe und Helligkeit eines Tabaks lediglich über Herkunft und Art der Pflanze Auskunft gibt, nicht aber zwangsläufig den Schadstoffgehalt bestimmt (vgl. auch Precht/Baumgartner: Tabak, S. 52-55).
81 Vgl. Reichenbach: Der Tabak und seine Verbreitung, S. 95.
82 Tiedemann: Geschichte des Tabaks, S. 364.
83 Ebd.
84 Bis auf einen kurzzeitigen Boom in den 1930er Jahren, als sie noch einmal zur Alternative für Raucher wurde infolge der massiven Steuererhöhungen für Zigaretten (vgl. Precht/Baumgartner: Tabak, S. 60-62).
85 Beleg dafür sind die zahlreichen Zeitungsartikel unter dem Motto 'Zigarren wieder im Trend' oder 'Totgesagte leben länger' (vgl. Titelthema des Zeitmagazins Nr. 36/1996 und die 25 Seiten starke Pressemappe mit dem Titel „Rauchzeichen. Die Zigarre in der Presse vom April bis August 1996"). Außerdem wurden 1996 ein spezielles Zigarrenmagazin lanciert (vgl. Cigar 1/1996) und umfangreiche Werbekampagnen der Industrie gestartet, die durch ihre locker-peppige Aufmachung wohl vor allem junge Menschen als zukünftige Käufer der mit konservativ-patriarchalem Image behafteten Zigarren ansprechen sollen.
86 Vgl. etwa die Einladung zu einem dieser Rauch-Ereignisse in Cigar 1/1996, S. 68-69.
87 Tanner: Rauchzeichen, S. 60.
88 Apperson: Social History of Smoking, S. 179.
89 Vgl. Lehmann/Zeidler: Blauer Dunst, S. 127.
90 Vgl. Corti: Geschichte des Rauchens, S. 283.
91 Vgl. dazu etwa Hess: Rauchen, S. 39 oder Lehmann/Zeidler: Blauer Dunst, S. 128. Von Goodman wird jedoch die These vertreten, daß der Hauptverbreitungsweg der Zigarette nach Mitteleuropa von Spanien aus über Frankreich führte und der Krimkrieg in seiner Bedeutung für die Diffusion gemeinhin überschätzt wird (Tobacco, S. 97).
92 Lehmann/Zeidler: Blauer Dunst, S. 129.
93 Vgl. Rien/Doren: Tabago Buch, S. 110-113.
94 Es würde allerdings die Komplexität kultureller Strömungen und gesellschaftlicher Entwicklungen gegen Ende des 19. Jahrhunderts in Europa unterlaufen, hieraus einen linearen Zusammenhang zu konstruieren, der darauf hinausliefe, den Erfolg der Zigarette mit einer möglicherweise einsetzenden gesundheitlichen Sensibilisierung unter den Rauchern zu erklären. Weitere Interpretationsmuster sind den folgenden Absätzen zu entnehmen.
95 Vgl. Rien/Doren: Tabago Buch, S. 115. Ihren Höhepunkt findet diese Orientalisierung vielleicht in der Gestaltung der 1909 in Dresden fertiggestellten Zigarettenfabrik der Firma Yenidse, einem großen moscheeartigen Gebäude mit zahlreichen Spitztürmen, einem Minarett und einer überdimensionalen goldenen Kuppel (vgl. Abb. 10 und den Artikel über Restaurationsarbeiten in Wochenpost vom 15.8.1996).
96 Diese Phase der Tabakgeschichte ist vor allem bei Goodman (Tobacco, S. 101-103) ausführlich beschrieben.
97 Auch heute weiß wohl kaum eine Raucherin oder ein Raucher, daß die Marke „West" von Reemtsma, „Marlboro" von Phillip Morris und „Lucky Strike" von American Brands hergestellt wird.
98 Vgl. dazu etwa Giedion, der über die Mechanisierung und Industrialisierung der Brotherstellung (Herrschaft der Mechanisierung, S. 207-220) und die industrielle Fleischproduktion(S. 242-249) in den USA schreibt und deren Anfänge bereits zwischen 1820 und 1840 verortet.
99 Vgl. Precht/Baumgartner: Tabak, S. 29.
100 Vgl. Goodman: Tobacco, S. 231.
101 Vgl. ebd. Zum Vergleich: heute fertigt eine computergestützte vollautomatische Maschine bis zu 130 Zigaretten pro Sekunde (vgl. Rien/Doren: Tabago Buch, S. 156).
102 Lehmann/Zeidler: Blauer Dunst, S. 130.
103 Vgl. hierzu auch die Ausführungen von Schivelbusch: Das Paradies, der Geschmack und die Vernunft, S. 122-128.
104 Dirk: Cigarette, S. 23.
105 Ebd. S. 79.
106 Die Jugend Nr. 42 (1901), zitiert nach Lüthge:

Rauchen in der Kunst, S. 61. Genauere Studien zum angesprochenen komplexen Zusammenhang von Rauchen, Moderne und Nervosität könnten meines Erachtens einen interessanten Beitrag zur Aufarbeitung der Nervositätsdebatte, wie sie verstärkt ab dem Ende des 19. Jahrhunderts geführt wurde, liefern. Analog zur „Nervosität des Automobilisten" (Scharfe: Die Nervosität des Automobilisten, S. 200) wäre auch einmal die 'Nervosität des Zigarettenrauchers' zu untersuchen!

107 Dirk: Cigarette, S. 100.
108 Vgl. Hess: Rauchen, S. 48. Heute sind noch gut 200 Marken im Handel erhältlich. Als Gründe für diese Entwicklung führt Hess den Kapitalaufwand für die Automatisierung, die starke Konzentration des Marktes, Überproduktion und die durch das System der Banderolenbesteuerung nötigen immensen Steuervorauszahlungen an (ebd.).
109 Zu den Parallelen und Brüchen in den Entwicklungen der Genußmittel Tabak und Hanf und der entgültigen Verdrängung des Hanfs im Zusammenhang mit der Expansion der Zigaretten vgl. Tanner: Rauchzeichen, besonders S. 40.
110 Vgl. Tanner: Rauchzeichen, S. 40.
111 Sandgruber: Tabakkonsum in Österreich, S. 46.
112 Vgl. Goodman: Tobacco, S. 93. In den USA müssen diese Zahlen noch höher gewesen sein. Dort lag der Zigarettengesamtabsatz 1913 mit 15 Milliarden Stück schon deutlich höher als in Europa (vgl. Corti: Geschichte des Rauchens, S. 290).
113 Vgl. Hartwich: Genußmittel, S. 129. Die verhältnismäßig geringe Summe von 0,81 Mark für Deutschland erklärt sich aus den vergleichsweise niedrigen Steuersätzen, die zu dieser Zeit noch Bestand hatten.
114 Anders scheint dies beispielsweise in Mittel- und Südamerika, aber auch in Teilen Asiens gewesen zu sein. Dies läßt sich an den – meist fassungslos besorgten – Berichten europäischer Reisender ablesen, die die Verbreitung der Rauchsitte unter den Frauen in diesen Ländern beschrieben haben (vgl. etwa Tiedemann: Geschichte des Tabaks, S. 22).
115 Schivelbusch: Das Paradies, der Geschmack und die Vernunft, S. 132.
116 Goodman: Tobacco, S. 62. Ist die Suche nach historischen Belegen zum Thema aus der Zeit vor dem 20. Jahrhundert mühsam, so verraten die wenigen Belege, die darüber Auskunft geben, tatsächlich, daß wohl keine prinzipiellen Rauchverbote herrschten. Aber gerade bei den Autoren des 19. Jahrhunderts werden die verbreiteten Vorbehalte gegen das Rauchen der Frauen vor allem von sittlich-moralischen Argumenten flankiert (vgl. etwa Tiedemann: Geschichte des Tabaks, S. 285, 378, 379; Oppel: Tabak, S. 76 und Reichenbach: Der Tabak und seine Verbreitung, S. 105).
117 Vgl. Apperson: Social History of Smoking, S. 209-215. Der skizzierte Wandel erklärt sich wohl vor allem durch das In-Mode-Kommen des Tabakschnupfens zu dieser Zeit, das vor allem in den Oberschichten praktiziert wurde und an dem auch Frauen gleichberechtigt teilhatten (vgl. Schivelbusch: Das Paradies, der Geschmack und die Vernunft, S. 143-158).
118 Apperson: Social History of Smoking, S. 217.
119 Vgl. etwa den Titel F. W. Beintema von Palmas Schrift „Vernünftige Untersuchung der Frage, ob galanten und anderen Frauenzimmern nicht ebensowohl als denen Mannspersonen Tabak zu rauchen erlaubt und ihrer Gesundheit nützlich sei", die 1743 in Frankfurt erschien und die aufgeworfene Frage positiv beantwortete (zitiert nach Tiedemann: Geschichte des Tabaks, S. 170). Lehmann/Zeidler (Blauer Dunst, S. 59f.) zitieren außerdem einen nicht näher charakterisierten Tabakforscher des 18. Jahrhunderts, der das Rauchen unter Frauen befürwortet mit der Begründung, es sei quasi ein Entwöhnungsmittel für die dort grassierende 'Schnöcksucht'.
120 Vgl. Oppel: Der Tabak, S. 71.
121 Ebd.
122 Tiedemann: Geschichte des Tabaks, S. 285.
123 Sabina Brändli hat im Rahmen ihrer Untersuchungen zu diesem Thema die Ausgaben der englischen Satirezeitschrift Punch ausgewertet und festgehalten, daß sich allein im Jahrgang 1851/52 vier Artikel, 24 Kurznachrichten und Spottgedichte und 29 Karikaturen mit der Frauenrechtsbewegung befaßten; in den meisten Schilderungen und auf den meisten dieser Abbildungen findet das Motiv der rauchenden Frau Anwendung (vgl. Brändli: „Sie rauchen wie ein Mann, Madame", S. 94).
124 Ebd. S. 101.
125 Sandgruber: Tabakkonsum in Österreich, S. 50.
126 Besonders durch die Kinofilme der 1920er und 1930er Jahre, in denen „das Bitten um Zigaretten oder um Feuer und das laszive Spiel mit dem Rauch (...) Teil eines suggestiven Ver-

führungsrituals" (Brändli: „Sie rauchen wie ein Mann, Madame", S. 103) war, und durch die erotische Photographie jener Zeit nahm diese Konnotation einen ungeheuren Aufschwung. Vgl. dazu Brändli: „Sie rauchen wie ein Mann, Madame", S. 101-104, und Koetzle: Feu d'amour, S. 6-15, vor allem die im letztgenannten Band wiedergegebenen photographischen Aufnahmen. Noch heute übrigens „fällt es den Filmemachern schwer, eine 'femme fatale' ohne Rauch zu charakterisieren" (Brändli: „Sie rauchen wie ein Mann, Madame", S. 104). Weitere aktuelle Beispiele für den Konnex zwischen dem Rauchen und weiblicher Erotik ließen sich auch der kürzlich in der Frankfurter Kunsthalle Schirn gezeigten Photoausstellung „Smoking Women" entnehmen.
127 Einen derartigen Schluß nimmt allerdings Schivelbusch (Das Paradies, der Geschmack und die Vernunft, S. 132) vor.
128 Hess (Rauchen, S. 43) führt hier unter anderem die Momente Schlankheit und Zartheit an; hinzuzufügen wäre sicherlich noch die relative Leichtigkeit und Milde der Zigarette. Aus dem bereits Ausgeführten dürfte deutlich geworden sein, warum auch der ungeheuer progressive Vorstoß eines englischen Tabakwarenherstellers um die Mitte des 19. Jahrhunderts erfolglos bleiben mußte: er versuchte damals mit sogenannten „Queens" - kleinen Zigarren mit Mundstücken –, Frauen als neue Zielgruppe für seine Produkte zu gewinnen (vgl. zu dem Produkt Hess: Rauchen, S. 43).
129 Vgl. Goodman: Tobacco, S. 106.
130 Vgl. den Artikel „Mythos Marlboro" von Otmar Severin im Magazin Max 6/94, S. 150. Eine weitere Produktinnovation, die speziell auf Frauen zugeschnitten wurde, lag in der 1939 erstmals in Form der „Pall Mall" auf den Markt gekommene Idee der „King Size" Zigarette. Sie unterschied sich von den herkömmlichen Zigaretten nur rein äußerlich, nämlich in der Länge. Die gestreckte Erscheinung sollte ein besonders elegantes Image assoziieren und dem weiblichen Ästhetikempfinden gerecht werden (vgl. Precht/Baumgartner: Tabak, S. 34 und Hess: Rauchen, S. 50).
131 Vgl. Goodman: Tobacco, S. 112. Die erste erfolgreiche Frauenmarke war die Ende der 1960er Jahre auf den Markt gekommene „Virginia Slims", die in ihren Werbekampagnen auch ganz gezielt den Aspekt der männlichen Bekämpfung des Rauchens unter Frauen aufgriff. Weitere Marken wie „Kim" und „Eve" folgten in den 1970er Jahren.
132 Etwa die „Lucky Strike", die abwechselnd direkt Männer oder Frauen ansprach; in letzterer Variante griff sie auch den bereits erwähnten Topos der 'schnöcksüchtigen Frau' auf und formulierte in einer Werbekampagne der 1950er Jahre (vgl. Goodman: Tobacco, S. 107) den Slogan „Reach for a Lucky instead for a sweet"!
133 Brändli: „Sie rauchen wie ein Mann, Madame", S. 102. Dieses Unisex-Phänomen läßt sich an zwei Beispielen illustrieren: Die King Size-Zigarette, eigentlich für Frauen entwickelt, wurde zum mit Abstand beliebtesten Format bei Männern und Frauen – es existieren heute fast ausschließlich solche Produkte. Ferner ist die typische Frauenmarke Marlboro in den 1950ern mit der Konstruktion des Cowboy-Images zu einer 'Männerzigarette' umfunktioniert worden. Trotz oder wegen des 'männlichen Images' ist die Marlboro unter Frauen in Deutschland heute die beliebteste Zigarette. Vgl. dazu die entsprechenden Aufstellungen in Tobacco and Health.
134 Vgl. Hess: Rauchen, S. 45.
135 Vgl. Precht/Baumgartner: Tabak, S. 33f. In den Räumen des Bundes Deutscher Mädel (BDM) war häufig eine Abbildung der rauchenden Marlene Dietrich zu finden, die untertitelt war mit dem Satz: „Dies ist keine deutsche Frau, deutsche Mädels!" (zit. nach ebd. S. 34).
136 Sandgruber: Tabakkonsum in Österreich, S. 51.
137 Zit. nach Merki: Die amerikanische Zigarette, S. 81. Diese hohen Prozentsätze fielen in den 1950er Jahren doch insgesamt wieder bis auf 11 Prozent ab. Der These des Autors zufolge wäre diese Entwicklung auf den Umstand zurückzuführen, daß Rauchprodukte im Nachkriegsdeutschland eine besondere Bedeutung hatten (vgl. hierzu auch die Ausführungen des folgenden Kapitels), die vorübergehend auch Frauen vermehrt zur Zigarette greifen ließ.
138 Dies bemerkt Böse (Im blauen Dunst, S. 101) zum zeitgenössischen Umgang mit rauchenden Frauen. Ein Blick in Anstandsbücher jener Zeit bestätigt diesen Eindruck deutlich. Dort erscheint das Rauchen unter Frauen als unziemliches und wenig vorteilhaftes Verhalten (vgl. stellvertretend Weber: Hausbuch

139 Brändli: „Sie rauchen wie ein Mann, Madame", S. 106.
140 Ebd. S. 108, mit Bezug auf die Handlung eines zeitgenössischen Werbespots der Zigarettenmarke „Overstolz".
141 Ebd. S. 109.
142 Vgl. Hess: Rauchen, S. 136. Die Gründe erscheinen, wenn auch wenig differenzierend dargestellt, so doch plausibel. Dem Vorschlag des Autors, den jeweiligen Raucherinnen-Anteil in verschiedenen Ländern gleichsam als Indikator für den Grad der gesellschaftlichen Gleichberechtigung von Frauen allgemein zu deuten, möchte ich jedoch nicht ohne weiteres folgen, da ein solcher Schluß monokausal argumentiert und den jeweiligen kulturellen Gesamtkomplex zu wenig berücksichtigt.
143 Vgl. Tobacco and Health, S. 29.
144 Gemeint ist hiermit beispielsweise die Debatte um potentielle Gefahren des aktiven wie passiven Rauchens für ungeborene Kinder schwangerer Frauen (vgl. die Broschüren der Bundeszentrale für gesundheitliche Aufklärung „15 Sekunden zum Nachdenken", S. 22f. und „Rauchfrei", S. 17).
145 Lüthge: Das Rauchen in der Kunst, S. 60f.
146 Dirk: Cigarette, S. 100.
147 Vgl. Dirk (Cigarette, S. 9f.), der die – aus seiner Sicht – ,Vorurteile' gegen die Zigarette zusammenfaßt.
148 Vgl. Goodman: Tobacco, S. 104.
149 Dieses Verfahren wird 'Flue Curing' genannt und arbeitet mit einem Heizröhrensystem, das den Trocknungsprozeß des Rohtabaks künstlich beschleunigt. Zu den Details dieses und anderer gebräuchlicher Verfahren vgl. etwa Precht/Baumgartner (Tabak, S. 52-55, besonders S. 53).
150 Vgl. Hess: Rauchen, S. 49.
151 Ebd.
152 Um den Virginia-Tabaken eine ,orientalische Geschmacksnote' zu verleihen, wurde vor allem eine künstliche Zuckerung des Tabaks vorgenommen und Aromastoffe wie Lakritz, Ahornsirup und ähnliches zugesetzt (vgl. Pohlisch: Tabak, S. 158f.).
153 Vgl. Goodman: Tobacco, S. 104.
154 Ebd. S. 108.
155 Ebd. S. 107. Auffällig ist der hohe technologische Aufwand, der zu einer Verwissenschaftlichung der Zigarettenherstellung und -vermarktung in den 1930er Jahren führte. In diese Phase fallen ebenfalls erste Experimente mit Mentholzigaretten, neuartigen Filtern und nikotinarmen Tabaken (vgl. ebd. S. 109).
156 Böse: Im blauen Dunst, S. 149.
157 Ebd. S. 150.
158 Die Orientzigarette hielt vor Kriegsbeginn 1939 noch ca. 95 Prozent des Gesamtabsatzes (vgl. Merki: Die amerikanische Zigarette, S. 79).
159 Dirk: Cigarette, S. 22f. Gemeint ist die im Vergleich zur Orientzigarette dunklere American Blend.
160 Vgl. Merki: Die amerikanische Zigarette, S. 79.
161 Böse: Im blauen Dunst, S. 152.
162 Dieser Notstand findet seinen Niederschlag auch in der zeitgenössischen Ratgeberliteratur. So stößt man bei der Durchsicht der Bücherverzeichnisse und Bibliografien für den Zeitraum zwischen 1945 und 1950 unter dem Stichwort „Tabak" auf gut 20 Publikationen zum Thema, zumeist geringen Umfangs. Die Titel dieser Bücher spiegeln die herrschenden Verhältnisse: „Tabak aus heimischen Kräutern" (Deutsche Bibliografie 1945-1950, Teil II, Bd. 2), „Blauer Dunst aus eigenem Garten" (ebd.) oder „Ratgeber für Leute, die gern rauchen und keinen Tabak haben" (Deutsches Bücherverzeichnis 1941-1950, Bd. L-Z). Zu Produkten mit den sprechenden Namen „Eigenheimer", „Siedlerstolz" oder „Fliegentod" vgl. Merki: Die amerikanische Zigarette, S. 65.
163 Ebd. S. 79.
164 Ebd. S. 70. Besonders aufschlußreich sind auch die Studien von Pohlisch, der in seinem 1954 erschienenen Buch der Rolle des Tabaks und des Rauchens für die deutsche Bevölkerung während und nach dem Krieg ein ausführliches Kapitel gewidmet hat (vgl. Tabak, S. 129-194). Leider kann auf diese interessanten Zusammenhänge hier nicht näher eingegangen werden.
165 Nicht wenigen Menschen wurde ihre Nikotinabhängigkeit in dieser Zeit zum tragischen Verhängnis, da statt lebensnotwendiger Nahrungsmittel vor allem Tabakprodukte eingetauscht werden mußten, um den sonst auftretenden Entzugserscheinungen vorzubeugen (vgl. etwa die Schilderungen bei Pohlisch: Tabak, S. 168f.).
166 Vgl. dazu Merki: Die amerikanische Zigarette, S. 66.
167 Ebd. S. 57. Zu üblichen Tauschwerten von Zigaretten im Verhältnis zu Lebensmitteln, Einrichtungsgegenständen und Luxusartikeln

vgl. etwa Hess: Rauchen, S. 164-169, und Pohlisch: Tabak, S. 141-143 und 175-176.
168 Vgl. Rien/Doren: Tabago Buch, S. 128. In den nun verwandten Anglizismen der Namengebung läßt sich nochmals der Wandel von der Orientzigarette zum American Blend erkennen. Ein weiteres Indiz für diese Umorientierung liegt in der Ablösung der einstigen Zigarettenmetropole Dresden durch die Städte Hamburg und Bremen mit ihren Überseehäfen und dem Auftreten der USA als Hauptexporteur von Rohtabaken nach Deutschland.
169 Vgl. Merki: Die amerikanische Zigarette, S. 82.
170 Vgl. die entsprechenden Angaben für Europa in Tobacco and Health.
171 Hess: Rauchen, S. 141.
172 Döbbelin schreibt dies in seinem höchst interessanten Büchlein „Wie gewöhne ich mir das Rauchen ab?" (S. 21). Nach meinen Recherchen kann dieser Entwöhnungsratgeber als erster seiner Art bezeichnet werden. Schon der Befund, daß zu jener Zeit offensichtlich ein Bedarf an Derartigem bestanden hat, läßt Konturen eines durchaus ambivalenten gesellschaftlichen Umgangs mit dem Rauchen erkennen. Erneut sollte man sich also nicht von den Absatzentwicklungen und anderen oberflächlichen Erscheinungen blenden lassen.
173 Hartwich: Genußmittel, S. 139. Auffällig an der zitierten Passage ist – wie auch in der Döbbelins –, daß noch nicht von der Zigarette die Rede ist, die doch in diesem Zeitraum schon recht verbreitet war. Ebenfalls interessant ist der Umstand, daß damals für die beschriebene „Vorrichtung" offensichtlich noch nicht der Begriff 'Filter' gefunden worden war.
174 Ebd.
175 Ebd.
176 Vgl. Brändli: „Sie rauchen wie ein Mann, Madame", S. 102.
177 Vgl. Goodmann: Tobacco, S. 122.
178 Vgl. Lickint: Zigarette und Lungenkrebs, S. 9f.
179 Vgl. Goodman: Tobacco, S. 124.
180 Ebd. Vgl. auch die abgedruckte Werbeanzeige und deren starke Betonung auf gesundheitliche Vorteile des neuen Produkts (Abb. 26).
181 Vgl. Hengartner: Tabakkonsum und Rauchen, S. 127.
182 Ebd. S. 128.
183 Stiehr: Risikokonflikte, S. 68 (Hervorhebung im Originalzitat). Eine ähnliche Einschätzung findet sich auch bei Goodman: Tobacco, S. 126.
184 Vgl. Goodman: Tobacco, S. 109 und Hess: Rauchen, S. 55.
185 Ebd.
186 Vgl. ebd. S. 110. Goodman hält diese amerikanischen Zahlen durchaus für global vergleichbar. Zur weiteren Entwicklung läßt sich festhalten, daß der Anteil der Filterzigaretten weiter anstieg. Mitte der 1980er Jahre lag er bei 94 Prozent (ebd.).
187 Vgl. Merki: Die amerikanische Zigarette, S. 81.
188 Böse: Im blauen Dunst, S. 147.
189 Dies ist eine Anspielung auf eine Werbekampagne der Marke „L&M", die Mitte der 1950er Jahre mit einer derartigen Argumentation auftrat (vgl. Precht/Baumgartner: Tabak, S. 35).
190 Daß die Tabakindustrie immer größere Gewinne verbuchen konnte, lag auch in speziellen Veränderungen der Beschaffenheit der Zigaretten begründet: da der Filter das Gesamtvolumen der Zigarette reduzierte, brauchte man für die gleiche Anzahl von Endprodukten weniger Rohtabak. Falls es sich um Leichtzigaretten handelte, so kamen hierbei auch nikotinarme Tabakabfälle und schadstofffreie Tabakersatzstoffe aus Zellulose vermehrt zur Verwendung. Der eigentliche Rohtabakanteil in heutigen Zigaretten liegt deutlich unter dem vergleichbarer Produkte von vor 40 Jahren (vgl. Goodman: Tobacco, S. 112).
191 Vgl. Precht/Baumgartner: Tabak, S. 35. Im Tabago Buch von Rien/Doren, das zum 75jährigen Bestehen des Reemtsma-Konzerns erschien und ansonsten sehr detailreich arbeitet, sucht man interessanterweise vergeblich nach einem Zusammenhang zwischen der neuen Problematisierung des Rauchens und den Leicht- und Filterzigaretten. Die steigenden Absatzzahlen dieser Produkte werden lapidar mit 'einem Trend in den Konsumgewohnheiten' kommentiert.
192 Vgl. Goodman: Tobacco, S. 111. Während um 1970 nur wenige Prozent der Raucherinnen und Raucher diese Zigaretten rauchten, waren es zehn Jahre später schon ca. 60 Prozent; heute liegt dieser Anteil noch deutlich höher.
193 Vgl. die wissenschaftlichen Erkenntnisse, die Hess (Rauchen, S. 61) referiert. Ebenfalls für diese Annahme spricht die Erfolglosigkeit

gänzlich nikotinfreier Zigaretten auf dem Markt.
194 Der durchschnittliche Tageskonsum von Raucherinnen und Rauchern stieg zwischen 1960 und 1979 um rund 86 Prozent, von 11 auf 21 Zigaretten an (vgl. Hess: Rauchen, S. 67).
195 Vgl. ebd. S. 64-66.
196 Mediziner machen diese Substanz vor allem für Sauerstoffmangel und Durchblutungsstörungen verantwortlich (vgl. etwa das Informationsheft der Bundeszentrale für gesundheitliche Aufklärung „Die Freiheit des Abenteuers", S. 64).
197 Hess: Rauchen, S. 67. Zudem wird in Kreisen medizinischer Experten mittlerweile davon ausgegangen, daß Leichtzigaretten zumindest das durch das Rauchen verursachte Infarktrisiko keineswegs reduzieren (vgl. Münchner Medizinische Wochenschrift 137 (1995), Nr. 45, S. 22).
198 Der Spiegel 6/1995, S. 166.
199 Zu Begriff und kultureller Bedeutung der technischen Groteske vgl. den Aufsatz Scharfe: Technische Groteske und technisches Museum.
200 Vgl. Newsletter Netzwerk Nichtrauchen Nr. 1 (1996). US-Gerichte haben die amerikanische Tabakgesellschaft Lorrilard in einigen Fällen haftbar gemacht, in denen Raucher der Marke „Kent" auf Schadensersatz klagten, weil sie davon ausgingen, da die speziellen Filter dieser Marke der 1950er Jahre ihre Krebskrankheit verursacht hätten.
201 Vgl. den Artikel „Rauchen – Die fatale Lust" in Geo 7/1995, S. 34.
202 Ebd.
203 Daß die Entwicklung nicht sogleich begeisterte Verbreitung fand, muß nicht als prinzipielles Desinteresse an einem rauchfreien Rauchprodukt gedeutet werden. Wie schon aus mehreren Phasen der Tabakhistorie bekannt ist, brauchten Produktinnovationen und -modifikationen häufig eine gewisse 'kulturelle Inkubationszeit', um aus ihrem Schattendasein herauszutreten und ihre Wirkung zu entfalten.
204 Vgl. den Artikel in der Tageszeitung vom 17.5.96. Über die Hintergründe der Auswahl dieses Testortes werden keine Angaben gemacht.
205 Vgl. auch den Artikel in Die Zeit Nr. 46 (8.11.1996), S. 70.
206 Ebd.
207 Ebd.
208 Vgl. den Artikel zur „Hi Q" in Oberhessische Presse 22.6.1996.
209 Vgl. Nichtraucher-Info Nr. 22 II/96, S. 26.
210 Vgl. „Raucharme Zigarette im Test", in: Nichtraucher-Info Nr. 23 III/96, S. 24-25.
211 Die Angaben zu diesem Produkt sind einem Artikel des Magazins „jetzt" der Süddeutschen Zeitung entnommen (Heft 48/1997, S. 36).
212 Ebd.
213 Hansmann: Tabak seit Anno Tobak, S. 33.
214 Die Quellen können hier ja nur die Sichtweisen derer wiedergeben, die die Möglichkeit hatten, ihre Meinungen schriftlich oder bildlich zu fixieren.
215 Vgl. dazu etwa die in den Anthologien „Der Tabak-Spinner" und „Tabakiana" abgedruckten Schriften, deren Entstehungszeitraum bis in das 16. Jahrhundert zurückreicht.
216 Bei diesen Quellen dürfte das methodische Problem vor allem darin liegen, abschätzen zu können, inwieweit die schriftlich formulierten Verhaltensregeln tatsächlich einen Spiegel der realen kulturellen Verhältnisse darstellen. Nichtsdestotrotz könnte gerade mit dem Material der Ratgeberliteratur eine systematische Längsschnittanalyse angestrebt werden.
217 In bezug auf die Sekundärliteratur muß ich mich aus quellenkritischer Perspektive jedoch der Einschätzung Pohlischs (Tabak, S. 189) anschließen: „Auch im Schrifttum über den Tabak stecken 'Tabakgefahren': merkantile Interessen, aber auch emotionale Fehlurteile, bei manchem Gewohnheitsraucher durch seine Bindung an den Tabak, bei manchem Nichtraucher durch Tabakgegnerschaft, provoziert etwa dadurch, da er allzu oft wider seinen Willen der Rauchsphäre ausgesetzt ist." Dieser Sachverhalt wiegt an dieser Stelle jedoch weniger schwer, weil es zum Teil ja gerade die „emotionalen Fehlurteile" sind, die für die Rekonstruktion historischer Raucher/Nichtraucher-Verhältnisse nutzbar gemacht werden können.
218 Vgl. die historisch orientierten Schilderungen bei Apperson: Social History of Smoking, S. 32f. und 91.
219 Vgl. etwa die Abhandlung mit dem Titel „Der Tabak-Spinner", die von Johann Ulrich Megerle Ende des 17. Jahrhunderts unter dem Pseudonym Abraham a Santa Clara veröffentlicht wurde (in: Tabak-Spinner, S. 12-13) und die hochinteressante Schmähschrift „Sa-

tyra contra abusum tabaci" des Jesuitenpaters Jacob Balde von 1663.
220 Tiedemann zitiert in seiner Tabakgeschichte das Beschwerdeschreiben eines badischen Pfarrers an das zuständige Konsistorium aus dem Jahr 1662, in dem sich der Geistliche mit einer Reihe von Schimpfwörtern über den Gestank ereifert, der von den Tabakrauchern ausgehe (Tiedemann: Geschichte des Tabaks, S. 167f.). Einen sehr direkten Hinweis auf den möglicherweise schwierigen alltäglichen Umgang mit den Rauchern findet man bei Lehmann/Zeidler: Blauer Dunst, S. 57. Hier werden die Worte des Nürnberger Gelehrten Johann Lassenius angeführt: „Es ist eine Schande, wenn man mit solchen Tabakbrüdern umgehen soll, sie stinken nicht anders wie Böcke und Säue."
221 Vgl. Apperson: Social History of Smoking, S. 75, 77 und 226 und vor allem die Studie von Corbin: Pesthauch und Blütenduft, besonders S. 92-95. Noch 1854 schreibt der ansonsten dem Rauchen gegenüber eher kritisch gestimmte Tiedemann über die hygienischen Verhältnisse in Holland: „Der Tabakduft ist allerdings ein vortreffliches Mittel, die aus den Kanälen und Krachten aufsteigenden üblen Ausdünstungen weniger bemerkbar zu machen." (Tiedemann: Geschichte des Tabaks, S. 161) Zu beachten ist vor allem, wie hier aus dem sonst 'stinkenden Qualm' der „Tabakduft" wird, sobald dieser gegen ein gravierenderes Übel gewendet werden konnte.
222 Dieser Begriff wurde in Anlehnung an Corbin (Pesthauch und Blütenduft, S. 189) gewählt.
223 Corbin: Pesthauch und Blütenduft, S. 198.
224 Zit. nach Ludwig von Knebel: Gespräch mit Goethe über das Rauchen, S. 26.
225 Derartige Hinweise sucht man in Adolph Freiherr von Knigges „Über den Umgang mit Menschen" von 1792 verwunderlicherweise noch vergebens. In der Folgezeit wird das Rauchen in der Ratgeberliteratur entweder in gesonderten Teilkapiteln oder aber in den Ausführungen zum Verhalten in der Öffentlichkeit, in Privaträumen, Verkehrsmitteln etc. thematisiert. Bis heute blieb das Rauchverhalten in den Anstandsbüchern ein Bestandteil der gesellschaftlichen Umgangsformen.
226 Zit. nach Brändli: „Sie rauchen wie ein Mann, Madame", S. 86.
227 Der gute Ton in allen Lebenslagen, S. 40.
228 Lepel: Feiner Takt, S. 56.
229 Vgl. Der gute Ton in allen Lebenslagen, S. 42.
230 Franken: Handbuch des guten Tons, S. 48.
231 Ebd. S. 46.
232 Döbbelin: Wie gewöhne ich mir das Rauchen ab?, S. 11f.
233 Apperson: Social History of Smoking, S. 159-164.
234 Mehr zur geschlechtsspezifischen Bedeutung der Rauchzimmer bei Brändli: „Sie rauchen wie ein Mann, Madame", S. 87.
235 Vgl. Apperson: Social History of Smoking, S. 162. Hier wird auch eine Anekdote nacherzählt, in deren Verlauf die Raucher im „smoking-room" sogar die Schlüssellöcher an den Türen überklebten, um ein Entweichen des Tabakqualms in die restlichen Räumlichkeiten zu vermeiden. Für die Belästigungs-These und gegen den möglichen Einwand, daß mit den Rauchzimmern vor allem Männerzimmer geschaffen wurden, spricht der Sachverhalt, daß in den englischen Clubs, die ja ebenfalls reine Männerräume waren, auch zwischen Rauchräumen und 'Nichtraucherzonen' differenziert wurde. Für die Beschreibung der Club-Verhältnisse bezüglich des Rauchens ist ebenfalls Apperson (Social History of Smoking, S. 81, 91, 110, 140, 165 und 186f.) maßgeblich.
236 Zum Teil waren wohl auch Rauchmützen üblich, um das Haar vor den Tabakdämpfen zu schützen (vgl. Apperson: Social History of Smoking, S. 159). Interessanterweise fiel mit der räumlichen Beschränkung des Rauchens im Laufe des 19. Jahrhunderts auch die räumliche Beschränkung des Kleidens mit der Rauchjacke. Aus der einst auf die häusliche Anwendung beschränkten und leger konnotierten 'smoking-jacket' ist der besonderen gesellschaftlichen Anlässen angemessene Smoking geworden.
237 Weber: Hausbuch, S. 223: „Auch Kerzen und offenes Feuer, ein echter (nicht elektrischer) Kamin nehmen den Rauch auf." Ein weiterer Hinweis zur Gebrauchsweise des Rauchverzehrers findet sich in einem Buch über den Kitsch. Darin heißt es, daß diese Geräte sich vor allem für verheiratete Männer und Familienväter eigneten, da sie die lästigen Nebenwirkungen des Rauchens auf Ehefrau und Kinder vermeiden würden (vgl. Zoeller: Kitsch, S. 164).
238 Dieser Begriff stammt aus Corbin: Pesthauch und Blütenduft, S. 121.

239 Apperson: Social History of Smoking, S. 197.
240 Ebd. S. 173f.
241 Ebd. S. 197.
242 Böse: Im blauen Dunst, S. 9f.
243 Hartwich: Genußmittel, S. 141.
244 In der Anthologie „Der Tabak-Spinner" finden sich zumindest zwei literarische Bearbeitungen von historischen Konfliktsituationen in Raucher- beziehungsweise Nichtraucherabteilen. In beiden Fällen eskalieren die Auseinandersetzungen in Handgreiflichkeiten (vgl. Lessing: Psychologie, und Schäfer: Der Nichtraucher). Vgl. auch die Kritik an den Eisenbahngesellschaften seitens der organisierten Nichtraucher in den 1920er Jahren, beispielsweise Stanger: Tabak und Kultur, S. 23f.
245 Ude: Rauchsklaverei und Kultur, S. 7.
246 Lediglich eine 23seitige medizinische Dissertation von Edgar Bejach aus dem Jahre 1927 mit dem Titel „Die tabakgegnerische Bewegung in Deutschland mit Berücksichtigung der außerdeutschen Tabakgegnerbewegungen" ist zu finden. Leider widmet sich die Schrift weniger dem Titelthema, als daß sie eine Zusammenstellung von ärztlichen Expertenmeinungen zur Schädlichkeit des Tabaks liefert und aus der Tabakhistorie zitiert.
247 Diese konservative Haltung, mit der die Vereinigungen Werte wie Mäßigung, Askese und Traditionalismus vertraten, bewegt sich geradezu im Widerspruch zu den progressiven bürgerlichen Bewegungen der ersten Hälfte des 19. Jahrhunderts, die Werte wie Freiheit, Fortschritt und Emanzipation einforderten.
248 Vgl. Goodman: Tobacco, S. 117.
249 Vgl. Hess: Rauchen, S. 50. Auch wenn bereits naturwissenschaftlich-medizinische Untersuchungen zur Schädlichkeit des Tabaks existierten, so war der allgemeine gesundheitspolitische Diskurs jener Zeit von der Seuchen-Problematik dominiert (vgl. Goodman: Tobacco, S. 120). Die potentiellen Gesundheitsgefahren des Rauchens stellten für weite Teile der Ärzteschaft, Politik und Öffentlichkeit ein untergeordnetes Problem dar.
250 Ende des 19. Jahrhunderts schlossen sich beispielsweise der Großindustrielle Henry Ford und der Technik-Pionier Thomas Edison der Bewegung an (vgl. Goodman: Tobacco, S. 118).
251 Vgl. Hess: Rauchen, S. 50.
252 Vgl. ebd. Die konservativen Gruppierungen aus dem sogenannten „Corn and Bible Belt" der USA führten, wie Hess ausführt, „die Tradition der puritanischen Lustverneinung" (ebd.) fort und gingen gegen Alkohol, Tabak, andere Genuß- und Rauschmittel, aber auch gegen Glücksspiel, Boxkämpfe und Jazzmusik an.
253 Zit. nach Hess: Rauchen, S. 51.
254 Vgl. Hess: Rauchen, S. 52, und Goodman: Tobacco, S. 119. Bis zum Jahre 1921 waren derartige Gesetze in insgesamt 14 Bundesstaaten in Kraft getreten. Der legislative Erfolg der Alkoholprohibitions-Bewegung, mit der die Tabakgegner teilweise Allianzen pflegten, war jedoch ungleich höher. Nichtsdestotrotz beeindruckte die Anti-Tabak-Gesetzgebung der USA offensichtlich die mitteleuropäischen Rauchgegner (vgl. Hartmann: Kampf gegen die Tabakgefahr), wurde aber von diesen zum Teil auch als wenig sinnvoll erachtet: „Alle solchen Bestrebungen haben natürlich einen guten und gesunden Kern, aber die Übertreibung macht sie lächerlich", formulierte etwa Hartwich 1911 (Genußmittel, S. 141).
255 Hess: Rauchen, S. 52. Von Goodman wird darüber hinaus auch das fiskale Interesse der Regierungen am Tabak als Motiv angeführt (vgl. Goodman: Tobacco, S. 119).
256 Vgl. Stanger: Tabak und Kultur, S. 84–86.
257 Über die Hintergründe des plötzlichen Verschwindens der Anti-Tabak-Initiativen können aufgrund des vorliegenden Materials keine Aussagen getroffen werden. Der Rückzug der amerikanischen Anti-Raucher-Bewegung in den 1930er Jahren ist zumindest teilweise durch die negativen Erfahrungen mit der Kontrolle des Genußmittelkonsums während der Prohibitionszeit zu erklären.
258 Vgl. Hengartner/Merki: Rauchen als Thema, S. 7. Mit der regelmäßig erscheinenden Schrift „Auf der Wacht. Amtliches Organ der Reichsstelle gegen Alkohol- und Tabakgefahren" hat aber offensichtlich schon seit 1880 ein Publikationsorgan (staatlicher Instanzen!) existiert (vgl. die Einträge im Deutschen Bücherverzeichnis dieser Jahrgänge unter dem Stichwort „Tabak").
259 Vgl. Kuntz: Der bloße Leib, S. 45 und S. 60 und Sandgruber: Tabakkonsum in Österreich, S. 54 und Stanger: Tabak und Kultur, S. 19.
260 Vgl. Rühle: Kultur- und Sittengeschichte des Proletariats, S. 437.
261 Vgl. Sandgruber: Bittersüße Genüsse, S. 168. Am 27. September 1910 gründete Dr. Hermann Stanger den „Bund Deutscher Tabakgegner". Bereits einige Jahre zuvor wurden

sporadische Versuche unternommen, spezielle tabakgegnerische Vereinigungen zu konstituieren. Doch wie der 1904 gegründete „Verband zum Schutze für Nichtraucher" konnten sich auch weitere, vor allem auf lokaler Ebene aktive Gruppierungen zunächst noch nicht etablieren (vgl. dazu auch: Bejach: Die tabakgegnerische Bewegung, S. 4).

262 Vgl. Bejach: Die tabakgegnerische Bewegung, S. 5.
263 Hartmann: Kampf gegen die Tabakgefahr, S. 18f.
264 Vgl. die Einträge unter dem Stichwort „Tabak" im Gesamtverzeichnis des deutschsprachigen Schrifttums (GV) 1911-1965. Die Untertitel der Zeitschrift wechselten im Laufe der Jahre; kurz vor ihrer Einstellung um 1925 hieß die Publikation „Vierteljahresschrift des 1. Bundes Deutscher Tabakgegner Österreichs, Trautenau und des Bundes Reichsdeutscher Tabakgegner".
265 Vgl. Gesamtverzeichnis des deutschsprachigen Schrifttums (GV) 1911-1965 Stichwort „Tabak". Wie wohl alle Institutionen und Vereinigungen des Gesundheitswesens und deren Publikationsorgane wurde auch diese Zeitschrift später dem Gleichschaltungsmechanismus der Nationalsozialisten unterworfen. Bevor die Schrift im 24. Jahrgang 1942 eingestellt wurde, hieß die „Reine Luft" für einige Ausgaben noch „Die Tabak-Frage. Zeitschrift zur Bekämpfung der Tabakgefahren. Amtliches Organ der Reichsstelle gegen die Alkohol-und Tabakgefahren".
266 Vgl. ebd. S. 10-12. Bedauert wird vor allem, daß die bisher erfolgte „Propaganda" (S. 11) der Rauchgegner beim „Tabakkapital" (ebd.) keinerlei Aufmerksamkeit hat erregen können. Durch Handzettelaktionen in Nichtraucherabteilen der Eisenbahn und auf Wahlveranstaltungen während der Wahlzeit hoffte man, künftig weitere Mitglieder gewinnen zu können: „Zweifellos ist die Zahl der Nichtraucher in der Gesamtbevölkerung viel größer als die der Raucher, aber nur eine Minderheit der Nichtraucher hat sich bis jetzt organisiert und kann daher seinen Einfluß noch nicht mit wuchtiger Schwere in die Waagschale werfen", heißt es auf Seite 10f.
267 Vgl. Hartmann: Kampf gegen die Tabakgefahr, S. 17-29.
268 Ebd. S. 31.
269 Ebd.
270 Sandgruber: Tabakkonsum in Österreich, S. 54.
271 Die Datierung des Aufsatzes ist unsicher. Obwohl in der Schriftenreihe „Rein Luft! Bücherei" nachweislich 1937 ein Werk des Verfassers mit identischem Titel erschienen ist, muß es sich bei der hier benutzten Fassung um eine Veröffentlichung nach 1939 handeln, da der Text aktuell Bezug nimmt auf die Schädlichkeit des Rauchens für die an der Front kämpfenden Soldaten (S. 8).
272 Vgl. Ude: Rauchsklaverei und Kultur, S. 4f.
273 Vgl. ebd. S. 6-7. Auszüge aus der aufschlußreichen Schilderung: „Ich fahre mit der Elektrischen zur Eisenbahn. Der Wagen ist voll, nur noch Platz auf der Plattform. Dichte Rauchschwaden werden mir von rechts und von links, von vorne und rückwärts ins Gesicht geblasen. (...) Endlich am Bahnhof angelangt! Aber vor mir und hinter mir rauchende Menschen... ich muß den ekelhaften Rauch schlucken. (...) Der Raum bei der Fahrkartenabgabe, ein mit stinkenden Rauchschwaden gefüllter, durch Zigarettenstummel verschmutzter Saal. Neuerdings eingeräuchert beim Kartenlösen, von Rauchqualm empfangen am Bahnsteig, eile ich zum Wagen. Da, endlich ein Nichtraucherabteil – aber oh weh! Es stinkt elend nach Tabak; denn die Raucher allein haben das Recht, und rauchen auch da." Im weiteren Verlauf steigern sich die negativen Erfahrungen des Nichtrauchers; dementsprechend noch aufgebrachter gerät der Sprachduktus des Erzählers.
274 Vgl. Ude (Rauchsklaverei und Kultur, S. 3), der schreibt: „Geistige und körperliche Krüppel, sieche, verseuchte, schwachsinnige, kranke Menschen hätten die Riesenwerke der Kultur nie schaffen können."
275 Darunter vor allem Jugendschutzgedanken und Forderungen nach einem weitreichenden Nichtraucherschutz. In Zukunft dürfe demgemäß nicht mehr geraucht werden in sämtlichen Wohn-, Schlaf-, und Arbeitszimmern, ebenso in allen Räumen mit öffentlichem Publikumsverkehr. In Gaststätten müßten kraft behördlicher Verordnung ordentliche Nichtraucherräume gewährleistet sein, gleichermaßen in Eisenbahnzügen und Straßenbahnen (vgl. ebd. S. 7f.).
276 Precht/Baumgartner: Tabak, S. 116.
277 Der Begriff kulturelle Stimmung umschreibt hier gewissermaßen das gesellschaftliche Klima oder den herrschenden öffentlichen Diskurs hinsichtlich eines bestimmten Phänomens. Es wird davon ausgegangen, daß kultu-

relle Stimmungen nur selten von den Gesellschaftsmitgliedern selbst formuliert werden können. Vielmehr verlangt ihre Erschließung nach einer Art seismographischer Identifizierung verschiedenster kultureller Epi-Phänomene, die auf einen größeren Kontext – hier den gesellschaftlichen Umgang mit dem Rauchen und den Rauchern – bezogen werden müssen.

278 Ich stütze mich hierbei wie auch im weiteren Verlauf des dritten Teils auf den Fundus der Quellen und Materialien, die ich im Laufe der letzten Jahre zum Thema Rauchen zusammengetragen habe. Dieser besteht vor allem aus Zeitungsartikeln, Broschüren, Informationsblättern, Werbe- und Kampagnenmaterialien, Plakaten, Aufklebern und verschiedenen Objekten. Ein Teil dieser Materialien konnte durch entsprechende Aufrufe, die an verschiedene Gesundheitsorganisationen, Nichtraucher-Initiativen, Tabakunternehmen und Zeitungsredaktionen ergingen, gewonnen werden. Bei den verwendeten Zeitungsartikeln konnte zum Teil auf die Bestände des Zeitungsarchives der Dokumentationsstelle Hessen am Institut für Europäische Ethnologie und Kulturforschung der Universität Marburg zurückgegriffen werden.

279 Vgl. beispielsweise die Ausgaben entsprechender Publikationen: Geo 7/1995, Wochenpost 20/1995 und Stern 34/1996.

280 Vgl. etwa „Talk im Turm" vom 22. 4. 1990, „RTL Explosiv" vom 2. 1. 1990 und „Stern TV" vom 8. 5. 1996.

281 Vgl. Der Spiegel, Sonderausgabe Jahres-Chronik '97, S. 132-136. Ob der sensationelle Vergleich, bei dem sich die führenden amerikanischen Tabakkonzerne verpflichten wollen eine Zahlung von rund 370 Mio Dollar an verschiedene Kläger zu leisten, um sich so vor weiteren Klagen 'freizukaufen', tatsächlich zustande kommt, ist indes noch nicht klar, weil das Einverständnis des US-Senats noch aussteht (vgl. Süddeutsche Zeitung vom 23.6.1997).

282 Beispiele für erstere Meldungen: vgl. „Nierenkrank durch Rauchen?" (in: Medizin heute 6/96) und „Rauchen kann Basedow-Leiden befördern" (in: Frankfurter Rundschau 13.3.1993). Beispiele für letztgenannte Meldungen: vgl. „Zigarettenrauch als Tumor-Verursacher erneut bestätigt" (in: Münchner Medizinische Wochenschrift 137 (1995), Nr. 17) oder „Rauchen schädigt Krebsabwehr-Gene" (in: Tageszeitung 21.10.1996).

283 Die Überschriften und Titel von Zeitungsartikeln mögen dies illustrieren: Vgl. etwa „Raucher gegen Nichtraucher" (in: Focus 8/1995), „Hilfe, Raucher!" (in: Wochenpost 20/1995) oder aber noch drastischer, „Raucherkrieg in den USA" (in: Bild 3.5.1996).

284 Schon in der offensichtlichen Allgemeinverständlichkeit dieser Abkürzung für „Nichtraucher" könnte man ein weiteres Indiz erblicken für einen hohen Grad an gesellschaftlicher Aufmerksamkeit gegenüber dem Rauchen!

285 Dieses Phänomen hatten auch bereits die Autoren einer anekdotisch gehaltenen Kulturgeschichte des Rauchens (Hansmann: Tabak seit Anno Tobak), die Anfang der 1960er Jahre erschien, erkannt. Über die strenge Differenzierung von Rauchern und Nichtrauchern schreiben sie (S. 33): „Nirgends sonst, ob in Konfession, Alkoholgenuß, bei Karnivoren oder Vegetariern, wird eine offizielle Unterscheidung getroffen."

286 Beispiele stammen aus: Frankfurter Rundschau 19.10.1996.

287 Express. Marburger Magazin 47/1996. In einer Anzeige der Ausgabe 51-52/1996 heißt es bei einer Persönlichkeitsbeschreibung auch: „Ich bin eine Frau von 25, rauche nicht mehr, mag Kinder und Tiere und gutes Essen."

288 Das Rauchen hat den Stellenwert eines Konfliktthemas scheinbar auch schon auf der sozialen Ebene von Partnerschaften erreicht. Die Betonung des eigenen Nichtrauchens und der ausdrückliche Wunsch nach einem ebenso orientierten Pendant soll hier schon frühzeitig das Konfliktpotential einer künftigen Partnerschaft reduzieren.

289 Vgl. dazu etwa den Artikel „Kein Raucher im Reinraum" (in: Münchner Medizinische Wochenschrift, HNO-Highlights 6 (1993), Nr. 3), in dem erwähnt wird, daß der Daimler-Benz Konzern für das Personal bestimmter Fertigungsprozesse, in denen empfindliche mikrooptische und mikromechanische Systeme hergestellt werden, keine Raucher mehr einstellt, da diese durch den Ausstoß feinster Partikel in ihrem Atem bereits die Luftqualitätsanforderungen gefährden.

290 Vgl. etwa die Berichte über amerikanische Konzerne, die aus Kostengründen nur noch Nichtraucher einstellen, oder das Interview mit der Geschäftsleiterin eines mittelgroßen Wirtschaftsunternehmens, welches ausschließlich Nichtraucher einstellt (in: Luftwege, Heft 2, S. 12-13). Des weiteren ist der Artikel „Rau-

chen am Arbeitsplatz" im selben Heft (S. 4-11) aufschlußreich. Auf S. 11 heißt es, die bisherigen Argumentationen um den Aspekt der sozialen Harmonie im Betrieb erweiternd: „Das alleinige Einstellen von Nichtrauchern garantiert eine rauchfreie Arbeitsumgebung ohne Konflikte zwischen Rauchern und Nichtrauchern." Auch werden Bedenken an dieser Form der Personalpolitik geäußert, die sich in folgenden Stichworten zusammenfassen lassen: begrenzter Mitarbeiterpool, Problematik der im Betrieb verbliebenen 'Altraucher', Problem der Überprüfung des Nichtraucherstatus und schließlich die Nähe dieser Praxis zu Diskriminierung und Verfassungswidrigkeit.

291 Die soziale Separierung verläuft hier quasi analog zur Tendenz der räumlichen Trennung von Rauchern und Nichtrauchern, die am Ende des dritten Teils näher erläutert werden soll.

292 Zur Bandbreite der Methoden und ihrer voraussichtlichen Wirksamkeit vgl. beispielsweise Jahrbuch Sucht '94, S. 187-190 oder die Berichte in Test 1/1990, S. 99-106 oder Stern 34/1996, S. 52-59.

293 Angabe gemäß dem aktuellen Verzeichnis lieferbarer Bücher (VLB).

294 Vgl. dazu die Definition von Sucht in bezug auf Nikotinabhängigkeit in Jahrbuch Sucht '94, S. 178f. Im Entwöhnungsratgeber Döbbelins von 1908 taucht der Begriff 'Sucht' noch nicht auf; dort ist die Rede von einer „Leidenschaft" (S. 4) beziehungsweise „Sitte" (S. 5) oder „Gewohnheit" (ebd.). Allerdings werden hier schon psychophysische Zustände des Rauchers beschrieben, die wir hcute als Entzugserscheinungen bezeichnen würden. Weitere historische Schilderungen des 'Gewöhnungsaspekts' können auch Tiedemann: Geschichte des Tabaks, S. 290f. und S. 363 entnommen werden. Erwähnenswert ist an dieser Stelle weiterhin, daß Entwöhnungsratgeber seit der Jahrhundertwende tatsächlich eine lange und recht kontinuierliche Tradition aufweisen. Einen Eindruck davon vermittelt ein Blick in bibliografische Nachschlagewerke, in denen sich beispielsweise folgende Titel finden lassen: Friede, Paul: Raucher, werde Herr deiner Leidenschaft durch (bewußte) Autosuggestion! Eine Schule zur Entwöhnung des Rauchens. Kempten 1925; Horwitz, Hermann: Wie man Nichtraucher wird. Wien 1937. Da diese Ratgeber nicht zum eigentlichen Sammlungsgegenstand von wissenschaftlichen Bibliotheken gehören, ist es außerordentlich schwierig, derartige Exemplare aufzufinden.

295 In der Aufzählung der wichtigsten gesellschaftlichen Suchtformen der Gegenwart wird das Rauchen nach dem Alkoholabusus, dem Konsum von illegalen Drogen und der übermäßigen Anwendung von Arzneimitteln an vierter Stelle genannt. Vgl. Jahrbuch Sucht '94.

296 Von der Weltgesundheitsorganisation (WHO) wird das Rauchen eindeutig als eine Krankheit definiert (vgl. „Raucherentwöhnung ein hoffnungsloses Unterfangen?" in: Münchner Medizinischen Wochenschrift 136 (1994), Nr. 6). Seit 1991 existiert in Deutschland ein spezieller Wissenschaftlicher Arbeitskreis Tabakentwöhnung (WAT).

297 Angaben gemäß Stern 34/1996, S. 55.

298 Vgl. Hess: Rauchen, S. 153.

299 Nichtsdestotrotz wäre es ein reizvolles Unterfangen, eine Produktgeschichte der Entwöhnungsangebote und ihrer speziellen Methoden auch im Hinblick auf die jeweils herrschenden und historisch gewandelten Diskurse um das Rauchen zu rekonstruieren.

300 Der Spiegel 47/1995.

301 Abgedruckt in einem Artikel über das Produkt im Magazin Max 12/1994.

302 Ebd.

303 Als weitere Ausnahme muß hier der Liggett-Konzern genannt werden, der sich im März 1997 bereit erklärte, in den nächsten 25 Jahren ein Viertel seines Gewinns für die Behandlung rauchbedingter Gesundheitsschäden zu zahlen. In einem außergerichtlichen Vergleich kündigte er ferner an, Einsicht in firmeninterne Geheimdokumente zu gewähren. Außerdem wollen führende Firmenangehörige in Prozessen gegen andere Konzerne aussagen (vgl. Berichte in Die ZEIT vom 28.3.1997 und tageszeitung vom 22/23.3.1997). Diese Art außergerichtlicher Vergleiche zwischen Klägern und Tabakindustrie häuft sich in letzter Zeit in den USA deutlich. Womöglich besteht für die dortige Branche darin die einzige Chance, sich für eine gewisse Zeit vor weiteren Verurteilungen und Restriktionen zu schützen, denn mittlerweile befindet sich die Hälfte der 50 Bundesstaaten mit Tabakkonzernen in Schadenersatzprozessen.

304 Vgl. dazu die Artikel „Milde Gaben" (in: Spiegel 13/1996), „Lungenkrebs durch Lucky Strike" (in: Stern 34/1996) und „US-Tabakfirma muß Ex-Raucher Schadenersatz zahlen" (in: Frankfurter Rundschau 12.8.1996), in denen vor allem auf das 'Urteil von Jacksonville' Be-

zug genommen wird. In diesem Gerichtsprozeß erstritt die Witwe eines an Lungenkrebs gestorbenen Mannes Schadenersatz vom Hersteller der Zigarettenmarke, von der ihr Gatte über 40 Jahre lang täglich zwei Schachteln geraucht hatte. Die Richter sahen es als erwiesen an, daß der Konzern Informationen zur Gesundheitsschädlichkeit seines Erzeugnisses den Konsumenten vorenthalten hatte.

305 Zitiert aus dem Text der Packungsbeilage.
306 Stiehr: Risikokonflikte, S. 48.
307 Evers/Nowotny: Umgang mit Unsicherheit, S. 25.
308 Diese Zäsur trifft zumindest für die Verhältnisse in Deutschland zu, auf welche ich mich im restlichen dritten Teil vor allem konzentrieren möchte. Sicherlich haben die Entwicklungen des Raucher/Nichtraucher-Konflikts in den Vereinigten Staaten auch für die hiesigen Verhältnisse zum Teil Vorbildcharakter, basieren aber auf unterschiedlichen gesellschaftlich-kulturellen Fundamenten. An dieser Stelle sei daher nur auf einführende Literatur zum amerikanischen Rauchkonflikt verwiesen: Knoblauch: Vom moralischen Kreuzzug zur Sozialtechnologie; Hildebrandt: Gesundheitsbewegungen in den USA; Berger: Antismoking phenomenon und Taylor: Wissenschaft und Ideologie in den USA.
309 Vgl. Hengartner: Tabakkonsum und Rauchen, S. 128.
310 Stiehr: Risikokonflikte, S. 61.
311 Stiehr erklärt sich diese Maßnahme aufgrund des angeblich mangelnden Zuspruchs aus den eigenen Reihen der Ärzteschaft (Risikokonflikte, S. 63).
312 Zu Hintergründen dieser Gerichtsstreitigkeiten siehe auch Nichtraucher-Info, Nr. 23 III/96, S. 3-7, besonders S. 6. In diesem Artikel wird auf die Geschichte des ÄÄRG näher eingegangen; Anlaß dazu gab die Verleihung des „Medienpreises für eine rauchfreie Gesellschaft" an Ferdinand Schmidt.
313 Zitiert nach dem Grundsatzpapier.
314 Die Angaben wurden dem Faltblatt „Rauchen und Gesundheit – ein Thema, das jeden betrifft!" des ÄÄRG entnommen.
315 Vgl. etwa die gemeinsamen Info-Blätter des ÄÄRG und der Techniker-Krankenkasse „Passivrauchen – lästig und gesundheitsschädlich" und „Arbeitnehmer haben ein Recht auf einen rauchfreien Arbeitsplatz!".
316 Stiehr: Risikokonflikte, S. 57.
317 Ebd. S. 44.
318 Vgl. dazu: Mitteilungen des ÄÄRG 5/1995, S. 4, 6. Hier wird eine Liste wiedergegeben, die starke personelle Überschneidungen bezüglich der Mitglieder beider Organisationen aufweist.
319 Angaben laut Selbstdarstellung „Der Verband der Cigarettenindustrie Bonn", Stand Juli 1994.
320 Unter anderem wurde Bundesarbeitsminister Norbert Blüm wegen seines angeblich 1984 geäußerten Satzes „Freier Rauch für freie Bürger" geehrt (vgl. Stiehr: Risikokonflikte, S. 55).
321 Seit 1973 wird demgemäß im Fernsehen keine Tabakwerbung mehr gezeigt.
322 Diese Maßnahmen wurden 1980/81 getroffen.
323 Im übrigen vertrat Deutschland – repräsentiert durch Bundesgesundheitsminister Seehofer – bei den Abstimmungen in den EU-Gremien bis zuletzt als einer der wenigen Staaten eine ablehnende Haltung gegenüber den Entwürfen, die nun binnen drei Jahren in nationale Gesetzgebungen überführt werden müssen (vgl. die umfangreiche Berichterstattung in der Presse, beispielsweise: Die Zeit vom 5.12.1997, Süddeutsche Zeitung vom 11.9.1997 oder die tageszeitung vom 6./7.12.1997).
324 Vgl. hierzu auch Stiehr: Risikokonflikte, S. 91.
325 Angabe laut Luftwege Heft 2, S. 20-22.
326 Vgl. Stiehr: Risikokonflikte, S. 61.
327 Eine nach Inhalt und Ausrichtung ähnliche Publikation ist das bisher in drei Ausgaben erschienene Heft „Luftwege. Das Magazin für Nichtraucher". Anders als bei den Nichtraucher-Info wird diese Publikation nicht von einer Initiative herausgegeben, sondern von einer Privatperson. Die Auflage von 10.000 Exemplaren wurde über Inserate und Anzeigen aus dem Bereich Gesundheit, Umwelt, rauchfreie Touristik und Gastronomie finanziert. Die Hefte selbst sind kostenlos und liegen bei Vereinigungen und Organisationen des Gesundheitswesens aus.
328 Zitiert nach der Satzung des Nichtraucher-Bundes Berlin e.V.
329 Zitiert nach der Satzung der Nichtraucher-Initiative Frankfurt am Main e.V.
330 Zitiert nach der Selbstdarstellung des Nichtraucher-Bundes Berlin e.V.
331 Deren Interessen sie laut Selbstzuschreibung vertreten (vgl. Selbstdarstellung des Nichtraucher-Bundes Berlin e.V.).
332 Vgl. dazu auch den Bericht in: Der Spiegel Nr. 1/1990.

333 Weiterführende Informationen dazu bei Stiehr: Risikokonflikte, S. 64.
334 Zitiert nach der Informationsbroschüre der Koalition gegen das Rauchen, S. 5.
335 Vgl. ebd. S. 6.
336 Die WHO kann unter diesen Institutionen auch einen Sonderstatus beanspruchen, weil sie mit der ihr zur Verfügung stehenden Mitteln besonders aktiv gegen das Rauchen vorgeht. Sie war es auch, die Ende der 1980er Jahre den Weltnichtrauchertag initiierte. Der 31. Mai jeden Jahres wird seitdem unter ein spezielles Motto gestellt. 1995 war dies „Rauchen kommt uns teurer als wir denken", 1996 „Aktiv und kreativ – rauchfrei". Dieser Tag ist jeweils Anlaß für eine Fülle von Aktivitäten der Gesundheitsorganisationen und Basisinitiativen. Schon die Aufnahme des Themas Nichtrauchen in den Kreis der speziellen 'Schutztage' (Weltkindertag, Weltaidstag, Weltbehindertentag) stellt ein bedeutsames Faktum für die gesellschaftliche Relevanz des Problems dar. Auch dieser Vorgang kann als eine Form der Institutionalisierung begriffen werden.
337 Auf Europaebene sind die Direktion Gesundheit und Sicherheit der Kommission der Europäischen Gemeinschaften und speziell das European Bureau for Action on Smoking Prevention (BASP) zu nennen.
338 Zu Einzelheiten der Antwort der Bundesregierung siehe Stiehr: Risikokonflikte, S. 51. Im Laufe der Jahre ergingen noch eine Reihe von derartigen Anfragen; die Antworten orientierten sich aber weitgehend an der Fassung von 1974.
339 Wobei allerdings, wie bereits angedeutet, die jeweilige Gestaltung der Erlasse den Vorschlägen der Branche sehr weit entgegenkam.
340 Man kann hier beispielsweise an Konflikte über Atomkraft, den Abtreibungsparagraphen oder das Asylrecht denken.
341 Nach erheblichen Kontroversen und nur mit knapper Mehrheit hat die Fraktion der Bündnisgrünen allerdings fast zeitgleich zum interfraktionellen Vorschlag einen eigenen Entwurf beschlossen (vgl. den Artikel „Dicke Luft künftig nur noch in speziellen Raucherzonen" in Frankfurter Rundschau 13.11.1996).
342 Nichtorganisierte Raucher haben sich selbstverständlich auch schon in frühen Phasen des modernen Raucher/Nichtraucher-Konflikts, beispielsweise in Form von Leserbriefen, zu Wort gemeldet.
343 In den Vereinigten Staaten, wo der Konflikt ungleich schärfer geführt wird, und wo sich die Raucher bereits mit einer rigideren Gesetzgebung konfrontiert sehen, ist die Institutionalisierung unter Rauchern deutlich fortgeschritten.
344 Stiehr: Risikokonflikte, S. 66.
345 Troschke: Rauchen, S. 176.
346 Zitiert nach dem zehnseitigen „Grundsatzpapier der ERL".
347 Vgl. „Grundsatzpapier der ERL".
348 Die Konnotation der politischen Symbolik dieses Datums kommt wohl kaum zufällig zustande.
349 Informationsbroschüre „Koalition gegen das Rauchen", S. 12.
350 Vgl. etwa die Zeitungsartikel zum Thema: „Alle rauchen mit" (in: Spiegel 20/1996), „Passivraucher stark gefährdet" (in: Frankfurter Rundschau 4./5.4.1996) oder „Passivrauchen: Wissenschaftler warnen vor Verharmlosung" (in: Oberhessische Presse 16.7.1996).
351 Diesen Ausdruck verwandte der ehemalige Direktor der medizinischen Universitätsklinik Zürichs Hermann Sahli 1918 (zitiert nach: Hengartner: Tabakkonsum und Rauchen, S. 121). Im übrigen lassen sich in den Werken der Tabakhistoriker auch Beschreibungen finden, in denen das Passivrauchen positiv konnotiert wird. So etwa bei Böse, der den Passivraucher charakterisiert als jemanden, „der den Rauch nur genießerisch durch die Nase einzieht und sich dabei eines Gefühls der Behaglichkeit erfreut" (S. 23). Solche Einschätzungen erscheinen auf dem Stand der gegenwärtigen Kontroversen um das Rauchen und auf der Basis der zahlreichen wissenschaftlichen Forschungen zur Problematik heute völlig undenkbar.
352 Vgl. Hartwich: Genußmittel, S. 140.
353 Abkürzung für 'Environmental Tobacco Smoke'.
354 Angabe laut Hess: Rauchen, S. 83.
355 Vgl. Goodman: Tobacco, S. 5. Dies ist vor allem dadurch zu erklären, daß der Nebenstromrauch keinen Filter passiert.
356 Ebd.
357 Vgl. „Gesundheitsgefährdung durch Passivrauchen". In: Deutsche Gesellschaft für Pharmakologie und Toxikologie, Mitteilungen Nr. 17 (1995), S. 44-50.
358 Ebd. S. 48.
359 Vgl. dazu etwa die Überschrift eines Artikels in den Nichtraucher-Info Nr. 23 III/96, S. 22:

„Raucher sind auch Mörder".
360 Stiehr: Risikokonflikte, S. 61.
361 Lindenberg/Schmidt-Semisch: Riskante Substanzen, S. 190.
362 Vgl. Precht/Baumgartner: Tabak, S. 43.
363 Vgl. dazu Stiehr: Risikokonflikte, S. 61.
364 Stellvertretend sei hier die 1992 verabschiedete Resolution der Koalition gegen das Rauchen, die in der Informations-Broschüre der Vereinigung abgedruckt ist (S. 11-13), und das Blatt „Passivrauchen – lästig und gesundheitsschädlich", das vom ÄARG und der Techniker Krankenkasse herausgegeben wurde, genannt.
365 Vgl. Informationsbroschüre der Koalition gegen das Rauchen, S. 6. Gestützt wird diese Position durch neuere Untersuchungen zu den Auswirkungen des Passivrauchens speziell auf den Organismus von Heranwachsenden. Siehe dazu etwa den betreffenden Artikel in der Süddeutschen Zeitung vom 13.12.1990.
366 Vgl. dazu etwa das Flugblatt „Ich rauche mit!" des Nichtraucher-Bundes Berlin e.V., das neben den werdenden Müttern speziell auch die rauchenden Väter anspricht.
367 Vgl. Rahmede: Passivrauchen; Stammkötter: Rauchen und Rauchverbote; Zapka: Passivrauchen und Recht, und Hösgen: Gesundheitsschutz durch öffentliche Rauchverbote.
368 Vgl. die Aufstellung der Präzedenzfälle bei Rahmede: Passivrauchen.
369 Ein recht aktuelles Beispiel, über das in den Medien breit berichtet wurde, betraf eine Stewardeß, die vor dem Bundesarbeitsgericht ihre Forderung nach einem gänzlich rauchfreien Arbeitsplatz nicht durchsetzen konnte (siehe auch den Artikel in der Frankfurter Rundschau vom 9.5.1996 „Stewardeß muß Raucher dulden").
370 Ahrens: Nichtraucher contra Raucher, S. 536.
371 Vgl. die Berichterstattung in der Süddeutschen Zeitung vom 11./12.10.1997. Das Geld soll in einen Fond zur Diagnose und Behandlung von Passivrauch-Krankheiten eingezahlt werden.
372 Vgl. dazu die Broschüre „Rauchfrei. Über das Rauchen und über Nichtraucherschutz" (vor allem das Kapitel „Zugzwang mit Folgen", S. 13-31).
373 Vgl. die Broschüre „Die Freiheit des Abenteuers. Informationen über das Rauchen, Passivrauchen und Nichtrauchen", S. 38-41.
374 Vgl. etwa den Artikel „Wir brauchen einen wirksamen gesetzlichen Nichtrauchschutz!" (in: Nichtraucher-Info, Nr. 20 IV/95, S. 1-2).
375 Vgl. etwa die Hefte „Was sie über den Tabakgenuß wissen müssen. Fakten und Argumente" (vor allem S. 11-16), ‚Passivrauchen' im rechten Licht" oder die Dokumentation mit dem Titel „Passivrauchen – Gefahr für Nichtraucher oder 'Viel Lärm um nichts Konkretes'?".
376 Zitiert aus der Rubrik „Zielsetzungen und Forderungen" des Grundsatzpapiers der ERL.
377 Vor allem in Hinblick auf statistisch wesentlich riskantere Verhaltensweisen – wie etwa der Teilnahme am Straßenverkehr – nimmt sich die von den Nichtraucher-Initiativen oftmals angeführte Zahl von 400 Menschen pro Jahr, die in Deutschland durch das Passivrauchen zu Tode kommen, noch verhältnismäßig gering aus. Wohl nicht ganz zu Unrecht wird dieses Mißverhältnis zwischen dem konkreten Anlaß und der Stärke des Protests von Lindenberg/Schmidt-Semisch als „irrational" bezeichnet (Riskante Substanzen, S. 199).
378 Vgl. zur theoretischen Fundierung des Konstruktionscharakters von sozialen Wirklichkeiten Berger/Luckmann: Gesellschaftliche Konstruktion der Wirklichkeit.
379 Stiehr: Risikokonflikte, S. 118.
380 Vgl. ebd. S. 50.
381 Zur Struktur, Spezifik und Bedeutung von Expertenwissen im Gegensatz zu Alltagswissen vgl. Hitzler: Expertenwissen.
382 Stiehr: Risikokonflikte, S. 26.
383 Gerade die Unsicherheiten, so führt Peter Atteslander aus, seien dafür verantwortlich, daß in Risikodebatten wie jener um das Rauchen häufig ein „Methodenrigorismus" (Tabakfrage, S. 24) betrieben würde: Aus Wahrscheinlichkeiten würden auf diese Weise schnell Gewißheiten, die zu einem „Fundamentalismus in der Argumentation" (ebd.) führten.
384 Ich möchte an dieser Stelle keine umfangreiche Aufzählung der chemischen Verbindungen wiedergeben und verweise stattdessen auf die nachstehenden Quellen. Unter den durch Rauchen verursachten Krankheiten werden vor allem genannt: Krebsgeschwüre – vor allem in der Lunge –, verschiedene Herz- und Kreislaufkrankheiten wie Herzinfarkt oder Gefäßverengung, chronische Bronchitis, Magengeschwüre, eingeschränkte Lungenfunktion. Vgl. dazu und zu weiteren Details etwa die Broschüre der Koalition gegen das Rauchen, S. 12f.; das Faltblatt „Informationen von und über die Nichtraucher-Initiative Deutschland"; das Heft der BZgA „Die Freiheit des

Abenteuers", S. 61-74 oder das Info-Blatt des ÄARG „Rauchen Sie? Tatsachen über das Rauchen".

385 Jahrbuch Sucht '94, S. 184.
386 Vgl. auch Hess: Rauchen, S. 71: „Unter Raucherrisiko versteht man die statistische Wahrscheinlichkeit, mit der Raucher aufgrund ihres Drogenkonsums bestimmte Schäden in höherem Maße zu gewärtigen haben als Nichtraucher."
387 Jahrbuch Sucht '94, S. 184.
388 Vgl. stellvertretend für diese Problematik den Artikel „Journalist interpretierte Statistik falsch. Rauchen nur scheinbar gesünder als Nichtrauchen" (in: Nichtraucher-Info Nr. 21 I/96, S. 13-15).
389 Vgl. etwa die Broschüre des Reemtsma-Konzerns „Wissenschaft zwischen Wahrheitssuche und politischer Vereinnahmung", S. 2-5.
390 Der Protagonist des jüngst erschienenen Romans „Danke, daß Sie hier rauchen", ein Sprecher der amerikanischen Tabaklobby, hat über seinem Schreibtisch einen Rahmen hängen, in dem zu lesen ist: „Das Rauchen ist in unserem Land die Hauptursache von Statistiken" (S. 16). In dieser Formulierung, die den Sprachstil der Warnaufdrucke auf Zigarettenschachteln aufgreift, wird die beschriebene Kritik an der Rolle der Statistik pointiert.
Im übrigen ist der Roman von Christopher Buckley trotz seiner bisweilen drastischen Überhöhung realer Verhältnisse ein aufschlußreiches Dokument für die Entwicklungen im gegenwärtigen Rauchkonflikt, vor allem in den USA.
391 Zur mangelnden Aussagekräftigkeit von monokausalen Argumentationen auf dem Gebiet der Gesundheitsforschung siehe auch Atteslander: Tabakfrage, S. 206.
392 Vgl. die betreffenden Anzeigen, die in verschiedenen Tageszeitungen und Zeitschriften erschienen, beispielsweise in Der Spiegel 27/96, und Abb. 63 und 64.
393 Vgl. ebd. Eine andere Variante der Anzeige stellt einen statistischen Zusammenhang zwischen regelmäßigem Trinken von gechlortem Leitungswasser und der Erkrankung an Krebs her (vgl. die ganzseitige Anzeige in Frankfurter Allgemeine Zeitung vom 24.6.1996).
394 So die Formulierung eines Wissenschaftlers, die in einer die Kampagne betreffenden Meldung in Der Spiegel 29/96 wiedergegeben ist. Zu den heftigen Reaktionen der Nichtraucher-Initiativen vgl. den Titelbeitrag „Für Profit geht Phillip Morris über Leichen" (in: Nichtraucher-Info Nr. 23 III/96, S. 1-2). Weiterführende Informationen zu den juristischen Folgen der Kampagne sind einem betreffenden Artikel der Süddeutschen Zeitung vom 30.6.1996 zu entnehmen.
395 Atteslander: Tabakfrage, S. 204. Auch Stiehr verweist auf die teilweise Widersprüchlichkeit der Aussagen der Nichtraucher-Basisinitiativen, die veschiedene wissenschaftliche Resultate in konkrete alltagsweltliche Zusammenhänge zu übertragen versuchen (vgl. Stiehr: Risikokonflikte, S. 78f.).
396 Vgl. dazu etwa die Gegenüberstellung von Aussagen in der Reemtsma-Broschüre „Vorurteile und Fakten" oder die Darstellungen in dem Heft 'Passivrauchen' im rechten Licht" von Phillip Morris.
397 Vgl. zu diesem offenbar prinzipiellen Merkmal von Risikokonflikten Lau (Risikokonflikte, S. 432). Nichtsdestotrotz finden sich beispielsweise in Leserbriefen, aber auch im Material der Tabakbranche teilweise Aussagen, die versuchen, mit Einzelfällen zu argumentieren. Vor allem auf Seiten der Raucher erfolgen Formulierungen nach dem Motto 'Mein Opa hat jeden Tag eine Schachtel Zigaretten geraucht und ist trotzdem 85 Jahre alt geworden!'
398 Vgl. etwa die Informations-Blätter des Nichtraucher Bundes Berlin e.V. mit den Titeln „Tabakrauch bedeutet Luftverschmutzung" und „Ökologische Folgen des Rauchens", oder den Aufkleber der NID „Nichtrauchen ist Umweltschutz".
399 Ebd. Auch hier findet sich die Bezugnahme auf fachliche Autoritäten: „Nach Expertenaussagen auf dem 'Kongreß Wasser Berlin 85' versuecht eine Zigarettenkippe 40 Liter Trinkwasser!"
400 Vgl. die Meldung in der Münchner Medizinischen Wochenschrift 136 (1994), Nr. 42.
401 Vgl. das Info-Blatt „Ökologische Folgen des Rauchens".
402 Vgl. „Tabak – eine verwüstende Sache" (in: Regenwälder Zeitung, 2. Vierteljahr 1988, S. 13) und Precht/Baumgartner: Tabak, S. 80f.
403 Hess: Rauchen, S. 85.
404 Furrer: Ökonomische Aspekte des Rauchens, S. 212.
405 Ebd.
406 Vgl. Krause: Rauchen unter betriebswirtschaftlichen Gesichtspunkten.
407 Z.B. der Elektronik-Konzern IBM, die Berli-

407. ner Bank und der Bahlsen-Betrieb. Vgl. „Rauchen am Arbeitsplatz" (in: Luftwege, S. 4-11).
408. Vgl. Krause: Rauchen unter betriebswirtschaftlichen Gesichtspunkten und „Rauchen am Arbeitsplatz" (in: Luftwege, S. 4-11).
409. Diese Argumente werden auch von den ansonsten im Konflikt eher als Nebenakteur zu bezeichnenden Krankenkassen vorgebracht. In Versicherungskreisen und Gesundheitspolitik wurde bereits auch schon über erhöhte Mitgliedertarife für rauchende Versicherungsnehmer und -nehmerinnen nachgedacht.
410. Titel einer Reemtsma-Broschüre („Tabak – Motor wirtschaftlicher Entwicklung").
411. Vgl. Reeport. Reemtsma Mitarbeiter-Zeitschrift 4/1995, S. 14; die Selbstdarstellung des Verbandes der Cigarettenindustrie (vdc) unter der Rubrik „Tabak als wirtschaftlicher Faktor" und die Broschüre „Der Tabak als Arbeitgeber und Steuerzahler in der EG". Aber auch die Erste Raucher Lobby (ERL) führt in ihrem Grundsatzpapier auf S. 5 den wirtschaftlichen Nutzen des Rauchens für die Volkswirtschaft an.
412. Angaben laut „Der Verband der Cigarettenindustrie Bonn", Stand 1994.
413. Vgl. „Tabak – Motor wirtschaftlicher Entwicklung", S. 6-8.
414. Vgl. Furrer: Ökonomische Aspekte des Rauchens, S. 212.
415. Zitiert aus dem Grundsatzpapier der ERL, S. 4.
416. Vgl. dazu auch Precht/Baumgartner: Tabak, S. 43 und Hess: Rauchen, S. 119f.
417. Vgl. dazu die bereits erwähnte Anzeigenkampagne von Phillip-Morris, in der formuliert wird, „daß Rauchen einen Risikofaktor für verschiedene Krankheiten darstellt". Für das passive Rauchen wird dies nach wie vor mit dem Argument, es lägen keinerlei stichhaltige Beweise vor, von allen Tabakkonzernen und dem übergeordneten Verband bestritten.
418. Vgl. etwa die Broschüre „500 Jahre Tabak – 500 Jahre Genuß", vor allem S. 16.
419. Vgl. ebd.
420. Vgl. Stiehr: Risikokonflikte, S. 212, die die Position der Weltgesundheitsorganisation WHO wiedergibt. Auch die Basisinitiativen fokussieren recht stark auf das Ideal der 'Natürlichkeit' menschlicher Lebensweisen und betten darin ihre Kritik am Rauchen ein.
421. Vgl. beispielsweise das Grundsatzpapier der ERL, vor allem S. 9.
422. Stiehr: Risikokonflikte, S. 95.
423. Ebd. S. 21.
424. Ebd. S. 91.
425. Zit. nach Broschüre „Fakten und Vorurteile", S. 1. Siehe auch Brunner: Hängen, Köpfen, Vierteilen.
426. Zit. aus dem „Grundsatzpapier der ERL", S. 10.
427. Broschüre „Was sie über Tabakgenuß wissen müssen", S. 3.
428. „500 Jahre Tabak – 500 Jahre Genuß", S. 13.
429. „Grundsatzpapier der ERL", S. 10.
430. Vgl. Atteslander: Tabakfrage, S. 203.
431. Broschüre „Geldstrafen für Raucher und Tabakindustrie: Der falsche Weg", S. 3.
432. Ebd.
433. „Was Sie über Tabakgenuß wissen müssen", S. 10.
434. Ebd. S. 14.
435. Ebd. S. 18.
436. Vgl. auch die Ergebnisse von Atteslander: Tabakfrage, S. 203. Auf den Militanz-Vorwurf wiederum reagierte die Nichtraucher-Initiative Deutschland (NID) mit einem Beitrag unter der Überschrift „Aktiv – nicht militant!" (in: Nichtraucher-Info Nr. 19, III/1995, S. 29). Hier werden die Zuschreibungen, die die Gegenseite vorgenommen hat, zurückprojiziert; militant und intolerant seien die Raucher. Die Nichtraucher würden schließlich nur durch die anhaltende Diskriminierung zur Aktivität gezwungen.
437. Vgl. „Grundsatzpapier der ERL", S. 8.
438. Vgl. „Was Sie über Tabakgenuß wissen müssen", S. 3. Im Gegenzug kontern die Nichtraucher-Bewegungen mit der Einschätzung der Tabakhersteller als skrupellose Verbrecher, die mit todbringenden Drogen handeln würden (vgl. Nichtraucher-Info Nr. 23, II/1996, S. 2).
439. Vgl. etwa „Was Sie über Tabakgenuß wissen müssen", S. 3; „Vorurteile und Fakten", S. 1f.; „Passivrauchen", S. 7 und „Tabakrauch in Innenräumen", S. 1.
440. Zit. nach der Reemtsma-Broschüre „Passivrauchen", S. 7. Dort findet sich auch ein abgedrucktes Beispiel eines solchen Zeitungsartikels.
441. „Vorurteile und Fakten", S. 1. Auf der zweiten Seite der Broschüre ist ein entsprechender Artikel aus der Bild-Zeitung mit abgedruckt.
442. Zit. nach „Tabakrauch in Innenräumen", S. 1.
443. „Vorurteile und Fakten", S. 1.
444. „Tabakrauch in Innenräumen", S. 1.
445. Vgl. dazu auch den Artikel in der Zeitschrift Der Spiegel, Heft 19/1997, S. 18 mit dem Titel

"Cooles Warten".
446 „Grundsatzpapier der ERL", S. 9.
447 Ebd. S. 10.
448 Ebd. S. 4.
449 Ebd.
450 Vgl. Geo 7/1995, S. 26.
451 Vgl. auch die Ergebnisse von Stiehr: Risikokonflikte, S. 87f. und S. 91 und die Beiträge eines Rauchers in der Talk-Sendung „RTL Explosiv" vom 2.1.1990.
452 Vgl. dazu auch Stiehr: Risikokonflikte, S. 83.
453 Beispiele für die angeführten Abbildungen lassen sich entnehmen aus: „Passivrauchen", S. 4; „Was Sie über Tabakgenuß wissen müssen", S. 9, 11, 13 und 15.
454 Ebd. S. 11. Auf Seite 5 derselben Broschüre findet sich auch ein Bild des zigarettenrauchenden Deng Xiaoping, kommentiert mit dessen Worten: „Die Ärzte sind immer so enttäuscht, wenn sie mich untersuchen. Vielleicht bin ich so gesund, weil ich rauche."
455 Vgl. die Broschüre der Nichtraucher-Initiative Deutschland (NID) „Sportler und Künstler äußern sich zum Welt-Nichtrauchertag am 31. Mai 1996". In ähnlicher Weise wie in den Broschüren der Industrie werden hier Porträts mit Aussagen der Abgebildeten zum Thema kommentiert. Der Schauspieler Günther Pfitzmann wird zitiert mit: „Mach Dir und anderen keinen blauen Dunst vor – lebe länger und besser!" (S. 13). Der Langstreckenläufer Dieter Baumann äußert sich folgendermaßen: „Es gibt nichts Schlimmeres als verrauchte Restaurants, verrauchte Warteräume, verrauchte Flugzeugkabinen, also Räume, in denen Nichtraucher gezwungen sind, die üblen 'Dämpfe' der Raucher zu ertragen" (S. 5).
456 Vgl. Hengartner: Tabakkonsum und Rauchen, S. 129-130, Zitat auf S. 130.
457 Vgl. stellvertretend: „Die Freiheit des Abenteuers", S. 30-32, wo die Werbestrategien der Industrie kritisiert werden.
458 Vgl. ebd. S. 33: „Gewiß, Rauchen dient der Entspannung, es verschafft kurzfristig einen kleinen Genuß. Rauchen kann helfen, Unsicherheiten zu überbrücken. Das Anbieten von Zigaretten kann es erleichtern, Kontakt zu anderen Menschen aufzunehmen."
459 Zit. nach der BZgA-Broschüre „Rauchfrei", S. 3.
460 Vgl. ebd. S. 13-23. Der sachliche Ton wird auch bei der brisanten Thematik der Übertretungen von Rauchverboten und deren gerichtlicher Belangbarkeit beibehalten (S. 22f.).
461 Ebd. S. 3 und vor allem S. 30, wo es heißt: „Persönliche Diffamierung ist bestimmt kein Weg, Konflikte zu bewältigen."
462 Die 1987 gestartete Kampagne der BZgA zur Jugendprävention greift hier lediglich auf den harmlosen Spruch „Ohne Rauch geht's auch" (siehe gleichnamiges Faltblatt) zurück. Auch die Tabakbranche setzt weniger auf diese Technik der Öffentlichkeitsarbeit. Bei den jeweiligen Basis-Bewegungen trifft man Slogans und Mottos häufiger an. So hat die Erste Raucher Lobby (ERL) den Satz „Intoleranz ist gefährlicher als Nikotin" zum Leitmotto ihrer Öffentlichkeitsarbeit erkoren. Der Ärztliche Arbeitskreis Rauchen und Gesundheit und die lokalen Nichtraucher-Initiativen verfügen über eine große Bandbreite an Mottos wie beispielsweise „Wer denkt, raucht nicht. Wer raucht, denkt nicht." (ÄARG) oder „Passivrauchen macht krank!" (NID). Am bekanntesten ist hier der Ende der 1970er Jahre wohl in Anlehnung an das zentrale Protestmotto der neuen Umweltbewegungen („Kernkraft? Nein Danke") kreierte Slogan „Rauchen? Nein Danke".
463 Vgl. den Anzeigenzyklus zu „Ohne Rauch geht's auch", der in verschiedenen Zeitschriften und Magazinen erschienen ist.
464 Stiehr: Risikokonflikte, S. 82.
465 Nichtraucher-Info Nr. 19 III/1995, S. 30. Der Verfasser beziehungsweise die Verfasserin ist laut Angabe der Zeitschrift unbekannt. Auch der erste Vers eines mit „Fluch dem Rauchen" betitelten Gedichts bringt die Antipathien gegen die Raucher deutlich zum Ausdruck: „Man muß sie 'Niko-Lümmel' nennen,/ All jene de's nicht lassen können,/ Ganz ohne Rücksicht in die Nasen/ Der anderen blauen Dunst zu blasen/ von Zigaretten und Zigarren,/ Sind sie doch süchtig wie die Narren,/ die die gesunde Luft verpesten!/ Für diese wär's am allerbesten,/ Man schickte sie zwecks Umdressur/ Zur Nikotin-Entziehungskur!" Zit. nach Nichtraucher-Info Nr. 20 IV/1995, S. 15. Im zweiten Vers geht der Verfasser Dr. Helmuth Hofmann sogar soweit, rauchende Frauen prinzipiell mit Prostituierten gleichzusetzen (vgl. ebd.)!
466 Nichtraucher-Info Nr. 18 II/1995, S. 19.
467 Nichtraucher-Info Nr. 23 III/1996, S. 20. Das Stilmittel der in die Texte eingestreuten polemisierenden Kästchen hat offensichtlich auch die Redaktion der neugegründeten Newsletter Netzwerk Nichtrauchen übernommen. Zwar

erreichen Kurzbeiträge diese Art hier nicht das 'Niveau' derer in den Nichtraucher-Info, aber auch sie versuchen, das Rauchen und die Raucher zu diffamieren, wenn zum Beispiel ein Ausspruch des amerikanischen Zeitungsverlegers Horace Greely aus dem 19. Jahrhundert über Rauchprodukte zitiert wird: „Am einen Ende Feuer, am anderen ein Narr." Das Zitat stammt aus Newsletter Netzwerk Nichtrauchen Nr. 1/1996, S. 4.

468 Der Begriff stammt vom französischen Strukturalisten Roland Barthes. Er meint hiermit eine Darstellungsweise der Photographie, die versucht, das Skandalöse und Grauenhafte durch eine beinahe überrealistische Nähe und Direktheit dem Betrachter zu vermitteln. Weiterführendes zum zitierten Begriff und auch zum Problem der eigentlichen Wirkungslosigkeit dieser Abbildungsform als Aufklärungsmedium in Barthes: Mythen des Alltags, S. 55-58.

469 Vgl. Materialpaket der Nichtraucher-Initiative Deutschland.

470 Vgl. Material des Nichtraucher Bundes Berlin e.V.

471 Vgl. Titelgestaltung von Spick. Das schlaue Schülermagazin zum Sammeln Nr. 170, 2/1996.

472 Nichtraucher-Info Nr. 21 I/1996, S. 21.

473 Nichtraucher-Info Nr. 22 II/1996, S. 13.

474 Nur vereinzelt lassen sich Kampagnen der Nichtraucher-Basis finden, die einen moderaten Ansatz verfolgen und konsensorientiert auftreten. Als Ausnahme sei hier beispielsweise die Initiative RIP – was so viel bedeutet wie „Rücksicht in der philosophischen Fakultät" – erwähnt. In ihrem Aushang in den Gebäuden der Marburger Universität mit dem Titel „Was Du nicht willst, das man Dir tut..." beschreibt die Initiative ihren kompromißbereiten Ansatz als „Aufruf zur Rücksichtnahme".

475 Auch von den organisierten Rauchern, die zwar die Anti-Raucher-Aktivisten scharf attackieren, nicht aber die Nichtraucher grundsätzlich.

476 Zur zentralen Bedeutung der Provokation als diskursiver Strategie im Raucher/Nichtraucher-Konflikt ist besonders auch der Roman von Buckley „Danke, daß Sie hier rauchen" instruktiv, vor allem die Schilderung einer öffentlichen Podiumsdiskussion über das Konfliktthema (S. 249-254).

477 Stiehr: Risikokonflikte, S. 110.

478 Ebd. S. 104.

479 Vgl. Schivelbusch: Das Paradies, der Geschmack und die Vernunft, S. 141.

480 Precht/Baumgartner: Tabak, S. 37.

481 Beispielsweise waren 1965 nur ein Drittel aller Eisenbahnabteile der Deutschen Bundesbahn für Nichtraucher reserviert, 1989 waren dies im Bereich des Schienennahverkehrs bereits drei Viertel (Angaben nach Stiehr: Risikokonflikte, S. 63).

482 Lindenberg/Schmidt-Semisch: Riskante Substanzen, S. 198. Darüber hinaus existieren auch bereits Nichtraucherrestaurants (vgl. Gastronomieführer für Nichtraucher. Hrsg. von der NID), Nichtraucherstrände (vgl. „Keine Kippen im Sand" in: Oberhessische Presse 9.8.1995), und auch die Modellpaletten der Automobilhersteller sondern sich teilweise schon in Nichtraucher- und Rauchermodelle (vgl. „Nichtraucher-Autos" in: Sonntag Mittag Magazin 18.10.1992).

483 Vgl. etwa die Ausführungen in „Rauchfrei", S. 19-32.

484 Ebd. S. 20. In einer „Ideen-Börse" (S. 24-32) werden allerdings eine Reihe von Vorschlägen unterbreitet, einer gerichtlichen Lösung vorzubeugen.

485 Im Faltblatt „Informationen von und über die Nichtraucher-Initiative Deutschland" wird es als Ziel erklärt, einen gesetzlichen Nichtraucherschutz an prinzipiell allen Orten mit Publikumsverkehr zu erwirken. In ihrer Broschüre „Informationen rund um den Nichtraucherschutz" gibt die NID Musterbeispiele, um gegen rauchende Nachbarn vorzugehen.

486 Vgl. die Artikel „Wirkungsloser Appell" (in: Nichtraucher-Info Nr. 16 IV/1994, S. 20); „Rauchverbot mißachtet: Geld- und Freiheitsstrafe" (in: Nichtraucher-Info Nr. 18 II/1995, S. 24) und vor allem „Raucher schlagen Nichtraucher nieder" (in: ebd. S. 31). Im letztgenannten Beitrag wird ein Fall geschildert, in dem jugendliche Raucher auf die Beschwerde eines Nichtrauchers, sie würden das hiesige Rauchverbot mißachten, mit zahlreichen Fausthieben reagierten.

487 Auszug aus dem Faltblatt „Fakten und Argumente für ein Nichtraucherschutzgesetz" der NID.

488 „Mitteilungen des ÄARG" 7/1995, S. 10.

489 Ebd. S. 11.

490 Vgl. die Berichterstattung darüber in: Süddeutsche Zeitung 14.11.1996, Tageszeitung 14.11.1996 und Frankfurter Rundschau 15.11.1996.

491 In einem entsprechenden Schreiben der Initiative werden vier praktische Vorschläge gemacht, um die Chancen des Entwurfs positiv zu beeinflussen: 1. „Schreiben Sie den Abgeordneten!" (eine Adressenliste aller Mitglieder des Bundestages ist dem Schreiben angefügt), 2. „Schreiben Sie Leserbriefe!", 3. „Aktivieren Sie Freunde, Verwandte, Bekannte und Unbekannte!" und 4. „Machen Sie sich auch mit einigen Argumenten vertraut!"

492 Vgl. die Leserbriefe in: Tageszeitung 21.11.1996, Frankfurter Rundschau 25.11.1996, Frankfurter Allgemeine Zeitung 21.11.1996 und die Ergebnisse einer Telefonaktion des Hamburger-Abendblattes vom 18.11.1996 unter dem Titel „Zwischen Toleranz und Unverständnis".

493 Die angeführten Beispiele stammen, wie auch die folgenden, von der Leserbriefseite des Hamburger-Abendblatts vom 18.11.1996.

494 Vgl. die Berichterstattung in Tageszeitung, 7./8.2.1998.

495 Vgl. den Artikel „Fluppenlobby" in Tageszeitung vom 5.2.1998. Außerdem hatte der vdc Anfang Januar im Wirtschaftsausschuß des Bundestages ein Gutachten vorgelegt, wonach die Umsetzung eines Nichtraucherschutzgesetzes mit Kosten in Höhe von 33 Mio Mark pro Jahr verbunden wäre (vgl. ebd.). Dieses Gutachten, das von den Verfechtern des Gesetzes als reines „Gefälligkeitsgutachten" bezeichnet wurde, belegt erneut die Existenz der zahlreichen offenen und verdeckten Beziehungen zwischen Politikern und Tabaklobby: Einige Konzerne treten sogar als offizielle Sponsoren von Parteitagen und -zeitungen auf (vgl. dazu den Artikel „Große Koalition gegen blauen Dunst" in Süddeutsche Zeitung, 14.11.1996)!

496 Vgl. Berichterstattung in Süddeutsche Zeitung, 18.2.1998.

497 „Rücksichtnahme & Toleranz", S. 2. Immer wieder wirbt die Industrie mit Begriffen wie Eigenverantwortlichkeit, Genußfreiheit, Toleranz und Rücksicht für eine De-Regulierung (vgl. „Wissenschaft zwischen Wahrheitssuche und Vereinnahmung", S. 10; „Passivrauchen", S. 8; „Vorurteile und Fakten", S. 15, und die verschiedenen Anzeigen des Phillip Morris-Konzerns im Anschluß an die 'Keks-Kampagne').

498 Zit. nach „500 Jahre Tabak – 500 Jahre Genuß", S. 13.

499 „Der Tabak als Arbeitgeber und Steuerzahler in der EG", S. 15.

500 Diese Position findet sich im übrigen auch auf der Packungsbeilage der „Black Death"-Zigaretten. Dort heißt es: „Das Verhältnis zwischen Rauchern und nichtrauchern [sic!] soll auf Nachsicht, Höflichkeit, Toleranz, wechselseitigem Respekt und Entscheidungsfreiheit beruhen, und nicht auf Vorschriften oder nationalen Gesetzen."

501 Grundgesetz Artikel 2, Absatz 1.

502 Grundgesetz Artikel 2, Absatz 2.

503 Vgl. Ahrens: Nichtraucher contra Raucher, S. 536.

504 Über die jüngsten und bisher weitreichendsten Maßnahmen berichtete Die Zeit vom 29.11.1996 unter der Überschrift „Kalter Entzug". Die Kommunalpolitiker des Ortes Friendship Heights in der Nähe von Washington D.C. verabschiedeten vor kurzem ein Gesetz, wonach im gesamten Ortsbereich in der Öffentlichkeit nicht mehr geraucht werden darf.

505 Tanner: Rauchzeichen, S. 21.

506 Lindenberg/Schmidt-Semisch: Riskante Substanzen, S. 198.

507 Freeman, Paul: Smoke Jumpers.

508 Tanner: Rauchzeichen, S. 17.

509 Wie bereits beschrieben, werden die Möglichkeiten in der Öffentlichkeit zu rauchen limitiert, Raucherräume werden redimensioniert. Darüber hinaus läßt sich die Unerwünschtheit des Rauchens und seine nur noch partielle Präsenz auf der alltagsweltlichen Oberfläche daran ablesen, daß Politiker es beispielsweise zumindest in Wahlkampfzeiten vermeiden, sich mit glimmenden Rauchprodukten in der Öffentlichkeit zu zeigen oder für die Medien ablichten zu lassen.

510 Man könnte hier die Metapher des Stocherns im Wespennest heranziehen: Wer sich auf die gegenwärtigen Konflikte um das Rauchen einläßt, der sieht sich schon bald einem beinahe übermächtig erscheinenden Schwarm an Verweisen, Bezügen und Hintergründen gegenüber.

511 Zur sozialwissenschaftlichen Wertwandeldiskussion vgl. den Sammelband von Luthe/Meulemann: Wertwandel, besonders die Beiträge von Lau (Gesellschaftliche Individualisierung und Wertewandel, S. 217-234, vor allem S. 224f.) und Eder (Wertwandel: Ein Beitrag zur Diagnose der Moderne?, S. 237-294, vor allem S. 257-265).

512 Schivelbusch: Das Paradies, der Geschmack

und die Vernunft, S. 3.
513 Eindrucksvoll wird eine solche Karriere auch von Tanner am Beispiel des Hanfs rekonstruiert. Vgl. Tanner: Rauchzeichen.
514 Vor allem das Suchtparadigma und die klinische Pathologisierung von gewohnheitsmäßigen Verhaltensweisen findet sich heute für viele Bereiche der Alltagskultur: Es ist mittlerweile üblich, von Medikamenten-Sucht, Eß-Sucht, Spiel-Sucht oder krankhafter Abenteuerlust zu reden.
515 Zu diesem und anderen motivationalen Aspekten des Genußmittelkonsums siehe Franzkowiak: Kleine Freuden, kleine Fluchten.
516 Vgl. zu dieser „Arbeit-im-Genuß" auch Schivelbusch: Das Paradies, der Geschmack und die Vernunft, S. 11. Im Wesen dieser Funktionalität von Genußmitteln und Drogen könnte letztlich auch eine Erklärung für das Scheitern der zahllosen Präventions- und Aufklärungskampagnen liegen: Der unmittelbare und direkte Nutzen des Konsums, die Wirkungen der jeweiligen Mittel, werden situativ von den Individuen höher eingeschätzt, als die in ferner Zukunft potentiell zu erwartenden Schäden (vgl. dazu auch Wenzel: Risikoverhalten, S. 209 und Franzkowiak: Kleine Freuden, kleine Fluchten, S. 169).
517 Vgl. die Einschätzungen von Reichenbach: Der Tabak und seine Verbreitung, S. 99; Hartwich: Genußmittel, S. 4 und Dirk: Cigarette, S. 18.
518 Vgl. Elias: Prozeß der Zivilisation, vor allem S. 369-397 und 434-490.
519 Vgl. die Berichterstattung über die neuerliche Cannabis-Debatte: z.B. „Zapfhähne raus, Joints rein" (in: Der Spiegel 50/1995); „Haschisch mit staatlichem Gütesiegel" (in: Tageszeitung 19.11.1996) und das Heft „Hanf special" der Tageszeitung vom April 1996.
520 Flusser: Die Geste des Pfeiferauchens, S. 166.
521 Vgl. Simmel: Soziologie, S. 656-659.
522 Ebd. S. 659.
523 Vgl. etwa die Beispiele, die Jeggle (Der Kopf des Körpers, S. 138) anführt. Dort heißt es weiter: „Der Duft der Landwirtschaft, früher zumindest als Begleiterscheinung der agrarischen Produktion akzeptiert, wird heute wie der Lärm der krähenden Hähne von einer unverständigen Umwelt bekämpft."
524 Tanner: Rauchzeichen, S. 21.
525 Vgl. etwa die Ergebnisse einer Umfrage zur Empfindlichkeit gegenüber Körpergerüchen im Magazin Max 7/1994, S. 110. Die Rauchbelästigung wird hier auf der Skala der unangenehmen Gerüche gleich hinter Mund- und Schweißgeruch und 'Über-Parfümierung' genannt.
526 Vgl. zur kulturellen Umdeutung von ehemals positiv besetzten Gerüchen zu 'Mief' oder 'Gestank' auch Köstlin: Körper-Verständnisse, S. 14f. und Jeggle: Der Kopf des Körpers, S. 138; ferner stellt Jeggle auf S. 142 fest: „Jeder beliebige Geruch kann als eklig dekretiert werden".
527 Zur Konjunktur von 'Körper' in Alltagshandeln, Medienberichterstattung und Wissenschaft vgl. den Band der Hessischen Blätter „Körper – Verständnis – Erfahrung", vor allem Köstlin: Körper-Verständnis, S. 13; Matter: Blicke auf den Körper, S. 24-28 und Lutz: „Im Hier und Jetzt", S. 35. Des weiteren interessant: Kursbuch 88, vor allem: Will: „Fetisch Gesundheit" und Bopp: „Tyrannei des Körpers". Zum 'Körper-Boom' und dessen präventivmedizinischen und gesundheitspolitischen Implikationen siehe auch den Sammelband von Wenzel: Ökologie des Körpers.
528 Vgl. auch Matter: Blicke auf den Körper, S. 28f.
529 Köstlin: Körper-Verständnisse, S. 18.
530 Ebd. S. 17.
531 Jeggle beschreibt diese problematischen Verhältnisse in einer weitgehend desodorierten Umwelt sehr treffend (Der Kopf des Körpers, S. 148): „Die scheinbare Zerstörung der Gerüche bedeutet jedoch nur eine chemische Verwandlung. Die Nase wird gewissermaßen geprellt, denn die Gefahr, die sie früher erschnüffelte, besteht nach wie vor, sie ist nur geruchsfrei. Vor dem Dioxin kann die Nase nicht mehr warnen. (...) Man hat den Gestank zwar mit Erfolg bekämpft, aber nicht das gelöst, wovor er alarmierte."
532 Beck: Risikogesellschaft.
533 Ein Blick auf die Betriebsamkeit der Disziplin Risikoforschung kann dies verdeutlichen. Vgl. stellvertretend den von Gotthard Bechmann herausgegebenen Sammelband „Risiko und Gesellschaft" und die zahlreichen darin angeführten weiteren Hinweise auf Beiträge der aktuellen Risiko-Debatten. Basal für die theoretische Fundierung der sozialwissenschaftlichen Risikoforschung ist weiterhin Luhmann: Soziologie des Risikos. Die Kulturwissenschaft Volkskunde hat eine moderne 'Alltagkultur des Risikos' in ihren Forschungen bis-

her weitgehend nicht wahrgenommen; Ansätze sind jedoch auszumachen in den Berichten über ein Tübinger Projekt (Warneken: Umgang mit Gefahr) und bei Helge Gerndt (Tschernobyl als kulturelle Tatsache).

534 Stiehr: Risikokonflikte, S. 10.
535 Luhmann: Soziologie des Risikos, S. 37 (die kursive Hervorhebung wurde aus dem Orignalzitat übernommen).
536 Vgl. hierzu auch Hitzler et al.: Expertenwissen, vor allem S. 13-30 (Hitzler: Wissen und Wesen der Experten. Ein Annäherungsversuch – zur Einleitung) und die beeindruckende Studie von Karin Knorr Cetina (Die Fabrikation von Erkenntnis), in der die Konstruktionsprinzipien von naturwissenschaftlicher Forschung in einer quasi ethnographischen Herangehensweise analysiert werden.
537 Lau: Risikodiskurse, S. 431 (kursive Hervorhebungen wurden aus dem Orginalzitat übernommen).
538 Zur Bedeutung des Begriffs 'Risikogruppe' beziehungsweise zu Logik und sozialen Konsequenzen des medizinisch-epidemiologischen Risikofaktorenmodells vgl. auch Franzkowiak: Kleine Freuden, kleine Fluchten, vor allem S. 124-133. Demgemäß wird Risikoverhalten heute „tendenziell als selbstverschuldetes abweichendes Verhalten etikettiert; die Menschen sehen sich als Risikoträger stigmatisiert" (S. 131), sie werden „nur noch in Gestalt eines wandelnden Risikos wahrgenommen und erfaßt; das Streben nach Sicherheit und Kontrolle des statistischen Zufalls wird zur zerstörerischen Obsession" (S. 132).
539 Vgl. dazu auch Lindenberg/Schmidt-Semisch: Riskante Substanzen, S. 198.
540 Vgl. auch Wenzel: Risikoverhalten, vor allem S. 200.
541 Stiehr: Risikokonflikte, S. 10.
542 Ebd. S. 51.
543 Ebd. S. 125.
544 Es sei hier wiederholt an die Prozesse um Schweinezucht-Emissionen erinnert, und daran, daß unser Alltag ja allseits von subjektiv als störend, unerfreulich, unakzeptabel oder gefährlich empfundenen Situationen, Objekten und Menschen geprägt ist.
545 Der Rauchkonflikt zeigt auch, daß mit dieser 'Verträglichkeit' nicht nur der gesundheitliche Aspekt gemeint sein muß, sondern – dies offenbaren die Debatten um die 'sozialen Kosten des Rauchens' – unter Umständen auch die volkswirtschaftliche Verträglichkeit des individuellen Verhaltens zu berücksichtigen ist.
546 An dieser Stelle eröffnet der Rauchkonflikt eine weitere Dimension. Es wäre künftig zu prüfen, inwiefern sich die Thematik auch an die gegenwärtig ausgetragene Kommunitarismus-Debatte anbinden läßt. Der Kommunitarismus kann als eine Denkrichtung bezeichnet werden, die eine Re-Definition von 'community' – also Gemeinschaft – auf der Basis von Gerechtigkeit, Toleranz und Moral diskutiert. Die Debatte, die ihren Ursprung in der zeitgenössischen amerikanischen politischen Philosophie hat, hat bereits weite Teile der Geisteswissenschaften beeinflußt. Obwohl in der Debatte zahlreiche praktische Bezüge hergestellt werden und oft entlang von Beispielen argumentiert wird, war der Rauchkonflikt meines Wissens verwunderlicherweise noch kein Thema. Als Einstieg in oder Überblick über den Kommunitarismus empfiehlt sich Reese-Schäfer: Was ist Kommunitarismus?, und der Sammelband Honneth: Kommunitarismus.

Literaturverzeichnis

Abraham A Santa Clara: Der Tabak-Spinner. In: Der Tabak-Spinner, S. 11-13.

Ahrens, Martin: Nichtraucher contra Raucher. Zum Schutz vor Passivrauchen am Arbeitsplatz in der neueren Rechtsprechung. In: Der Personalrat 12/1993, S. 532-536.

Apperson, George L.: The Social History of Smoking. London 1914.

Atteslander, Peter: Die „Tabakfrage" aus der Sicht eines empirischen Sozialforschers. In: Hengartner/Merki (Hg.): Tabakfragen, S. 203-209.

Balde, Jacob: Satyra contra abusum tabaci. München 1663.

Barrie, J.M.: My Lady Nicotine (1905). The works of J.M. Barrie, Bd. 15. London 1929.

Barthes, Roland: Mythen des Alltags. Frankfurt am Main 1964 (franz. Originalausgabe Paris 1957).

Bechmann, Gotthard (Hg.): Risiko und Gesellschaft. Grundlagen und Ergebnisse interdisziplinärer Risikoforschung. Opladen 1993.

Beck, Ulrich: Risikogesellschaft. Auf dem Weg in eine andere Moderne. Frankfurt am Main 1986.

Bejach, Edgar: Die tabakgegnerische Bewegung in Deutschland mit Berücksichtigung der außerdeutschen Tabakgegnerbewegungen. Berlin 1927.

Berger, Peter L.; *Luckmann*, Thomas: Die gesellschaftliche Konstruktion der Wirklichkeit. Eine Theorie der Wissenssoziologie. Frankfurt am Main 1970.

Berger, Peter L.: A sociological View of the Antismoking Phenomenon. In: Tollison, Robert D. (Hg.): Smoking and Society. Lexington 1986, S. 225-241.

Bopp, Jörg: Die Tyrannei des Körpers. In: Kursbuch 88, S. 49-66.

Böse, Georg: Im blauen Dunst. Eine Kulturgeschichte des Rauchens. Stuttgart 1957.

Brändli, Sabina: „Sie rauchen wie ein Mann, Madame". Zur Ikonographie der rauchenden Frau im 19. und 20. Jahrhundert. In: Hengartner/Merki (Hg.): Tabakfragen, S. 83-109.

Brunner, Erwin: Hängen, Köpfen, Vierteilen – eine kleine Geschichte des Rauchverbots. In: Dormagen/Klein (Hg.): Blauer Dunst, S. 100-103.

Carr, Allen: Endlich Nichtraucher! Der einfache Weg, mit dem Rauchen Schluß zu machen. Deutsche Erstausgabe. München 1992 (amerik. Originalausgabe New York 1991).

Corbin, Alain: Pesthauch und Blütenduft. Eine Geschichte des Geruchs. 19.-22. Tausend. Berlin 1996 (franz. Originalausgabe Paris 1982).

Corti, Egon Caesar Conte: Geschichte des Rauchens. „Die trockene Trunkenheit" – Ursprung, Kampf und Triumph des Rauchens (1930). Frankfurt am Main 1986.

Der Gentleman. Ein Herrenbrevier. Herausgegeben von F.W. Koebner. München 1976 (unveränderter, vom Herausgeber autorisierter Faksimiledruck der 1913 in Berlin erschienenen Ausgabe).

Der gute Ton in allen Lebenslagen. Ein Handbuch für den Verkehr in der Familie, in der Gesellschaft und im öffentlichen Leben. Unter Mitwirkung erfahrener Freunde herausgegeben von Franz Ebhardt. 8., neu durchgesehene und vermehrte Auflage. Berlin 1884.

Der Tabak-Spinner. Von der Lust und Last des Rauchens. Ein Lesebuch. Herausgegeben von Norbert Schachtsiek-Freitag. Frankfurt am Main 1990.

Der viktorianische Haushaltskatalog. Eine vollständige Sammlung von über fünftausend Artikeln zur Einrichtung und Dekoration des viktorianischen Heimes. Hildesheim, Zürich, New York 1992 (Nachdruck von „The illustrated Catalogue of furniture and household requisites by Silber and Flemming 1883").

Dirk, Stephan: Die Cigarette. Ein Vademecum für Raucher. Leipzig 1924.

Döbbelin, O.: Wie gewöhne ich mir das Rauchen ab? Leipzig 1908.

Dormagen, Christel; *Klein*, Ingrid (Hg.): Blauer Dunst. Geschichten ums Rauchen. Hamburg 1991.

Eder, Klaus: Wertwandel: Ein Beitrag zur Diagnose der Moderne? In: Luthe/Meulemann (Hg.): Wertwandel, S. 257-265.

Elias, Norbert: Über den Prozeß der Zivilisation. Soziogenetische und psychogenetische Untersuchungen. Bd. 2. Wandlungen der Gesellschaft, Entwurf zu einer Theorie der Zivilisation. 14. Aufl. Frankfurt am Main 1989.

Evers, Adalbert; *Nowotny*, Helga: Über den Umgang mit Unsicherheit. Die Entdeckung der Gestaltbarkeit der Gesellschaft. Frankfurt am Main 1987.

Feinhals, Joseph: Der Tabak in Kunst und Kultur. Herausgegeben von J.F. in Cöln als Festschrift zum Fünfzigjährigen Geschäfts-Jubiläum seiner Firma. Köln 1911.

Flusser, Vilém: Die Geste des Pfeifenrauchens. In: Ders.: Gesten. Versuch einer Phänomenologie. Frankfurt am Main 1994, S. 160-182.

Foucault, Michel: Die Ordnung des Diskurses. Frankfurt am Main 1991 (franz. Originalausgabe Paris 1972).

Franken, Konstanze von: Handbuch des guten Tons und der feinen Sitte. 45. Auflage. Berlin 1921.

Franzkowiak, Peter: Kleine Freuden, kleine Fluchten. Alltägliche Risikoverhalten und medizinische Gefährdungsideologie. In: Wenzel (Hg.): Ökologie des Körpers, S. 121-174.

Freeman, Paul: Smokejumpers. Dallas 1992.

Furrer, Marie-Therese: Ökonomische Aspekte des Rauchens in der Schweiz. In: Hengartner/Merki (Hg.): Tabakfragen, S. 211-214.

Gauger, Hans-Martin: Aus dem Leben eines Rauchers. Frankfurt am Main 1994 (vormals erschienen unter dem Titel: In den Rauch geschrieben. Mitteilungen eines, der suchte, das Rauchen zu verlernen. Frankfurt am Main 1988).

Gerndt, Helge: Tschernobyl als kulturelle Tatsache. In: Harmening, Dieter; Wimmer, Erich (Hg.): Volkskultur – Geschichte – Region. Festschrift für Wolfgang Brückner zum 60. Geburtstag. Würzburg 1990, S. 155-176.

Gerndt, Helge: Studienskript Volkskunde. Eine Handreichung für Studierende. München 1990.

Giedion, Sigfried: Die Herrschaft der Mechanisierung. Ein Beitrag zur anonymen Geschichte. Hamburg 1994 (engl. Originalausgabe Oxford 1948).

Goodman, Jordan: Tobacco in History. The Cultures of Dependence. London u.a. 1993.

Hansmann, Klaus und Lieselotte: Tabak seit Anno Tobak. München 1961.

Hartwich, Carl: Die menschlichen Genußmittel. Ihre Herkunft, Verbreitung, Geschichte, Bestandteile, Anwendung und Wirkung. Leipzig 1911.

Heilmann, Joachim: Rauchen am Arbeitsplatz. Handlungshilfe für Betriebsräte. Köln 1995.

Heitz, Bruno: Nur noch eine. Hamburg 1994.

Hengartner, Thomas; *Merki*, Christian Maria (Hg.): Tabakfragen. Rauchen aus kulturwissenschaftlicher Sicht. Zürich 1996.

Hengartner, Thomas: Tabakkonsum und Rauchen. Theoretische Überlegungen zu einer Volkskunde der Genussmittel. In: Hengartner/Merki (Hg.): Tabakfragen, S. 113-137.

Hengartner, Thomas; *Merki*, Christian Maria: Rauchen als Thema der Kulturwissenschaften? In: Dies. (Hg.): Tabakfragen, S. 7-11.

Hess, Henner: Rauchen. Geschichte, Geschäfte, Gefahren. Frankfurt am Main, New York 1987.

Hessische Blätter für Volks- und Kulturforschung, Neue Folge Bd. 31 (1996) Körper – Verständnis – Erfahrung. Herausgegeben von der Hessischen Vereinigung für Volkskunde durch Max Matter.

Hessische Blätter für Volks- und Kulturforschung, Neue Folge Bd. 20 (1986) Alkohol im Volksleben. Herausgegeben von der Hessischen Vereinigung für Volkskunde durch Andreas C. Bimmer und Siegfried Becker.

Hildebrand, Helmut: Gesundheitsbewegungen in den USA. Neue Initiativen im 'anderen Amerika'. Opladen 1992.

Hitzler, Ronald et al. (Hg.): Expertenwissen. Die institutionalisierte Kompetenz zur Konstruktion von Wirklichkeit. Opladen 1994.

Hobein, Beate: Vom Tabaktrinken und Rauchschlürfen. Die Geschichte des Tabaks unter besonderer Berücksichtigung der Rauchtabak- und Zigarrenherstellung in Westfalen im 19. Jahrhundert. Hagen 1987.

Hösgen, Karlheinz: Gesundheitsschutz durch öffentliche Rauchverbote. Frankfurt am Main 1989.

Honneth, Axel (Hg.): Kommunitarismus. Eine Debatte über die moralischen Grundlagen moderner Gesellschaften. Frankfurt am Main 1993.

Illustrierter Hauptkatalog des Versandhauses August Stukenbrok. Hildesheim 1972 (leicht veränderter Nachdruck der Ausgabe Einbeck 1912).

Jahrbuch Sucht '94. Herausgegeben von der Deutschen Hauptstelle gegen die Suchtgefahren. Geesthacht 1993.

Jeggle, Utz: Der Kopf des Körpers. Eine volkskundliche Anatomie. Weinheim, Basel 1986.

Junge, Burckhard: Passivrauchen. Fakten und Konsequenzen. In: Der Kassenarzt 27 (1987), Heft 35, S. 29-32.

Kamptz-Borken, Walter von: Der gute Ton in allen Lebenslagen. Wien 1951.

Klein, Ingrid: Interview mit Ernst Brückner, Jurist beim Verband der Cigarettenindustrie. In: Dormagen/Klein: Blauer Dunst, S. 114-131.

Klein, Richard: Schöner blauer Dunst. Ein Lob der Zigarette. München, Wien 1995 (amerik. Originalausgabe Duke 1993).

Knebel, Karl Ludwig von: Gespräch mit Goethe über das Rauchen. In: Der Tabak-Spinner, S. 25-26.

Knoblauch, Hubert: Vom moralischen Kreuzzug zur Sozialtechnologie. Die Nichtrauchkampagne in Kalifornien. In: Hitzler et al. (Hg.): Expertenwissen, S. 248-267.

Knorr Cetina, Karin: Die Fabrikation von Erkenntnis. Frankfurt am Main 1984.

Köstlin, Konrad: Körper-Verständnisse. In: Hessische Blätter für Volks- und Kulturforschung, Neue Folge Bd. 31 (1996) Körper – Verständnis – Erfahrung, S. 9-21.

Koetzle, Michael; *Scheid*, Uwe: Feu d' Amour. Verführerischer Rauch. Köln 1994.

Krause, Ernst-Günther: Rauchen unter betriebswirtschaftlichen Gesichtspunkten (Vortragsmanuskript). Unterschleißheim o.J. [um 1995].

Kriegeskorte, Michael: 100 Jahre Werbung im Wandel. Eine Reise durch die deutsche Vergangenheit. Köln 1995.

Kügler, Martin: Pfeifenbäckerei im Westerwald. Die Geschichte der Pfeifenbäckerei des unteren Westerwaldes von den Anfängen um 1700 bis heute. Köln 1995 (zugleich Diss. phil. Marburg).

Kuntz, Andreas: Der bloße Leib. Bibliographie zu Nacktheit und Körperlichkeit. Frankfurt am Main, Bern, New York 1985.

Kursbuch 88 (1987) Gesundheit.

Lau, Christoph: Gesellschaftliche Individualisierung und Wertewandel. In: Luthe/Meulemann (Hg.): Wertwandel, S. 217-234.

Lau, Christoph: Risikodiskurse: Gesellschaftliche Auseinandersetzungen um die Definition von Risiken. In: Soziale Welt 3/1989, S. 418-436.

Leder, Heinz: Du und Deine Volksgenossen. Ein Wegweiser zu neuzeitlichen Umgangsformen. Minden in Westfalen o. J. [um 1935].

Lehmann, Arthur-Heinz; *Zeidler*, Paul Gerhard: Blauer Dunst macht Weltgeschichte. Kurzweiliger Lebenslauf des Tabaks. 4. Aufl. Leipzig 1939.

Leitherer, Eugen; *Wichmann*, Hans: Reiz und Hülle. Gestaltete Warenverpackungen des 19. und 20. Jahrhunderts. Basel, Boston, Stuttgart 1987.

Lepel, V. von: Feiner Takt und guter Ton im Verkehr mit Anderen. Naumburg a.S. 1918.

Lessing, Theodor: Psychologie des Rauchens. In: Der Tabak-Spinner, S. 45-49.

Lickint, Fritz: Zigarette und Lungenkrebs (= Heft 3 der Schriftenreihe der deutschen Hauptstelle gegen die Suchtgefahren). Hamm/Westfalen 1957.

Lindenberg, Michael; *Schmidt-Semisch*, Henning: „Aber bitte nicht hier!" Zur Zukunft des Umgangs mit riskanten Substanzen. In: Hengartner/Merki (Hg.): Tabakfragen, S. 185-202.

Lüthge, G.E.: Der Tabak und das Rauchen in der Kunst. In: Feinhals: Tabak in der Kunst, S. 5-31.

Luhmann, Niklas: Soziologie des Risikos. Berlin, New York 1991.

Luthe, Heinz Otto; *Meulemann*, Heiner (Hg.): Wertwandel – Faktum oder Fiktion? Bestandsaufnahmen und Diagnosen aus kultursoziologischer Sicht. Frankfurt am Main, New York 1988.

Lutz, Ronald: „Im Hier und Jetzt". Körper und soziale Praxis. In: Hessische Blätter für Volks- und Kulturforschung, Neue Folge Bd. 31 (1996) Körper – Verständnis – Erfahrung, S. 35-53.

Matter, Max: Blicke auf den Körper. In: Hessische Blätter für Volks- und Kulturforschung, Neue Folge Bd. 31 (1996) Körper – Verständnis – Erfahrung, S. 23-33.

Merki, Christoph Maria: Die amerikanische Zigarette – das Maß aller Dinge. Rauchen in Deutschland zur Zeit der Zigarettenwährung (1945-1948). In: Hengartner/Merki (Hg.): Tabakfragen, S. 55-82.

Moeller, Magdalena M.: Plakate für den blauen Dunst. Reklame für Zigarren und Zigaretten 1880-1940. Dortmund 1983.

Neumann, E.: Pracht-Catalog (der E. Neumann & Co., Dresden über Cotillon und Carneval-Artikel, Polonaisen, Orden, Touren, Attrapen, Jux-Artikel, Bigotphones etc. etc.). Hildesheim, New York 1975 (Originalausgabe Dresden ca. 1910).

Oppel, Alwin: Der Tabak im Wirtschaftsleben und der Sittengeschichte der Völker. Bremen 1890.

Pohlisch, Kurt: Tabak. Betrachtungen über Genuß- und Rauschpharmaka (= Arbeit und Gesundheit. Sozialmedizinische Schriftenreihe aus dem Gebiete des Bundesministeriums für Arbeit, Neue Folge, Heft 54). Stuttgart 1954.

Precht, Kai; *Baumgartner*, Hansjakob: Tabak. Gewohnheiten, Konsequenzen. St. Gallen, Berlin, Sao Paulo 1993.

Rahmede, Klaus: Passivrauchen. Gesundheitliche Wirkung und rechtliche Konsequenzen. 2. Aufl. Gelsenkirchen 1986.

Reese-Schäfer, Walter: Was ist Kommunitarismus? Frankfurt am Main, New York 1994.

Reichenbach, G.B.: Der Tabak und seine Verbreitung. Kulturgeschichtliche und naturhistorische Beschaffenheit. Berlin 1866.

Riedel, Joachim: USAlptraum oder die letzte Zigarette. In: Dormagen/Klein (Hg.): Blauer Dunst, S. 104-112.

Rien, Mark W.; *Doren*, Gustav Nils: Das neue Tabago Buch. Ein Buch vom Tabak und der Kulturgeschichte des Rauchens. Herausgegeben im 75. Jahr des Bestehens der H.F. & Ph.F. Reemtsma GmbH & Co. Hamburg 1985.

Rühle, Otto: Illustrierte Kultur- und Sittengeschichte des Proletariats (1930). Frankfurt 1971.

Sandgruber, Roman: Der Tabakkonsum in Österreich. Einführung, Verbreitung, Bekämpfung. In: Hengartner/Merki (Hg.): Tabakfragen, S. 43-56.

Sandgruber, Roman: Bittersüße Genüsse. Kulturgeschichte der Genußmittel. Wien, Köln, Graz 1986.

Sarasin, Philipp: Subjekte, Diskurse, Körper. Überlegungen zu einer diskursanalytischen Kulturgeschichte. In: Hardtwig, Wolfgang; Wehler, Hans-Ulrich (Hg.): Kulturgeschichte Heute (= Geschichte und Gesellschaft, Sonderband 16). Göttingen 1996, S. 131-164.

Schäfer, Wilhelm: Der Nichtraucher. In: Der Tabak-Spinner, S. 73-75.

Scharfe, Martin: Die Nervosität des Automobilisten. In: Dülmen, Richard van (Hg.): Körper-Geschichten. Studien zur historischen Kulturforschung V. Frankfurt am Main 1996, S. 200-222 und 256-259.

Scharfe, Martin: Technische Groteske und technisches Museum. In: Österreichische Zeitschrift für Volkskunde Bd. L/99 (1996), S. 1-17.

Schivelbusch, Wolfgang: Das Paradies, der Geschmack und die Vernunft. Eine Geschichte der Genußmittel. Frankfurt am Main 1990.

Schmidt, Gunter: Präventivschläge. Über Hygieneautisten und Gesundheitsdelinquenten. In: Dormagen/Klein (Hg.): Blauer Dunst, S. 80-88.

Simmel, Georg: Soziologie: Untersuchungen über die Formen der Vergesellschaftung. Leipzig 1908.

Stammkötter, Andreas: Rauchen und Rauchverbote aus rechtlicher Sicht unter besonderer Berücksichtigung der Problematik des Passivrauchens. Münster 1993.

Stanger, Hermann: Tabak und Kultur. Eine gemeinverständliche Schrift wider das Rauchen vom Standpunkte der Wissenschaft und Vernunft. 2., vollständig umgearbeitete und erweiterte Aufl. Dresden 1922.

Stiehr, Karin: Risikokonflikte und der Streit um das Rauchen. Eine Analyse der gesellschaftlichen Diskurse über die Schaffung von Sicherheit. Wiesbaden 1992.

Tabakiana. Lob-, Schimpf- und nachdenkliche Gedichte. Für alle Freunde und Gegner des blauen Rauchs. Ausgewählt von Bodo Homberg. Mit Holzstichen von Heiner Vogel. 2. Aufl. Leipzig 1973.

Tanner, Jacob: Rauchzeichen. Zur Geschichte von Tabak und Hanf. In: Hengartner/Merki (Hg.): Tabakfragen, S. 15-42.

Taylor, Rosemary: Die Konstruktion der Prävention. Wissenschaft und Ideologie in den USA. In: Wambach (Hg.): Mensch als Risiko, S. 151-175.

Tiedemann, Friedrich: Geschichte des Tabaks und ähnlicher Genußmittel. Frankfurt 1854.

Tobacco and Health. An overview. European Bureau for Action on Smoking Prevention. Brüssel 1994.

Troschke, Jürgen von: Das Rauchen. Genuß und Risiko. Basel, Boston 1987.

Trümpy, Hans: Volkskundliche Überlegungen zum Rauchen. In: Therapeutische Rundschau Bd. 40 (1983) Heft 2, S. 165-168.

Ude, Johannes: Rauchsklaverei und Kultur (= Rein Luft! Bücherei, Bd. 3). Wien 1937.

Völger, Gisela; *Welck*, Karin von (Hg.): Rausch und Realität. Drogen im Kulturvergleich. 3 Bde. Hamburg 1983.

Wambach, Manfred Max (Hg.): Der Mensch als Risiko. Zur Logik von Prävention und Früherkennung. Frankfurt am Main 1983.

Warneken, Bernd Jürgen (Leitung): Umgang mit Gefahr. Reaktionen auf Tschernobyl. In: Tübinger Korrespondenzblatt 32 (November 1987), S. 1-85.

Wenzel, Eberhard (Hg.): Die Ökologie des Körpers. Frankfurt am Main 1986.

Wenzel, Eberhard: Risikoverhalten. Einige Bemerkungen zu einem alltäglichen Phänomen. In: Wambach (Hg.): Mensch als Risiko, S. 199-213.

Will, Herbert: Fetisch Gesundheit. In: Kursbuch 88, S. 7-21.

Zapka, Klaus: Passivrauchen und Recht. Eine kritische Bestandsaufnahme der Rechtsprechung. Berlin 1993.

Zoeller, Juscha: Ich liebe den Kitsch. Gedanken über das verzierte Dasein. München 1969.

Materialien

15 Sekunden zum Nachdenken. Broschüre (32 S.). Hrsg. von der Bundeszentrale für gesundheitliche Aufklärung. Köln 1984.

500 Jahre Tabak – 500 Jahre Genuß. Eine Dokumentation der Reemtsma Cigarettenfabriken GmbH (Hg.). 2. Aufl. (16 S.) Hamburg 1993.

Angenommen, die Cigarettenwerbung würde verboten... Eine Dokumentation der Reemtsma Cigarettenfabriken GmbH (Hg.). 4. Aufl. (12 S.) Hamburg 1993.

Arbeitnehmer haben ein Recht auf einen rauchfreien Arbeitsplatz. Flugblatt. Hrsg. von dem Ärztlichen Arbeitskreis Rauchen und Gesundheit e.V. und der Techniker Krankenkasse.

Cigar. Das europäische Cigarrenmagazin Nr. 1 (Sommer 1996).

Der Tabak als Arbeitgeber und Steuerzahler in der EG. Eine Dokumentation der Reemtsma Cigarettenfabriken GmbH (Hg.). 3. überarb. Aufl. (16 S.) 1993.

Der Verband der Cigarettenindustrie Bonn. Selbstdarstellung des vdc (8 S.). Bonn 1994.

Der Weg der Cigarette. Eine blaue Dunst-Plauderei von Manfred Barthel. Hrsg. von der H.F. & Ph. F. Reemtsma GmbH & Co. Broschüre (76 S.). Hamburg o. J. [um 1990].

Die Freiheit des Abenteuers. Informationen über das Rauchen, Passivrauchen und Nichtrauchen. Broschüre (80 S.). Hrsg. von der Bundeszentrale für gesundheitliche Aufklärung, Köln, im Auftrag des Bundesministeriums für Gesundheit in Zusammenarbeit mit dem Robert Koch-Institut, Bundesinstitut für Infektionskrankheiten und nicht übertragbare Krankheiten und dem Bremer Institut für Präventionsforschung und Sozialmedizin. Köln 1995.

Die Tabaksteuer. Eine Dokumentation der Reemtsma Cigarettenfabriken GmbH (Hg.). 4., überarb. Aufl. (12 S.) Hamburg 1993.

Ein Herz für Kinder? Oder – warum man im Auto nicht rauchen sollte. Flugblatt. Hrsg. vom Nichtraucherbund Berlin e.V. Berlin o.J. [um 1990].

Es ist möglich, sowohl Rauchern als auch Nichtrauchern gerecht zu werden. Broschüre (5 S.). Hrsg. von Philip Morris Europe S.A. Brüssel 1996.

Europa und der Tabak. Eine Dokumentation der Reemtsma Cigarettenfabriken GmbH (Hg.) (9 S.). Hamburg 1994.

Fakten und Argumente für ein Nichtraucherschutz-Gesetz. Faltblatt der Nichtraucher-Initiative Deutschland e.V. Unterschleißheim 1996.

Geldstrafen für Raucher und Tabakindustrie: der falsche Weg. Eine Dokumentation der Reemtsma Cigarettenfabriken GmbH (Hg.) (12 S.). 3. Aufl. Hamburg 1993.

Gesundheitsgefährdung durch Passivrauchen. DGPT [= Deutsche Gesellschaft für Pharmakologie und Toxikologie] Mitteilungen Nr. 17, 8/1995.

Grundsatzpapier der Ersten Raucher Lobby (ERL) (10 S.). Übersee o.J. [um 1986].

Ich rauche mit! Flugblatt. Hrsg. vom Kreiskomitee für Gesundheitserziehung Berlin-Friedrichshain. Berlin o.J. [um 1990].

Informationen rund um den Nichtraucherschutz. Broschüre (16 S.). Hrsg. von der Nichtraucher-Initiative Frankfurt am Main e.V. Frankfurt 1995.

Informationen von der und über die Nichtraucher-Initiative Deutschland. Faltblatt. Hrsg. von der Nichtraucher-Initiative Deutschland. Unterschleißheim 1994.

Informationen zum Welt-Nichtraucher-Tag am 31. Mai 1995. Broschüre (8 S.). Hrsg. von der Nichtraucher-Initiative Deutschland e.V. und vom Ärztlichen Arbeitskreis Rauchen und Gesundheit e.V. Unterschleißheim 1995.

Koalition gegen das Rauchen. Broschüre (14 S.). Hrsg. von der Koalition gegen das Rauchen. Frankfurt o.J. [um 1993].

Luftwege. Das Magazin für Nichtraucher. Heft 2 (1996).

Mitteilungen des Ärztlichen Arbeitskreises Rauchen und Gesundheit e.V. 5/1994, 6/1995 und 7/1995.

Newsletter Netzwerk Nichtrauchen 1/1996. Mitteilungsblatt (8 S.). Hrsg. von der Koalition gegen das Rauchen.

Nichtraucher-Info Nr. 16 IV/94, Nr. 18 II/95, Nr. 19 III/95, Nr. 20 IV/95, Nr. 22 II/96 und Nr. 23 III/96. Hrsg. von der Nichtraucher-Initiative Deutschland (NID) e.V.

Nichtraucher-Initiative Frankfurt am Main e.V. Flugblatt.

Nichtraucherbund Berlin e.V. Flugblatt.

Ohne Rauch geht's auch. Faltblatt. Hrsg. von der Bundeszentrale für gesundheitliche Aufklärung, Köln o.J. [um 1990].

Ökologische Folgen des Rauchens. Flugblatt. Hrsg. vom Nichtraucherbund Berlin e.V. Berlin o.J. [um 1990].

Passivrauchen – Gefahr für Nichtraucher oder "Viel Lärm um nichts Konkretes"? Eine Dokumentation der Reemtsma Cigarettenfabriken GmbH (Hg.) (8 S.). 4. Aufl. Hamburg 1993.

Passivrauchen – lästig und gesundheitsschädlich. Flugblatt. Hrsg. von dem Ärztlichen Arbeitskreis Rauchen und Gesundheit e.V. und der Techniker Krankenkasse.

"Passivrauchen" im rechten Licht. Hrsg. von Philip Morris Europe S.A. Broschüre (6 S.). Brüssel 1996.

Rauchen am Arbeitsplatz – ein Leitfaden für praxisgerechte Regelungen. Hrsg. von Philipp Morris Corporate Affairs Europe. Broschüre (12 S.). Brüssel 1996.

Rauchen am Arbeitsplatz. Eine Dokumentation der Reemtsma Cigarettenfabriken GmbH (Hg.) (11 S.). Hamburg o. J. [um 1990].

Rauchen kommt uns teurer, als wir denken! Die Nichtraucher-Initiative Deutschland und der Ärztliche Arbeitskreis Rauchen und Gesundheit informieren über den Welt-Nichtraucher-Tag am 31. Mai 1995. Faltblatt. Unterschleißheim, Eching 1995.

Rauchen Sie? Tatsachen über das Rauchen. Faltblatt. Hrsg. vom Ärztlichen Arbeitskreis Rauchen und Gesundheit e.V. 29. Aufl. Hamm 1986.

Rauchen und Gesundheit – ein Thema, das jeden betrifft! Faltblatt. Hrsg. vom Ärztlichen Arbeitskreis Rauchen und Gesundheit e.V., Eching o.J. [um 1988].

Rauchfrei. Über das Rauchen und über Nichtraucherschutz. Broschüre (34 S.). Hrsg. von der Bundeszentrale für gesundheitliche Aufklärung. Köln 1995.

Rauchzeichen. Die Cigarre in der Presse von April bis August 1996. Pressemappe. Hrsg. von der Deutschen Cigarrenindustrie.

Reeport. Reemtsma-Mitarbeiter-Zeitschrift 4/1995, 1/1996 und 2/1996.

Rücksichtnahme & Toleranz. Vernünftige Lösungen für Raucher und Nichtraucher. Hrsg. von Philip Morris Europe S.A. Broschüre (11 S.). Brüssel 1995.

Rundschreiben der Nichtraucher-Initiative Deutschland e.V. Unterschleißheim 1996.

Satzung der Nichtraucher-Initiative Frankfurt am Main e.V. Faltblatt.

Sportler und Künstler äußern sich zum Welt-Nichtrauchertag am 31. Mai 1996. Broschüre (16 S.). Hrsg. von der Nichtraucher-Initiative Deutschland e.V. Unterschleißheim 1996.

Tabak – Motor wirtschaftlicher Entwicklung. Eine Dokumentation der Reemtsma Cigarettenfabriken GmbH (Hg.) (12 S.). Hamburg 1995.

Tabakrauch bedeutet Luftverschmutzung! Flugblatt. Hrsg. vom Nichtraucherbund Berlin e.V. Berlin o.J.

Tabakrauch in Innenräumen. Zwischen Wissenschaft und Politik. Hrsg. von The Confederation of European Community Cigarette Manufacturers Limited. Broschüre (10 S.). Brüssel 1993.

Vorurteile und Fakten. Eine Dokumentation der Reemtsma Cigarettenfabriken GmbH (Hg.) (16 S.). 4. Aufl. Hamburg 1993.

Was Du nicht willst, das man Dir tu... Flugblatt. Hrsg. von der Initiative RIP [= Rücksicht in der Philosophischen Fakultät]. Marburg [1996].

Was Sie über Tabakgenuß wissen müssen. Fakten und Argumente. Broschüre (22 S.). Hrsg. von der Tabak-Info-Verlagsgesellschaft m.b.H. Hamburg 1988.

Welche Probleme entstehen durch das Rauchen am Arbeitsplatz? Broschüre (10 S.). Hrsg. vom European Bureau for Action on Smoking Prevention (BASP). Brüssel 1992.

Wissenschaft zwischen Wahrheitssuche und politischer Vereinnahmung. Eine Dokumentation der Reemtsma Cigarettenfabriken GmbH (Hg.) (12 S.). Hamburg 1996.

Zigaretten-Werbung. Fakten ohne Filter. Broschüre (48 S.). Hrsg. vom Zentralverband der deutschen Werbewirtschaft (ZAW). 5., erweiterte Aufl. Bonn 1992.

Abbildungsnachweis

Abb. 7: Holzschnitt von Heiner Vogel, aus: Tabakiana, S. 1.

Abb. S. 9: Holzschnitt von Heiner Vogel, aus: Tabakiana, S. 46.

Abb. 1: Unbekannter Stecher. Pestarzt im 18. Jahrhundert, aus: Corbin: Pesthauch und Blütenduft, S. 91.

Abb. 2: Rien/Doren: Tabago Buch, S. 31.

Abb. 3: Ebd. S. 74.

Abb. 4: Ebd. S. 47.

Abb. 5: Archiv für Kunst und Geschichte, Berlin.

Abb. 6: Rien/Doren: Tabago Buch, S. 42-43.

Abb. 7: Böse: Im blauen Dunst, nach S. 192.

Abb. 8: Lehmann/Zeidler: Blauer Dunst, S. 101.

Abb. 9: Sandgruber: Bittersüße Genüsse, S. 155.

Abb. 10: Foto: Dieter Mayer-Gürr.

Abb. 11: Precht/Baumgartner: Tabak, S. 29.

Abb. 12: Rien/Doren: Tabago Buch, S. 123.

Abb. 13: Ullstein Bilderdienst.
Abb. 14: Rien/Doren: Tabago Buch, S. 101.
Abb. 15: Moeller: Plakate, S. 48.
Abb. 16: Koetzle: Feu d' amour, nach S. 15.
Abb. 17: Kamptz-Borken: Der gute Ton, S. 56.
Abb. 18: Ebd. S. 58.
Abb. 19: Werbeanzeige aus Zeitschrift Better Homes, 1983.
Abb. 20: Rien/Doren: Tabago Buch, S. 53.
Abb. 21: Karikatur aus: Fliegende Blätter, 1898, Archiv Gerstenberg.
Abb. 22: Warenbeschreibung, aus: Illustrierter Hauptkatalog des Versandhauses August Stukenbrok von 1912.
Abb. 23: Werbeanzeige aus: Punch, 31.10.1885.
Abb. 24: Gebrauchsgraphik. Monatsschrift zur Förderung künstlerischer Reklame, 17. Jg. (1940), Heft 3, S. 15.
Abb. 25: Plakatentwurf von J. Schließmann, um 1890. Aus: Sandgruber: Bittersüße Genüsse, S. 144.
Abb. 26: Werbeanzeige aus: Das Magazin 50/1928. Reproduziert nach Kriegeskorte: 100 Jahre Werbung im Wandel, S. 73.
Abb. 27: Werbeanzeige aus Life 14.10.1946, S. 138.
Abb. 28: Werbeanzeige aus Life 28.4.1952, S. 77.
Abb. 29: Werben und Verkaufen, 20/1996, S. 20.
Abb. 30: Zeichnung von Moritz von Schwind: „Pfeifenraucher und Frau Sorge".
Abb. 31: Zeichnung von Ignace Isidore Grandville, aus: Die kleinen Leiden von Plinius dem Jüngsten und J. J. Grandville. Leipzig 1843, S. 9. Archiv für Kunst Geschichte, Berlin.
Abb. 32: Leder, Heinz: Du und Deine Volksgenossen, S. 34.
Abb. 33: Weber: Hausbuch des guten Tons, nach S. 32.
Abb. 34: Karikatur: „Happy Thought", aus der Zeitschrift Punch, 13. 2. 1886 (Ausschnitt).
Abb. 35: M. Loder (um 1810), Tabak-Museum der Austria Tabakwerke AG, Wien (= Umschlagabbildung)
Abb. 36: Aus: Kitsch-Lexicon von A–Z. Zu Nutz und Frommen eines geschmackvollen Lebens präsentiert und kommentiert von Hrn. Gert Richter, Doctor philosophiae. Gütersloh 1970, S. 167.
Abb. 37: Der Spiegel 14/1986, S. 260.
Abb. 38: Holzstich von Heiner Vogel, aus: Tabakiana, S. 48-49.
Abb. 39: Rühle: Illustrierte Kultur- und Sittengeschichte des Proletariats, S. 443.
Abb. 40: Titelseite des Heftes Geo Juli/1995.
Abb. 41: Ausriß aus dem Anzeigenteil der Frankfurter Rundschau vom 19.10.1996.
Abb. 42: Postkartenmotiv „Smoking or Nosmoking" von Til Mette.
Abb. 43: Titel von Carr: Endlich Nichtraucher!
Abb. 44: Titel von Becker, Hartmut: Aktion Nichtraucher! Wege zur Suchtüberwindung. Marburg 1995.
Abb. 45: Anzeige aus: Motor Rundschau 21/1951; S. 776.
Abb. 46: Geo Juli/1995, S. 31.
Abb. 47: Heitz, Bruno: Nur noch eine.
Abb. 48: Werbematerial der Firma Reemtsma, 1996 (Ausschnitt).
Abb. 49: Packungsbeilage der Zigarettenmarke „Black Death", 1996.
Abb. 50: Böse: Im blauen Dunst, nach S. 80.
Abb. 51: Konzept und Entwurf: Claus-Marco Dieterich, Graphik: Carsten Dieterich.
Abb. 52: Reeport. Reemtsma Mitarbeiter Zeitschrift, Nr. 2, Juni 1996.
Abb. 53: Der Spiegel 47/1995.
Abb. 54: Süddeutsche Zeitung vom 16./17.11.1996.
Abb. 55: Der Spiegel 27/1997.
Abb. 56: Geo Juli/1995, S. 34.
Abb. 57: Aufkleber aus dem Material der ERL.
Abb. 58: Archiv für Kunst und Geschichte, Berlin.
Abb. 59: Postkarte aus dem Material der Nichtraucher-Initiative Deutschland, 1996 (Ausschnitt).
Abb. 60: Werbeanzeige von Martin und Walter Lehmann-Steglitz für „Juno" Josetti, um 1913, aus: Moeller: Plakate, S. 60.
Abb. 61: „Auswahl von Schlagzeilen zum Passivrauchen", aus: Der Kassenarzt 35/1987, S. 30.
Abb. 62: Hess: Rauchen, S. 72.
Abb. 63: Werbeanzeige des Philip Morris Konzern 1996, aus: Der Spiegel 27/1996.
Abb. 64: Werbeanzeige des Philip Morris Konzern 1996, aus: Der Spiegel 29/1996.
Abb. 65: Anzeige aus: Stern 4/1988, S. 99.
Abb. 66: Faltblatt der Nichtraucher-Initiative Deutschland und des Ärztlichen Arbeitskreises Rauchen und Gesundheit, 1995.
Abb. 67: Titelseite der Bild am Sonntag vom 1.12.1985 (Ausschnitt), reproduziert in der Reemtsma-Broschüre „Fakten und Vorurteile", S. 2.
Abb. 68: Der Spiegel 19/1997, S. 18.
Abb. 69: W&V News 13/1997, S. 10.
Abb. 70: Zeichnung aus Reemtsma-Broschüre „Passivrauchen", S. 4.
Abb. 71: Zeichnung aus Broschüre „Was Sie über den Tabak wissen müssen", S. 11.
Abb. 72: Ebd. S. 13.
Abb. 73: Ebd. S. 17.
Abb. 74: Anzeige der Bundeszentrale für gesundheitliche Aufklärung 1996, aus: Der Spiegel 26/1996.

Abb. 75: „Sportler und Künstler äußern sich zum Welt-Nichtrauchertag", S. 5.
Abb. 76: Nichtraucher-Info Nr. 23 III/1996, S. 20.
Abb. 77: Faltblatt aus dem Kampagnen-Material des Nichtraucherbundes Berlin, 1996.
Abb. 78: Postkarte aus dem Kampagnen-Material des Nichtraucherbundes Berlin, 1996.
Abb. 79: Postkarte aus dem Kampagnen-Material des Nichtraucherbundes Berlin, 1996.
Abb. 80: Postkartenmotiv von Kuno Klaboschke, 1996.
Abb. 81: Postkartenmotiv von Kuno Klaboschke, 1996.
Abb. 82: Werbeanzeige der Delta Airlines, aus: Nichtraucher-Info Nr. 18 II/1995, S. 16.
Abb. 83: Tischaufsteller aus dem Material der Nichtraucher-Initiative Deutschland, 1996.
Abb. 84: Photographie aus der Reemtsma-Broschüre „Rauchen am Arbeitsplatz", S. 2.
Abb. 85: Aufkleber aus dem Material der Nichtraucher-Initiative Deutschland, 1996.
Abb. 86: Werbeanzeige der Firma Dannemann, 1996, aus: Max August 1996.
Abb. 87: Illustration von Stano Kochan, aus: Golluch, Norbert; Kochan, Stano: Das fröhliche Raucherhasser-Buch. Frankfurt am Main 1992, S. 51.
Photographie aus Nichtraucher-Info Nr. 22 II/1996, S. 13.
Abb. 88: Karikatur, aus: Der Spiegel 21/1994.
Abb. 89: Postkartenmotiv von Freimut Wössner: „...so wird es enden?!", um 1995 (Ausschnitt).
Abb. 90: „Der neue Kompaß von Bombardoni", Archiv Roger Viollet, Paris.
Abb. S. 109: Holzschnitt von Heiner Vogel, aus: Tabakiana, S. 30.